부동산 공매가 답이다

부동산 공매가 답이다

23가지 실제 사례로 마스터하는 공매 투자 비법

문현 지음

머리말 | 재테크에 관심은 많지만 시간을 내기 힘든 누군가에게

공매 투자에 관심을 가지게 된 건 현 상황과 맞닿아 있다. 필자는 현재 주간에는 직장, 야간에는 대학원을 다니고 한 가정의 가장이자 두 아이의 아빠 역할까지 수행하며 경제적 자유를 위해 다양한 분야에 투자를 병행 중이다. 또한 부동산 블로그도 운영하고 있다. 이렇듯 다양한 역할을 병행하다 보니 시간을 쓸 때 효율을 극대화하는 것이 가장 중요했다. 그에 적합한 방법이 공매라고 생각하고, 지금까지 공매 투자를 해오고 있다.

이 책은 공매 전반에 대해 다룬다. 동시에 살아가며 간과하기 쉽지만 꼭 알아야 할 부동산 지식과 팁 역시 다룬다. 예를 들어 내가 투자자의 입장일 수도 있지만, 어느 때는 돈을 빌려준 사람, 어느 때는 세입자 입장이 될 수도 있다. 집이 공매에 넘어갔는데 절차를 몰라 보증금을 날리는 경우도 있고, 전셋집을 계약한 후 전입신고와 확정일자의 차이를 몰라 어쩔 줄 몰라 하는 분도 있다. 이 책에서는 미처 알지 못했던, 그러나 살아가며 꼭 필요한 지식을 얻을 수 있을 것이다.

전 국민의 50%는 무주택자이다. 현재는 임차인이지만, 모두가 잠재적으로 주택 구매 혹은 투자자가 되길 원한다. 이 책만 있다면 부린이도 실패하지 않고 부동산과 친해지며 한 단계 나아갈 수 있다.

✎ 잃지 않는 투자가 중요한 이유 - 기본기의 중요성

사회 초년생 등 이제 막 투자를 시작하려는 사람에게 항상 강조되는 첫 번째는 종잣돈(시드머니)이며, 일반적으로 5천만 원에서 1억 원을 최소 단위로 여긴다. 이 종잣돈을 마련하기 위해 삶의 질은 어느 정도 포기하게 되는데, 3~5년 혹은 그 이상의 기간 동안 인고의 시간을 거쳐 모은 돈으로 첫 투자에 임하게 되는 것이다.

허나 기본이 되어 있지 않은 상태로 뛰어든 첫 투자가 실패한다면?

다시 일어서기 힘든 투자를 하게 된 꼴이며, 종잣돈을 모으는 원점으로 돌아가 인내의 과정을 재차 거쳐야 한다. 충분한 자본력을 일궈 어느 정도 잃어도 무방한 상황이라면 문제가 없다. 허나 그렇지 않다면 초기에는 돈을 버는 것보다 잃지 않는 투자가 중요하다. 이를 위해서는 충분한 기본기가 수반되어야 하고, 시드머니를 나눠 투자하면서 여러 경험과 시행착오를 겪는 기간이 필요하다.

종잣돈 모아가는 과정

누군가는 잘 모르는 분야에 종잣돈 전체를 투자하여 벼락부자가 될 수도 있다. 투자는 확률 싸움이다. 기본기를 쌓아 High Risk[고위험]를 낮추면서 High Return[고수익]을 바라는 투자가 가장 이상적이나, 성공 확률은 동전 던지기나 다름없다.

'동전 앞면이 나오면 수억 원을 받지만, 뒷면이 나오면 종잣돈 전체를 날리는 싸움'

한번 좋지 못한 기억을 남긴 무언가는 다시 쳐다보기 싫어진다. 주식투자에서 쓴맛을 본 웃어른은 항상 '주식투자는 패가망신의 지름길'이라고 외친다. 씁쓸하나 월급만으로는 살기 힘든 현재, 주식이든 부동산이든 어떠한 형태라도 투자는 필수 불가결하며 평생을 함께할 동반자이기에 시간을 가지고 충분한 기본기와 경험을 갖춘 뒤 큰 실수 없도록 병행해도 늦지 않다.

✏️ 왜 공부(특히 공매)를 해야 하는가?

회사 미팅, 지인 간 술자리, 일상생활 등에서 경제적 자유를 위한 투자 관련 대화는 단골 주제이다.

'월급만으로는 모자라는데 다른 돈 벌 곳이 마땅치 않네. 추천해 줄 만한 주식 있어?'
'요즘은 어디에 투자해?', '어느 아파트에 투자하면 좋을까?' 등

누구나 돈을 벌고 싶어하고, 이를 마다할 사람은 없을 것이다. 다만 문제는 혹여 지인으로부터 추천받는다 한들 공부가 되어있지 않으면 좋고 나쁨을 선별하기 힘들다는 것이다. 나아가 공부 등 땀 흘리지 않고 번 돈은 내 돈이 아니다. 잠깐의 요행으로 큰돈을 벌었다 한들 기본기가 받쳐주지 않으면 언젠가 털리기 십상이다.

또한 수익 창출 프로세스를 보면 다음과 같다.

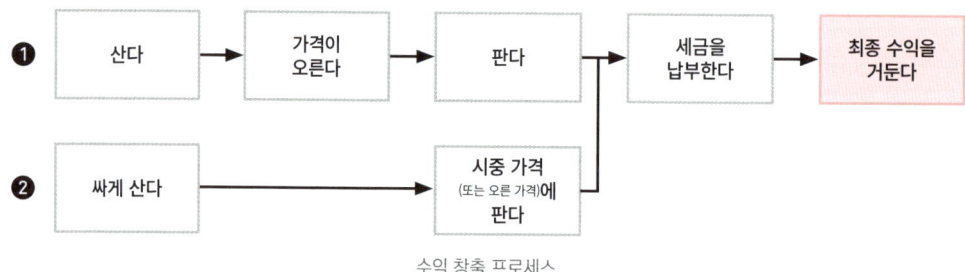

수익 창출 프로세스

최종 수익을 거두기까지 공부 없이 다가가기 만만치 않다.

1) 산다. (상승기 전에는 집값은 계속 암흑기일 것 같고, 상승이 시작되면 옛 가격이 떠오르고 일정 시간이 흐르면 이제는 끝물인가 싶어 쉽사리 손이 나가지 않는다.)
2) 가격이 오른다. (가격 상승과 하락의 주기는 길고, 어느 시점이 상승기 초입인지 판가름하기 어렵다.)
3) 판다. ('산다'와 반대일 것이다. 최고가로 팔 수 있는 시점을 파악하기 쉽지 않다.)
4) 세금을 납부한다. (말 그대로 수익은 세금을 납부한 후 내 손에 쥐어질 돈이다. 일시적 1가구 1주택, 공동명의 등 세금을 감안하지 않고 투자하면 수익의 많은 부분을 국가에 내야 한다.)

가격 상승이 있어야 수익이 생기는데, 가격 상승 시기를 판단하기 쉽지 않다. 그렇다면 일반 가격보다 싸게 사서 현 시세 또는 오른 가격에 팔아도 되지 않을까? 다음 중 ❷번 스탠스를 취하는 것이다.

1) 현재 가격에 사서 오른 금액에 판다.
2) 싸게 사서 현재 가격 또는 오른 금액에 판다. (가격이 오르지 않아도 차익이 있다.)

❷번이 가능한 시장이 경매, 공매이다. 경매, 공매 시장에서도 누구나 보는 평범한 물건들은 경쟁률이 높다. 허나 일정 공부가 수반되면 싸게 살 수 있는 물건들이 보이기 시작한다. 특히나 공매는 경매 대비 생소하여 경쟁률 또한 낮다. 부동산 교양 공부도 할 수 있으면서, 하나의 투자 방법으로서 공매는 여러모로 도움이 된다.

✏️ 바빠서 공부 또는 투자할 여력이 없다.

세상은 계속 복잡다단해지고, 요구되는 역할은 점점 많아진다. 동일한 상황 속에 같은 시간이 주어져도 누군가는 여러 역할을 완벽히 수행하고, 다른 누군가는 한 가지 하기에도 벅차다. 내 경우 다양한 역할을 수행하고자 항상 주변을 정리한다. 이유는 새로운 것으로 다시 채우기(여러 역할을 수행하기) 위해서이다.

1) 먼저 불필요한 것들부터 버린다.
 - 회사 책상 서랍 속 문서, 핸드폰 속 파일 등
2) 다음으로 남겨진 것들을 정리한다.
 - 문서 파일링, 전선 정리 등
3) 머릿속 기억들조차 이관한다.
 - 굳이 외울 필요 없는 내용은 에버노트 등 클라우드 내 저장

특히나 두뇌는 저장의 한계가 있어 머릿속에 다 짊어지고 갈 수 없다. 다음과 같은 말이 정말 어리석은 소리이다.

 '예전에는 전화번호를 다 기억했는데, 이제는 잘 외워지지가 않네'

전화번호는 구글 주소록 등 클라우드가 기억하게 놔두고, 그 메모리를 더 생산적인 곳에 써야 한다.

일단 정리가 되면 내 머리와 주변에 여유가 생긴다. 그 여유 공간을 가지고 더욱 창의적이고 생산적인 일을 해야 한다. 더불어 주변이 정리되면 삶의 질도 올라간다. 정리가 되면 찾기도 편하니 일의 효율도 올라간다.

바빠서 공부 또는 투자할 여력이 없는 상황을 타개할 수 있는 첫 시작은 '정리'이다.

들어가기 전에 | 난생처음 공매 공부

공매 혹은 경매(이하 '경공매')는 투자 방법 중 하나로 생각되지, 경공매로부터 부동산 기본기를 익힌다고 생각을 하기는 어렵다. 심지어 누군가는 경공매 투자가 선량한 임차인 혹은 집주인에게 피해를 주는 것으로까지 치부한다.

필자는 경공매 특히 공매 공부는 꼭 배워야 하는 교양 과목으로 생각한다. 경공매에 부동산이 넘어오게 된 연유를 알고 사전에 대비한다면, 부동산과 관련해서만큼은 큰 실수(심적, 물적 피해) 없는 인생을 살 수 있을 것이다.

뉴스 기사 예시
- ✓ 집주인이 세금을 납부하지 않아 전셋집이 공매에 넘어간 사연
- ✓ 부동산 중개사 사무소에서 경공매에 넘어가도 소액임차인이라 보증금을 다 받을 수 있다고 해서 계약하였는데 실제는 다 돌려받지 못한 사연
- ✓ 빌라 문패 101호에 전입신고하였는데, 공매에 넘어간 후 확인해 보니 건축물대장에는 102호로 쓰여 있어 보증금을 돌려받지 못한 사연
- ✓ 전세 살고 있는 집이 말로만 듣던 깡통 전세여서 전세금을 돌려받지 못하고, 심지어 해당 빌라를 사서 부담을 떠안아야 하는 상황 등

여러분이 지금까지는 운이 좋게 이러한 사건·사고와 관련이 없었을 수 있다. 하지만 언제든 위험이 도사린다. 자본이 부족하나 더 나은 주거 환경을 찾아 위험(급매, 급전세 등)에 베팅하는 자들을 기다리는 질이 좋지 않은 누군가가 존재하기 때문이다. 호미로 막을 것을 가래로 막는 우를 범하지 않도록 초보자가 기본기를 다질 수 있는 내용을 다루고자 한다.

✎ 새로운 분야를 시작하기에 앞서
새로운 분야를 이해하고자 하면 해당 분야에서 사용하는 용어에 익숙해져야 한다. 예로 공매의 근간이 되는 '국세징수법'의 일부를 잠시 살펴보자.

> **국세징수법**
>
> 제92조(공매재산에 설정된 제한물권 등의 소멸과 인수 등)
> ① 공매재산에 설정된 모든 질권·저당권 및 가등기담보권은 매각으로 소멸된다.
> ② 지상권·지역권·전세권 및 등기된 임차권 등은 압류채권(압류와 관계되는 국세를 포함한다)·가압류채권 및 제1항에 따라 소멸하는 담보물권에 대항할 수 없는 경우 매각으로 소멸된다.
> ③ 제2항 외의 경우 지상권·지역권·전세권 및 등기된 임차권 등은 매수인이 인수한다. 다만, 제76조 제2항에 따라 전세권자가 배분요구를 한 전세권의 경우에는 매각으로 소멸된다.
> ④ 매수인은 유치권자(留置權者)에게 그 유치권(留置權)으로 담보되는 채권을 변제할 책임이 있다.

상기 내용은 경공매 분석의 기본이 되는 '말소기준권리(또는 말소기준등기)'에 대한 내용이다. 사례 16에서 자세히 다룰 예정이나, 처음 접한 이에게는 대부분의 단어가 생소하여 내용이 어렵게 느껴진다. 이에 본격적으로 시작하기에 앞서 책을 이해하는 데 도움 될 만한 <u>기본 용어</u>들을 먼저 살펴보고자 한다.

1) 공매 vs 경매
2) 온비드 사이트
3) 물권 8가지
4) 압류와 가압류
5) 부동산 공적장부 6가지

향후 이 책에서 다루지 못한 어려운 단어들을 접할 시 다음과 같은 방법으로 접근하는 것 또한 추천한다. '전입신고'를 예로 보자.

1) <u>정의</u> 파악 (단어가 길면 끊어서 읽기)
   - 전입신고 = 전입 + 신고
   - 전입(새로운 거주지로 옮김) + 신고(새로운 거주지의 주민센터에 전입 사실을 알림)

2) <u>대상</u> 확인
   - 세대주 포함 새로운 거주지의 거주자

3) <u>효력</u> 유무
   - 주택 임차(전세, 월세 등) 시 전입신고 여부가 대항력을 갖추는 중요한 요건 (「주택임대차보호법」 제3조 제1항)

4) <u>기타</u> 사항 (신청, 소멸기한이 있는지 등)
   - 14일 이내로 신고하지 않은 경우는 5만 원 이하의 과태료를 부과

전입신고 신청서

✎ 공매 vs 경매

공매물건은 압류재산, 국공유재산, 유입/수탁재산 등이 있으며, 통상 공매라 함은 가장 높은 비중을 차지하는 '압류재산'을 일컫는다. 압류재산은 다음과 같은 사유로 진행된다.

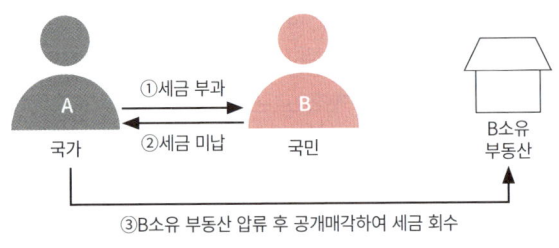

공매(압류재산) 진행 사유

일반적으로 잘 알려진 경매와 공매를 비교해 보면 다음과 같다. 결국 받을 돈이 있고 그 돈을 경매 또는 공매를 통해 매각하여 회수한다는 개념은 동일하다. 다만 각각의 근거법, 이해관계자 등이 다르다.

구분	공매(압류재산)	경매
근거법	국세징수법	민사집행법
진행	한국자산관리공사[캠코]	법원
정의	세금을 내지 않은[체납] 사람(B)의 부동산을 압류 후 공개매각하여 세금 회수	빚[채권]을 갚지 않은 사람(B)의 부동산을 경매에 부쳐 채권 회수
이해관계자	A: 과세자 (국가 등) B: 체납자 (국민 등)	A: 채권자 (은행, 개인, 기업 등) B: 채무자 (개인, 기업 등)
방식	기간입찰 (통상 월~수 온비드에서)	기일입찰 (어느 특정한 날 법원에서)
장소	온비드사이트 입찰 (온라인)	법원 입찰 (오프라인)

공매와 경매의 비교

다소 생소하게 여기는 공매는 다음과 같은 매력이 있다.

1) 경매보다 낮은 입찰경쟁률
2) '온라인'으로 진행 가능한 입찰 (경매 = 법원 현장 입찰)
3) 잔금납부/소유권이전을 온라인/우편으로 처리 가능 (경매 = 현장 방문 처리)
4) 매각 절차가 신속하게 진행, 매주 10%씩 저감되어 진행

상기 내용 중 2, 3번의 경우 법원에 가야 하는 경매에 비해 공매는 입찰 등 대부분의 과정을 온라인으로 처리할 수 있어 평일에 시간을 내기 힘든 직장인에게 유리하다.

✏️ 온비드(Onbid) 사이트

* 사이트 주소: https://www.onbid.co.kr

'공매 vs 경매'에서 설명한 바와 같이 공매 입찰은 온라인에서 이뤄지며, 해당 사이트는 '온비드'이다.

온비드는 Online Bidding의 약어로 한국자산관리공사에서 관리하고 있다. 1962년 부실채권 관리를 목적으로 설립된 한국자산관리공사는 그동안의 공매 노하우를 바탕으로 인터넷에서 직접 입찰에 참여할 수 있도록 공매포털시스템(온비드, 2003년 시행)을 구축했다.

온비드 사이트

온비드를 활용 시 다음과 같은 장점이 있다.

1) 국가/지자체/공공기관 입장 : 공정하고 투명하게 보유자산을 처분 가능
2) 국민 입장 : 압류재산 포함 1)의 다양한 물건들을 공개경쟁입찰 방식으로 취득 가능

더불어 온비드 고객지원센터를 운영하고 있어 온비드 이용법, 공매물건 정보 등 문의사항에 대해 유선상으로 쉽게 파악이 가능하다.

* 온비드 고객지원센터: 1588 - 5321 (평일 09:00 ~ 18:00)

📝 물권 8가지

우리는 '소유권'이란 단어를 많이 사용한다. 소유권에 대한 민법상 정의를 살펴보면 다음과 같다.

- 민법 제211조(소유권의 내용)
  소유자는 법률의 범위 내에서 그 소유물을 사용, 수익, 처분할 권리가 있다.

예로 아파트를 매수하는 경우 취득세를 내면서 법무사를 쓰거나 셀프로 소유권이전등기를 해온다. 여기서 소유권을 취득한다는 것은 '민법 제211조'의 사용, 수익(임대), 처분(매각, 담보) 권리를 갖게 된다는 의미이다.

더 큰 범주로 볼 시 소유권은 민법상 8가지 물권 중 하나이다. 민법상 물권은 법에서 8가지(다음 이미지상 회색)로 정해 놓았으며, 내용은 다음과 같다.

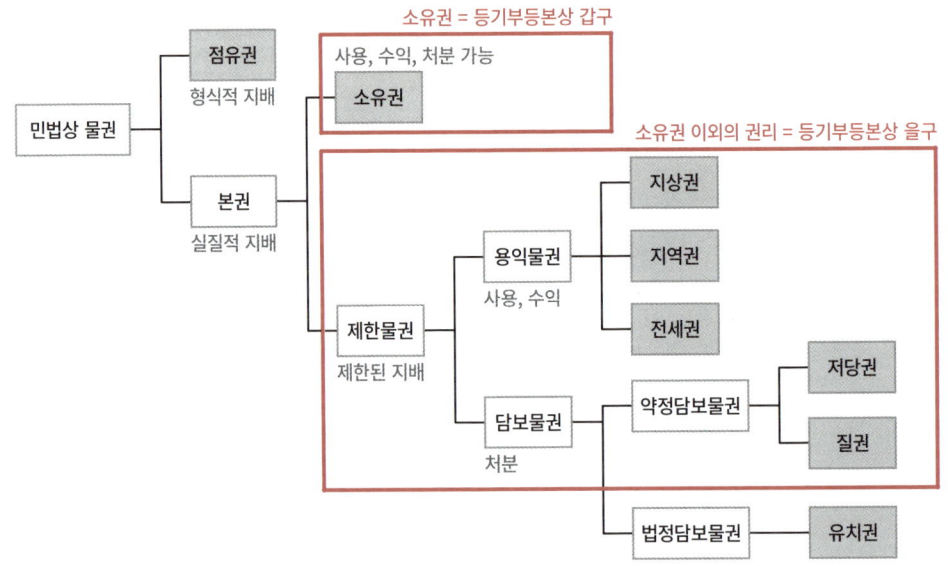

물권의 종류

이를 언급하는 이유는 추후 계속 다룰 등기부등본 때문이다. 등기부등본의 구성은 다음과 같다.

1) 표제부 (건물의 표시)
2) 갑구 (소유권에 관한 사항)
3) 을구 (소유권 이외의 권리에 관한 사항)

여기서 등기부등본상 '갑구'는 본권 중 소유권에 관한 내용이고, '을구'는 본권-제한물권에 해당하는 소유권 이외에 관한 내용이다.

✏️ 압류와 가압류

압류 또는 가압류라는 단어는 공매 공부를 하면 계속해서 듣게 될 단어이다. 대부분 공매물건은 다음과 같은 절차로 진행되기 때문이다.

1) A, 국가가 부과한 세금에 대해 미납 (A=체납자)
2) 국가, A가 소유한 B부동산 '압류'
3) 국가, A가 계속 체납 시 B부동산을 공매를 통해 매각 후 세금을 회수

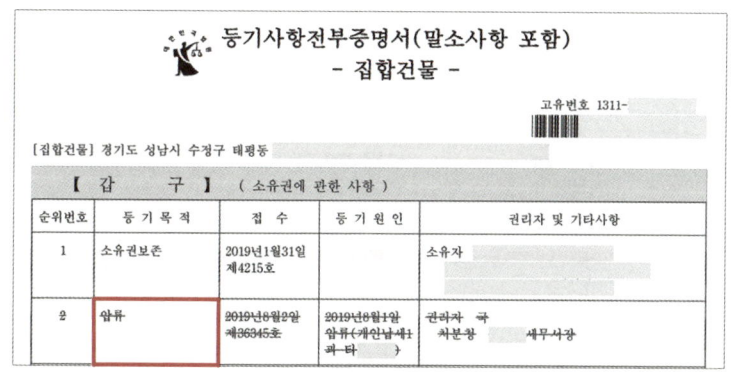

등기부등본상 압류등기 예

여기서 압류는 체납자가 보유한 재산을 처분 제한하는 역할을 한다. 다시 말해 체납자가 세금을 갚기 전에 보유한 재산을 매각할 시 국가 입장에서는 해당 세금을 거둬들일 방법이 없다. 그렇기에 해당 부동산 등을 팔지 못하도록 묶어버리는 것이다.

'가압류'라는 단어 또한 자주 쓴다. 여기서 압류와의 차이는 '가'의 유무이다. '가(假)'는 '임시 가'라는 한자로, 가압류는 말 그대로 임시로 압류를 해 두는 것이다. 이를 통해 돈을 갚지 않은 채

무자의 재산을 묶어 두는 역할을 한다.

가압류는 소송 등이 장기간 소요되므로 법적으로 다투기 전에 차용증 등 소명자료만 가지고도 채무자 재산에 가압류 등기를 할 수 있다. 압류는 소송 등 판결문[집행권원]이 있다면 바로 등기부등본상 압류 등기를 할 수 있다.

세금 또는 돈을 계속 갚지 않는 경우 압류는 판결문 등이 있기에 바로 공매 또는 경매를 진행[집행절차]하여 돈을 회수할 수 있다. 가압류는 소송을 통해 승소 판결을 받은 후 비로소 경공매 집행이 가능하다. 이게 압류와 가압류의 차이이다.

구분	가압류	압류
처분 제한	O	O
집행권원 필요여부	X(차용증만으로도 가압류 가능)	O(판결문 등 있을 시 압류 가능)
집행절차 가능여부	X(판결문 등 필요)	O

가압류와 압류의 차이

시간 순서로 다시 정리해 보면, 가압류와 압류는 같은 채권보전 행위이다. 하지만 가압류는 소송절차 전 보전절차상에서 이뤄지고, 압류는 집행절차의 첫 단추라 할 수 있다.

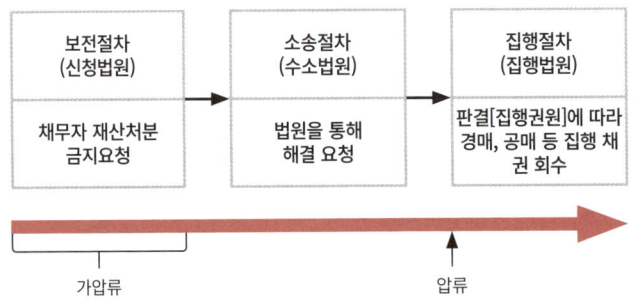

시점에 따른 가압류와 압류 비교

✏️ 부동산 공적장부 6가지

다음 내용은 부동산에 관하여 국가기관이 공식적으로 작성한 장부[공적장부]들로, 부동산 거래를 할 때 필수로 확인해야 하는 서류이다.

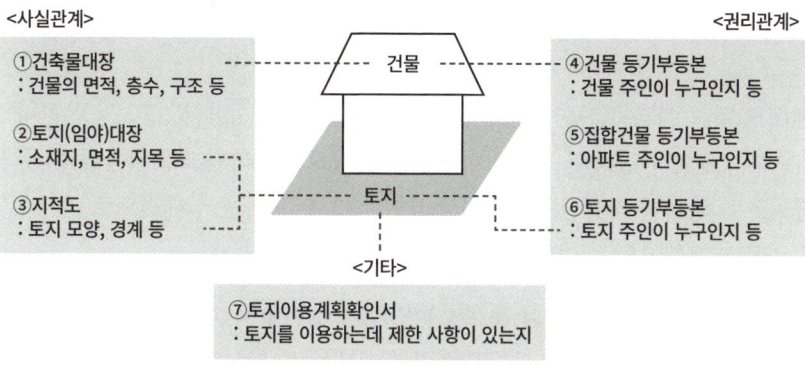

공적장부의 종류

만약 아파트를 매수할 때 면적 등 '사실관계'는 건축물 '대장'이 기준이 된다. 누가 주인인지 등 '권리관계'는 '등기부등본'이 기준이 된다.

서류별 세부 내용과 발급처는 다음과 같다.

구분	내용	발급(온라인/오프라인)
등기부등본 [등기사항전부증명서]	소유자 인적사항, 권리관계 등 명기 표제부, 갑구, 을구로 이뤄짐 토지등기부등본, 건물등기부등본, 집합건물등기부등본	(온) 인터넷등기소 (오) 관할등기소
건축물대장	건축물의 면적, 구조 용도 등 현황 명기	(온) 정부24 (오) 시, 군, 구청
토지(임야)대장	토지의 소재지, 면적, 지목 등 현황 명기	
지적도	토지의 형상, 위치, 경계 등 현황 명기	
토지이용계획확인서	토지에 대한 각종 규제와 허가 가능한 용도 등 명기	(온) 정부24, 토지이음 (오) 시, 군, 구청

공적장부별 세부 내용 및 발급처

참고로 국토교통부에서는 부동산정보의 통합열람이 가능한 '일사편리[1]'라는 사이트를 운영 중이다. 상기 서류 포함 총 18개 공적장부를 한 번의 검색으로 한꺼번에 열어볼 수 있어 참으로 유용하다.

---

[1] 일사편리 : https://kras.go.kr:444

베타 리더 리뷰 |

오래전 재테크 열풍 이후로 사람들은 다양한 투자처를 찾기 시작하였고, 그중 하나로 부동산 경매의 저변화가 일어나 경쟁률 또한 높아졌습니다. 하지만 온라인으로 입찰을 할 수 있는 등의 여러 장점으로 특히 바쁜 직장인들에게 더 유용할 수 있는 공매는 상대적으로 인기가 낮은 것이 사실인데, 바로 경쟁률이 낮은 여기에 더 좋은 기회가 있을 것입니다.

이 책은 바로 이 공매에 대해 생소한 초보자들도 쉽게 접근할 수 있도록, 경매보다 유리한 점과 함께 물건 분석에서부터 낙찰 이후까지 단계별로 상세히 설명하고 있습니다. 또한 각 장별로 핵심 요약과 주의사항을 임차인과 임대인의 관점에서 각각 제시하고 있어 독자들에게 꼭 필요한 사항을 정리했습니다. 다양한 사례에 대해서 그림과 표는 물론, 관련 법규가 궁금해지려고 하면 어떻게 알았는지 법률을 발췌하여 표시해주고 있어, 최상급 서비스를 받으며 관련 지식을 안내받는 느낌이 들었습니다.

공매는 단순한 투자의 수단이 아닌, 임대인 및 임차인으로서 겪을 수 있는 다양한 어려움을 미연에 방지하기 위해 우리 모두가 살아가면서 꼭 알아야 할 상식입니다. 첫 낙찰을 받고 임차인과 첫 통화할 때의 엄청난 부담감에 대해서 저자가 회상하듯, 이 책은 첫 단추부터 어려워 하는 독자들에게 꼭 필요한 안내서가 될 수 있을 것이라 확신합니다.

전영식

이 책은 공매에 관련된 내용을 처음 배우는 사람도 꼼꼼하게 확인할 수 있는 것이 장점입니다. 공매는 권리분석을 잘못 하면 보증금을 날릴 수 있는 위험성을 가지고 있습니다. 최저입찰가에 따라서 다르겠지만 열심히 일하고 아껴서 모은 돈을 날리면 너무 아까울 것입니다. 책에서는 기존에 있던 다른 어려운 도서들과 달리, 읽기 쉽게 다양한 사례와 절차에 대해서 설명해줍니다. 이 책과 함께 공매 투자를 한다면 많은 리스크를 줄이고 실제 투자에 적용할 수 있을 거라고 확신합니다.

실크로드

경매와 공매의 차이도 모르는 초보였던 제게도 다양한 실제 매물 분석을 통해 쉽게 읽히는 책이었습니다. 무엇보다 국세청, 정부24, 온비드 등 실제 사이트에서 조회/분석할 수 있는 방법을 소개해준 덕분에 막연한 공매에 대한 관심에서 실제 인터넷으로 직접 정보를 찾아보는 행동으로 옮길 수 있었습니다. 공매에 관심 있는 분은 많지만 투자까지 시작하는 사람은 열에 한둘이라는 저자의 말이 인상깊습니다. 저 또한 언제 실제 행동으로 옮길 수 있을지는 모르겠지만, 공매에 대한 막연함은 상당히 해소된 느낌입니다.

이찬우

책을 다 읽고 나서 이 책이 5년 전에만 발간되었어도 제가 그 많은 경공매 강의와 스터디 비용을 아낄 수 있지 않았을까 하는 한탄이 나왔습니다. 특히 심화 교양 쌓기는 임대인이건 임차인이건 반드시 알아야 하는 꿀팁이면서 쉽게 배우기 힘든 내용임에도 일목요연하게 정리되어 있어 큰 도움이 될 것입니다.

이 책의 안내대로 부동산 세금 관련 문제와 등기부에 대해서도 공부한다면 공매는 물론 경매까지도 쉽게 넘나들며 투자를 할 수 있을 겁니다. 어떤 스승이나 동료보다도 더 자세하고 정확하게 안내해줄 이 책을 등대 삼아 여러분도 경제적 자유를 누리시고 노후를 대비하기 위한 자산을 축적하시길 바랍니다.

최경주

《수학의 정석》이 지금까지도 사람들이 가장 많이 찾는 수학 참고서 중 하나로 남아 있는 이유는 초보가 보기에도 불편함이 없는 해설과 고수에게 필요한 배경 지식을 모두 담고 있기 때문이 아닐까요? 마찬가지로 이 책이 공매의 초보에게는 자신감과 더불어 실전 팁을, 고수에게는 정확한 근거를 제시해줄 수 있는 공매 분야의 정석이 될 것이라 믿습니다.

홍혁민

차례

머리말	4
들어가기 전에	8
베타 리더 리뷰	16

기/초/편
부동산 교양을 모르면 눈물 흘릴 일이 생긴다 ... 22

C/H/A/P/T/E/R 01 방대한 부동산 지식, 공매로 완성하다 ... 23

- 사례 01 전셋집이 갑자기 공매에 넘어갔다고요? - 공매, 국세 완납증명, 지방세 납부증명 ... 24

C/H/A/P/T/E/R 02 공매와 경매를 구분해 보자 ... 35

- 사례 02 공매와 경매가 동시에 진행되는 아파트 - 공매와 경매의 차이 ... 36
- 사례 03 공매 절차 중 무언가를 하지 않아 월세 보증금을 돌려받지 못한다고요?
  - 공매와 경매의 절차 ... 50

C/H/A/P/T/E/R 03 아무도 가르쳐주지 않는 등기부의 모든 것 ... 85

- 사례 04 임대차계약 후 보증금 잔금 낼 때 꼭 등기부를 떼보라는데, 왜? - 등기사항전부증명서 ... 86
- 사례 05 등기부를 떼어보니 근저당이라는 게 있는데, 무엇이죠? - 물권의 종류 ... 98

심/화/편
예기치 못한 사건에 대비하는 심화 교양 쌓기   116

C/H/A/P/T/E/R 04 등기부등본 말고 대장 등도 살펴보자   117

사례 06	집 문패는 분명 201호인데, 건축물대장에는 202호? - 건축물대장	118
사례 07	위반건축물이라 전세대출이 안 나온다고요? - 위반건축물	123
사례 08	임차 주택이 '집'이 아니라 '상가'였다니? - 근린생활시설 불법용도변경	129
사례 09	토지 사기, 기획부동산 덫에 걸려들다니 - 토지이용계획확인서, 지목, 용도지역/지구/구역	135

C/H/A/P/T/E/R 05 임차인에 대해 알아보기   147

사례 10	전셋집이 공매에 넘어갔는데 전세금을 돌려받지 못한다? - 전입신고, 대항력	148
사례 11	전세 계약 날, 전입신고만 하고 확정일자는 받지 않았는데요 - 확정일자, 우선변제	154
사례 12	부동산 중개사 사무소에서 공매에 넘어가도 소액임차인이라 다 받을 수 있다는데요? - 소액임차인, 최우선변제	163
사례 13	확정일자를 받을까? 전세권설정을 할까? - 전세권	173
사례 14	배분요구절차만 알면 공매에 넘어간 내 전셋집을 싸게 낙찰받을 수 있다 - 배분요구	182

투/자/편
공매로 교양이 쌓일수록 이익도 쌓인다
194

C/H/A/P/T/E/R 06 속고 싶지 않다면 반드시 알아야 할 키워드, 권리분석
195

사례 15	서류만 봐도 깨끗한 물건인지, 복잡한 물건인지 알 수 있다 - 권리분석	196
사례 16	권리분석에 실패하여 임차인 보증금 1.3억 원을 추가로 내줘야 한다?(1)	
	- 말소기준권리, 소멸/인수주의	202
사례 17	권리분석에 실패하여 임차인 보증금 1.3억 원을 추가로 내줘야 한다?(2) - 배분	209
사례 18	배분요구만 알아도 점유자가 속 썩일지 아닐지 알 수 있다	
	- 배분요구, 명도 및 명도확인서	225

C/H/A/P/T/E/R 07 버는 것보다 잃지 않는 게 더 중요하다, 함정 피하기
235

사례 19	분양대금을 시행사 계좌에 입금했는데요? 문제 되나요? - 시행사, 신탁사, 시공사 차이	236
사례 20	공매물건을 낙찰받았는데 토지에 문제가 있다? - 토지별도등기, 대지권미등기	240
사례 21	빌라 시세와 그에 얽힌 다양한 이해관계 - 업계약서, 재개발 해제 지역	246

C/H/A/P/T/E/R **08 두 아이의 아빠이자, 평범한 직장인도 공매로 투자한다**　　　253

| 사례 22 | 공매 첫 낙찰 물건, 부산 반지하 빌라 - 빌라 투자 포인트　　　254
| 사례 23 | 토지이자 지분 첫 입찰 물건, 파주 영태리 공장 용지 - 지분 물건 투자 포인트　　　264

맺음말　　　290
참고자료　　　292

기/초/편

부동산 교양을 모르면 눈물 흘릴 일이 생긴다

C/H/A/P/T/E/R 01

방대한 부동산 지식,
공매로 완성하다

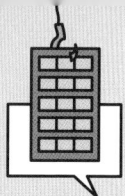

사례 01

전셋집이 갑자기 공매에 넘어갔다고요?

- 공매, 국세 완납증명, 지방세 납부증명

사연 물건(상기 물건은 다음 사연과 정확히 일치하지 않을 수 있습니다)

신혼집으로 전세를 알아보고 있는 신혼부부가 있다. 여러 부동산 중개사 사무소에 다니며 아파트 전세 매물을 알아보는 등 발품을 팔고 있으나, 매물도 없을뿐더러 가격도 너무 많이 올라 형편에 맞는 전셋집 구하기가 너무 어렵다. 수소문하며 찾은 결과 기대에는 못 미치나 그나마 나은 아파트를 찾았고, 전세 계약 날까지 받아 둔다.

계약 당일. 부부는 중개사의 친절한 안내에 따라 각종 서류들을 확인한다. 부부가 앉은 탁자에는 전세 계약 시 체크리스트가 적혀 있어 이 또한 꼼꼼히 읽어본다.

전월세 계약 시 체크리스트	
기본 확인 사항	

등기부등본
[등기사항전부증명서]
	1. 등기부등본상 주소와 임차 주택 주소/임대 부분 간 일치 여부
	2. 등기부등본상 소유주와 임차 주택 임대인 간 일치 여부
	3. 등기부등본상 특이 사항 유무
	  - (가)압류, 가처분
	  - 근저당('집값 - 근저당[채권최고액] > 전세금액' 인 경우 OK)
	  - 가등기, 미등기 등
	4. 계약금 중 일부 입금, 계약서 작성, 잔금/입주일 등 각각 열람하여 확인

건축물대장	1. 건축물대장상 주소와 임차 주택 주소/임대 부분 간 일치 여부 2. 위반건축물 여부
거래자의 진정성 확인 사항	

신분증 진위확인
(주민등록증, 운전면허증)
	1. 거래자가 정당한 거래 상대방인지 여부
	  - 주민등록증 진위확인: 'ARS 1382' 또는 '정부24 사이트[2]'
	  - 운전면허증 진위확인: '도로교통공단 안전운전 통합민원 사이트[3]'

위임장 및 인감증명서
(본인서명발급사실확인서)
	1. 대리인이 온 경우 정당하게 위임이 이루어졌는지 확인
	  - 위임장
	  - 위임인 본인 발급 인감증명서
	  - 대리인 신분증

공동명의	1. 계약 간 공동명의자 중 일부만 참석 시 정당한 위임받은 서류 구비
	  - 위임장, 인감증명서, 대리인 신분증 등
	  - 특약상 공동명의자 중 한 명 계좌에 입금 가능 내용 명기

계약금/잔금 입금통장	1. 등기부등본상 소유주(임대인)와 통장 소유자의 동일인 여부
부동산 중개사 사무소	1. 허가받은 중개사, 중개사 사무소 여부 2. 공제보험 서류 요청
현장 확인 사항	
부동산 실제 이용 상태	1. 면적, 주 용도, 건물번호 등이 실제 공부와 일치하는지 여부
공시되지 않는 권리	1. 유치권, 법정지상권 등 공시되지 않는 권리 여부 확인
집 상태	1. 수리가 필요한 부분 및 부담주체 확인

다행히 현장과 서류에는 문제가 없는 듯하다. 신혼부부, 중개사, 임대인 삼자는 전세 계약서에 날인하고, 부부는 계약금을 입금한다. 난생처음 전세 계약을 해본 터라 부부는 뿌듯한 마음이 가득하다.

입주 날이 다가와 부동산 중개사 사무소에 중개사와 모여 앉아 한 번 더 등기부등본을 확인 후 잔금을 입금하고, 부동산 중개 수수료 또한 입금 완료한다. 마지막으로 주민센터에 가서 전입신고와 확정일자까지 받고 부부는 '신혼집 구하기 미션 클리어'를 외친다. 이제 남은 건 난생처음 부모님 집 밖으로 나와 살게 된 첫 삶의 터전이자 신혼집에서 부부 간에 행복한 시간을 보내는 것뿐이다.

몇 개월이 흘렀을까 행복한 시간도 잠시, 부부는 청천벽력과 같은 소식을 접한다. 내가 살고 있는 이 집이 '공매'에 넘어간 것이다. 분명 서류 등 모든 곳에 문제가 없음을 확인 후 전세 계약을 한 건데 왜 이런 일이 벌어진 건지, 이 상황에 대한 책임은 누가 지는지, 내 보증금은 어떻게 돌려받아야 하는지 등 부부는 답답하기만 하다.

[2] 정부24 : www.gov.kr
[3] 안전운전 통합민원 : www.safedriving.or.kr

여기서 부부가 공매 공부를 해 두었다면 이 위기를 사전에 모면할 수 있었을 것이다. 이러한 공매는 다음과 같은 상황에 이뤄진다.

국가가 세금을 부과하였는데 개인이 납부하지 않은 경우[체납]가 자주 발생한다. 국가는 세금을 부과해 살림살이를 해야 하기에 미납한 세금을 어떻게든 거두어들여야 한다. 이러한 미납 세금을 어떻게 받아낼지 고심하던 국가는 체납자가 고가 아파트 한 채를 가지고 있다는 걸 파악한다. 그리고 해당 아파트를 처분하여 연체된 세금을 회수하면 되겠다는 묘수를 생각해낸다. 일단 국가는 아파트 처분행위를 하기 전에 '압류', 흔히 알고 있는 빨간 딱지를 해당 부동산에 붙여두고 체납자에게 세금을 빨리 갚으라고 경고한다. 몇 차례 경고를 하였는데도 결국 세금을 납부하지 않으면, 최종 공개적인 입찰을 통해 강제적으로 매각한 후 세금을 회수한다.

사연의 현재 등기부등본 모습(현재는 타인에게 낙찰되어, 압류 및 공매공고는 등기부등본에서 기록이 지워진[말소] 상황)

이러한 세금 미납에 따른 체납자 부동산의 강제적인 매각 절차를 '공매'라 하고, 국가를 대신하여 공매 절차 대행을 해주는 공적기관은 '한국자산관리공사'이다.

다시 이 사연과 관련하여 전세 계약 전 집이 공매에 넘어갈 가능성은 없는지를 알고자 한다면, 집주인이 세금을 제때 냈는지 확인하면 된다. 확인하는 방법은 다음 서류를 받아보는 것이다.

전세 계약 시 추가 확인 사항

1) 국세 완납증명 (국세청 사이트[4])
2) 지방세 납세증명 (정부24 사이트[5])

---

[4] 국세청 : www.hometax.go.kr
[5] 정부24 : www.gov.kr

성실하게 세금을 납부했다면 국세 완납증명상 '체납처분 해당 없음'이라고 쓰여있다. 현재 시점 기준 전셋집이 공매에 넘어갈 일 또한 거의 없다는 의미이기도 하다.

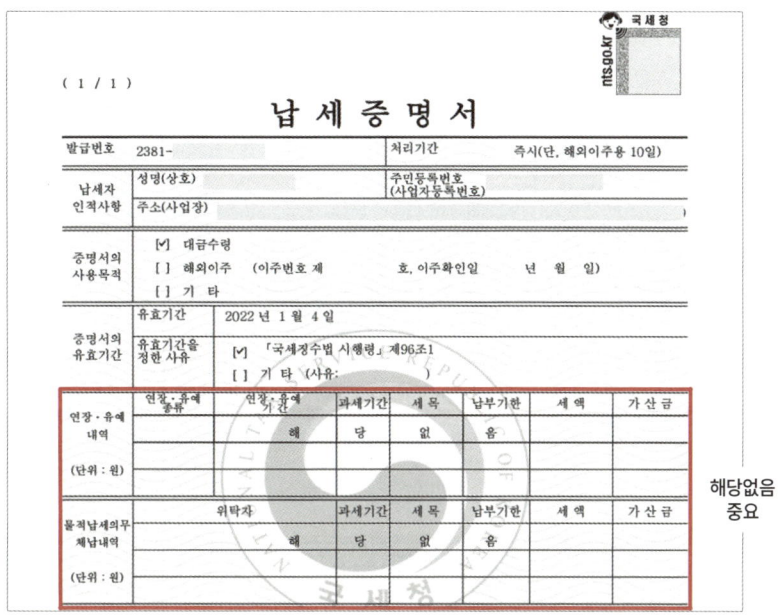

납세증명서 예

하지만 전세 계약 시 국세 완납증명까지 받아보는 경우는 거의 없다. 중개사가 모를 수도 있고, 전세 물량이 희귀할 때는 집주인에게 요청해도 '다른 임차인 알아보겠다, 귀찮다'며 받지 못할 수 있다. 과정은 번거롭지만 그럼에도 해당 서류를 받아 확인해 둔다면, 전셋집이 공매에 넘어가 몇 개월에서 길게는 몇 년 동안 보증금을 언제 돌려받을지 노심초사하는 리스크는 줄일 수 있을 것이다.

이러한 국세 완납증명 혹은 지방세 납세증명을 받기 힘든 경우 우회적으로 확인 가능한 다른 방법이 있다. 전세로 들어갈 집의 등기부등본을 보면 과거에 압류되었다, 지워졌다[말소] 반복되는 경우가 있다. 해당 등기부등본은 과거 이력들로 지저분한 상태일 것이다. 다음 예시 이미지가 그러하다.

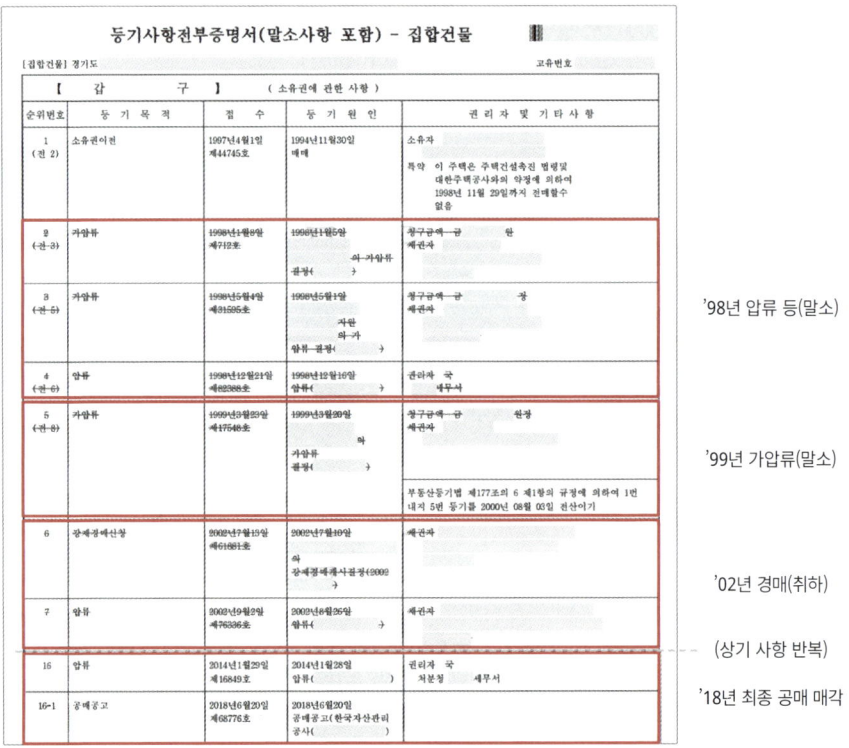

조심해야 할 등기부등본 예

이는 당초에 세금 등을 내지 않았던 이력이 있는 것이고 향후 공매에 넘어갈 확률이 높을 걸 의미한다. 다만 이러한 과거 압류 이력이 없는 상태에서 공매에 넘어가는 경우도 많아 가장 확실한 건 국세 완납증명, 지방세 납세증명을 받아보는 것이다.

파트 요약 및 주의 사항

파트 요약
1) 공매는 세금을 내지 않은 자[체납자]의 부동산을 처분하여 세금 회수
  = 세금을 내지 않은 집주인의 부동산은 공매에 넘어갈 우려가 존재
2) 세금을 제대로 납부했는지는 '국세 완납증명, 지방세 납세증명'상 '해당 사항 없음' 체크

주의 사항
1) 임차인 측면: 전월세 등 임차계약 전 임대인의 국세/지방세 완납증명을 요청하여 미납 여부 확인
2) 임대인/투자자 측면: 국세/지방세 체납에 대해 관리 필요. 체납에 따라 국세/지방세 완납증명상 문제가 있을 시 대출 연장, 신규대출 등이 불가할 수 있는 우려

| Action Plan | 나의 국세 완납증명 및 지방세 납세증명 발급받기 |

국세 완납증명 발급

1. 국세청홈택스 접속 > 로그인

2. 민원증명 클릭 > 납세증명서(국세완납증명) 선택

3. 주소/주민등록번호 공개여부, 발급희망수량, 제출처 등 입력 후 신청하기 클릭

4. 발급번호 클릭 후 출력

* 국세 완납증명 예시

납세증명서

(1 / 1)

| 발급번호 | 2381- | | 처리기간 | 즉시 (단, 해외이주용 10일) |

| 납세자
인적사항 | 성명(상호) | | 주민등록번호
(사업자등록번호) | |
| 주소(사업장) | | | | |

| 증명서의
사용목적 | [✓] 대금수령
[ ] 해외이주 (이주번호 제   호, 이주확인일   년 월 일)
[ ] 기 타 |

| 증명서의
유효기간 | 유효기간 | 2022년 1월 4일 |
| 유효기간을
정한 사유 | [✓] 「국세징수법 시행령」 제96조1
[ ] 기 타 (사유:) |

연장·유예 내역 (단위: 원)	연장·유예 종류	연장·유예 기간	과세기간	세목	납부기한	세액	가산금
		해	당	없	음		

물적납세의무 체납내역 (단위: 원)	위탁자		과세기간	세목	납부기한	세액	가산금
		해	당	없	음		

해당없음 중요

「국세징수법」 제108조 및 같은 법 시행령 제95조에 따라 발급일 현재 위의 연장·유예액 또는 「부가가치세법」 제3조의2 및 「종합부동산세법」 제7조의2 및 제12조의2에 따른 수탁자의 물적납세의무와 관련된 체납액을 제외하고는 다른 체납액이 없음을 증명합니다.

접수번호	
담당부서	민원봉사실
담당자	
연락처	

2021년 12월 5일

세무서장 (인)

국세청
National Tax Service

※ 본 증명의 위·변조 여부는 발급일로부터 90일 이내 「국세청 홈택스(www.hometax.go.kr) 또는 모바일 홈택스 > 민원증명(증명발급) > 민원증명 원본확인」에서 발급번호로 확인 또는 문서 하단의 바코드로 확인이 가능합니다.
(공문서 위·변조하기는 형사상 징수 10년 이하의 징역에 처할 수 있습니다.)

※ 본 증명은 홈택스(www.hometax.go.kr)에서 대민 온라인 서비스를 통해 발급된 증명서입니다.

지방세 납세증명 발급

1. 정부24 접속 > 로그인 > 지방세 납세증명 클릭

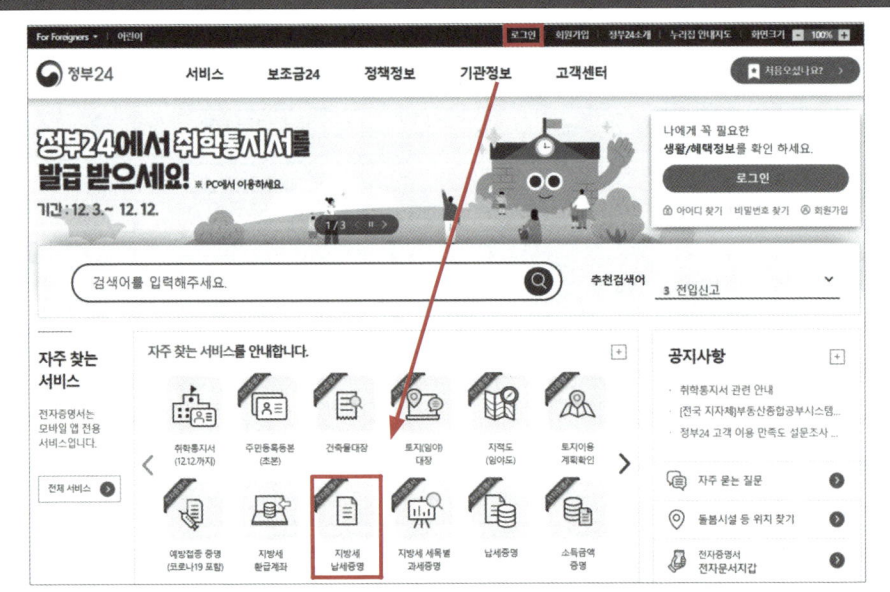

2. 신청하기 클릭

3. 주소, 증명서 사용목적 등 입력 후 민원신청하기 클릭

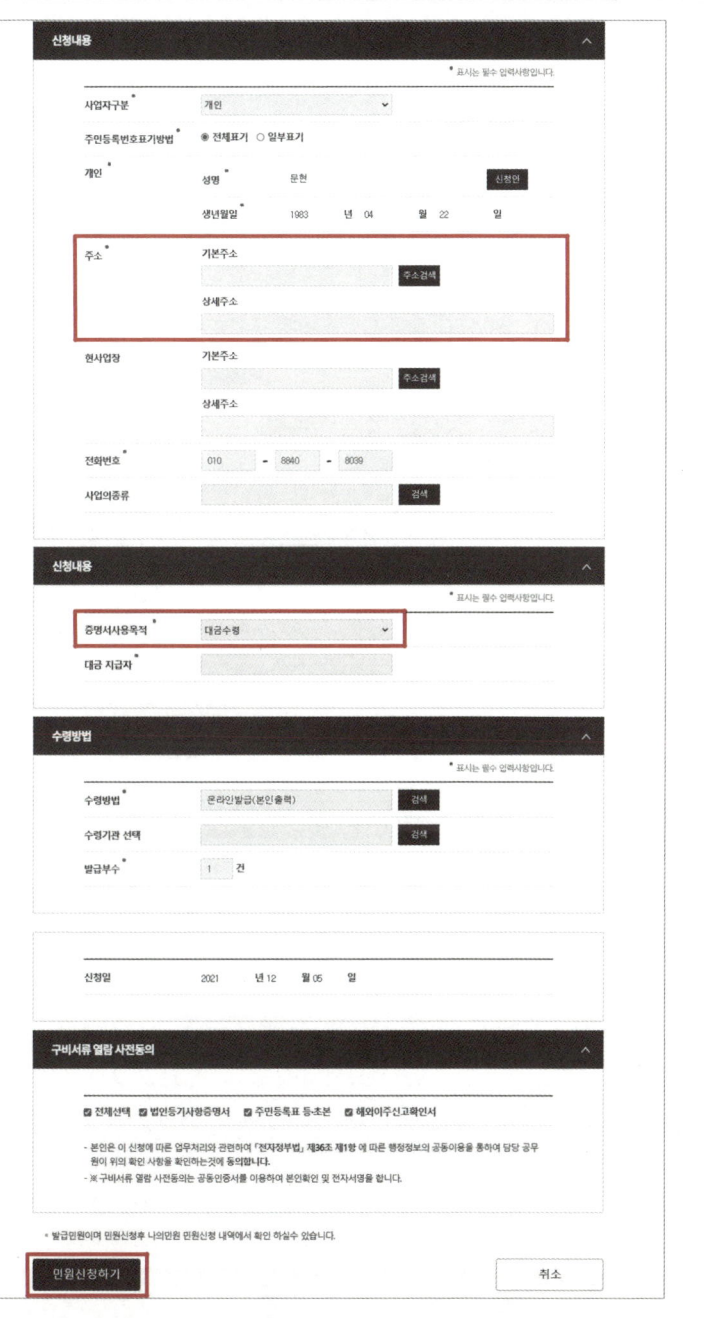

4. 문서출력 클릭

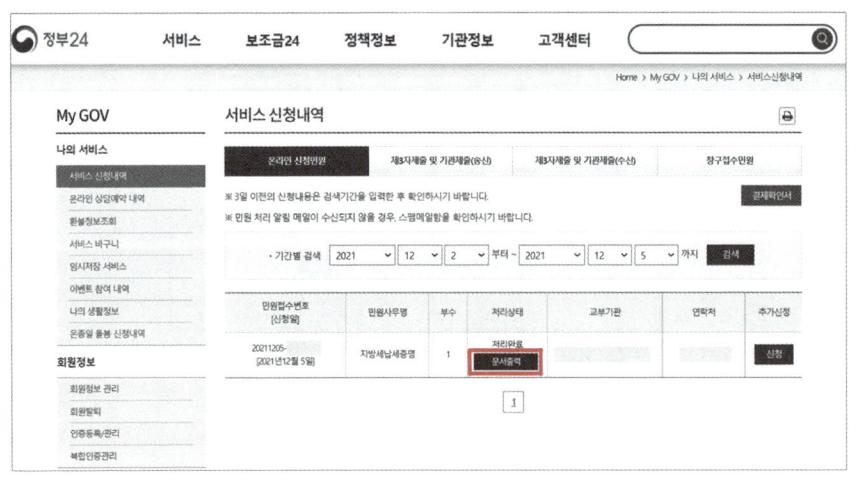

* 지방세 납세증명 예시

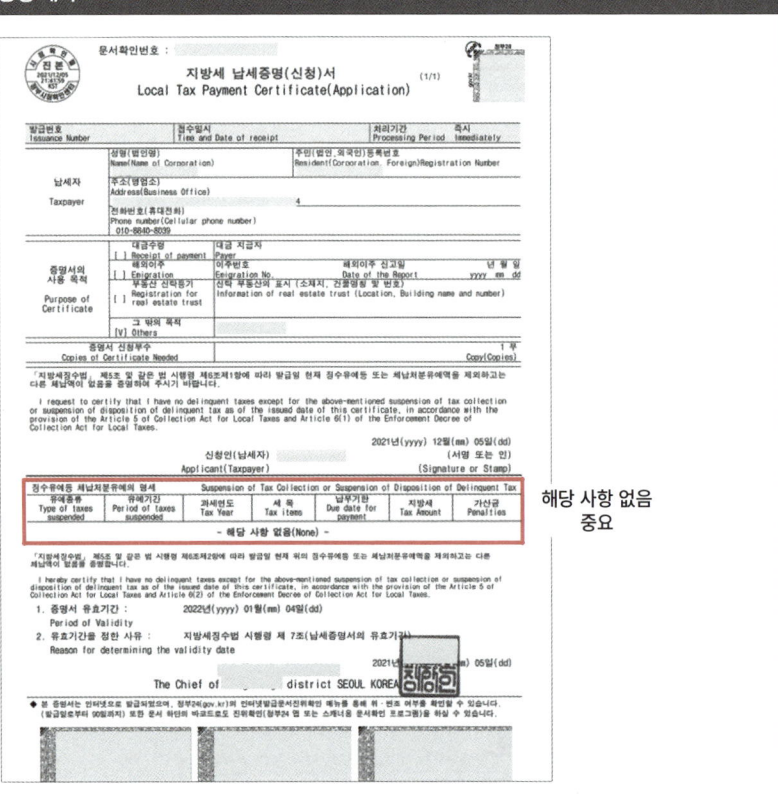

C/H/A/P/T/E/R 02

공매와 경매를 구분해 보자

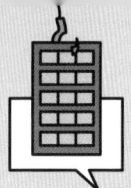

사례 02

공매와 경매가 동시에 진행되는 아파트
- 공매와 경매의 차이

사연 물건 (상기 물건은 다음 사연과 정확히 일치하지 않을 수 있으며,
추후 해석할 때 논란의 여지를 막기 위해 세부 내용을 명기하지 않았습니다.)

전세로 직장 근처 아파트에 거주 중이던 A는 어느 날 의문의 우편 두 통을 접수한다. 뜯어보니 한 통은 한국자산관리공사로부터 온 '공매대행통지서'이고, 다른 한 통은 법원으로부터 온 '경매안내통지서'이다. 내가 거주 중인 집이 경매와 공매에 동시에 넘어간 것이다.

전세 계약 체결 후 잔금일[입주일]에 주민센터를 방문해 전입신고와 확정일자를 받아 두면서 등기부등본을 확인했을 시에는 아무런 문제가 없었다. 당시 중개사와 함께 등기부등본 등의 서류에 아무런 문제가 없다는 걸 재차 확인 후 진행하였는데, 왜 이런 상황이 발생하였는지 당황스럽다.

한국자산관리공사[캠코] 공매안내통지

공매대행통지

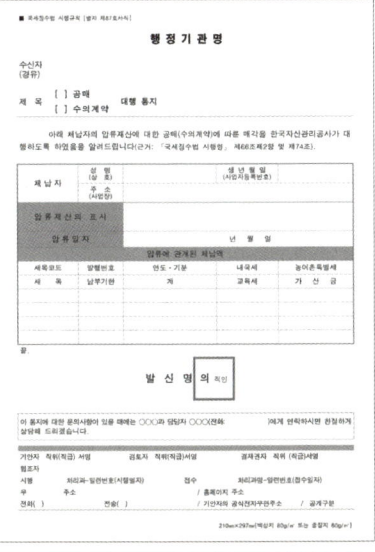

채권신고 및 배분요구서

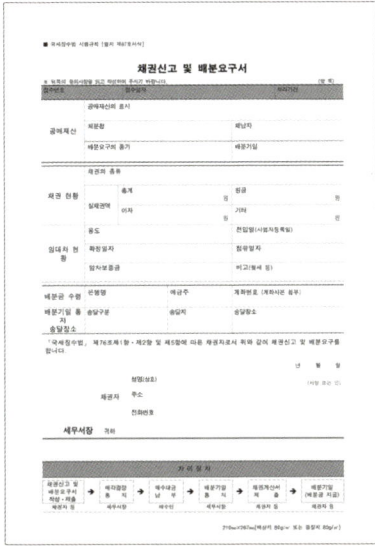

OO지방법원 경매안내통지

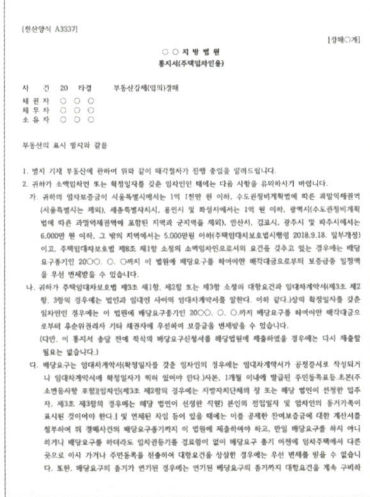

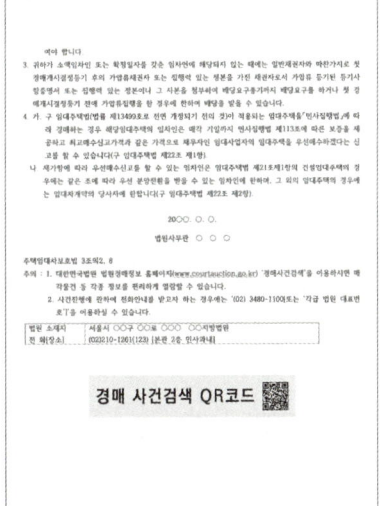

계약 만료일이 얼마 남지 않았으나 만족스럽게 거주하고 있었기에 전세 계약 연장을 논의하려던 찰나 집주인과 경공매에 넘어간 이유에 대해 첫 통화를 시작한다. 집주인이 전한 첫마디는 '미안하다'이다. 사업이 갑작스레 어려워져 각종 세금을 납부하지 못하였고, 은행 등으로부터 빌린 돈 또한 갚지 못하여 이렇게 되었다고 한다.

다음은 현 물건의 등기부등본 요약 내용이며, 빨간 박스와 같이 공매와 경매에 동시에 넘어갔다. 경매와 공매의 차이를 이해한다면 어떠한 연유로 다음과 같이 진행된 것인지 파악하기 쉬울 것이다. 이에 경공매를 비교하여 알아보자.

경매, 공매가 동시에 진행되는 물건 예

사유 요약

구분		권리자/채권자	사유	비고
공매		국가	세금체납(부가세)	갑구 순위번호 7 압류 사유
경매	임의	신용보증기금	신용보증을 통해 대출받은 자금을 미상환	갑구 순위번호 10 가압류 사유
	강제	중소기업은행	대출금 미상환 또는 대출이자 미납	을구 순위번호 9,10 근저당 사유

공매와 경매 진행사유 비교

사연을 다시 살펴보자. 자세히 보면 경공매에 넘어간 사유를 알 수 있다.

사업이 갑작스레 어려워져 <u>각종 세금을 납부하지 못하였고</u>(공매 사유), <u>은행에 빌린 돈 또한 갚지 못하여</u>(경매 사유) 이렇게 되었다고 한다.

> 1) '공매'에 넘어간 사유 = '각종 세금을 납부하지 못하였고'
> 2) '경매'에 넘어간 사유 = '은행에 빌린 돈 또한 갚지 못하여'

결국 <u>받을 돈</u>이 있고 그 돈을 <u>공매 또는 경매</u>를 통해 매각하여 <u>회수</u>한다는 개념은 동일하다. 다만 경매, 공매 각각의 근거법, 이해관계자, 입찰 방식, 매각 장소 등이 다르다.

구분	공매(압류재산)	경매
근거법	국세징수법, 지방세징수법	민사집행법
진행	한국자산관리공사[캠코]	법원
정의	세금을 내지 않은[체납] 사람(A)의 부동산을 압류 후 공개매각하여 세금 회수	빚[채권]을 갚지 않은 사람(A)의 부동산을 경매에 부쳐 채권 회수
이해 관계자	A : 체납자 (국민 등) B : 과세자 (국가 등)	A : 채무자 (개인, 기업 등) C : 채권자 (은행, 개인, 기업 등)
진행	기간입찰 (통상 월~수 온비드에서)	기일입찰 (어느 특정한 날 법원에서)
장소	온비드 사이트 입찰 (온라인)	법원 입찰 (오프라인)
기타	압류재산 외 공매재산 - 국유재산, 유입재산, 수탁재산 등	임의경매, 강제경매

공매와 경매 비교

정의에 대해 구체적으로 살펴보자. 광의적으로 보면 '경매'는 '물건을 팔고자 하는 사람[매도자]의 물건'을 '사고자 하는 다수의 사람[매수자] 중 청약을 통해 가장 높은 가격을 제시한 자'에게 매도하는 거래를 뜻한다.

이때 경매의 주체가 누구인지에 따라 '사경매'와 '공경매'로 나눌 수 있다. 개인이 본인 물건을 매매할 목적으로 직접 경매를 진행[사경매]하기도 하고, 때로는 법원이나 한국자산관리공사 등 공적인 주체들이 나서 경매를 진행[공경매]하기도 한다.

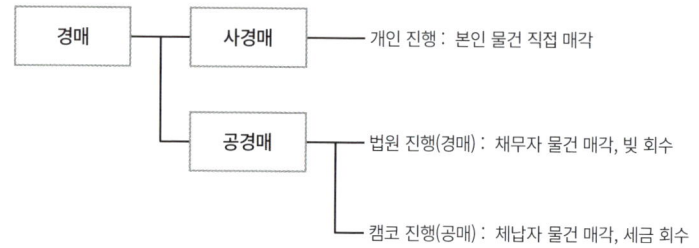

경매의 주체 비교

채무자가 빚을 갚지 못하는 경우, 채권자가 이를 원인으로 법원에 경매를 신청한다. 법원은 입찰을 통해 채무자의 물건을 매각한 후 그 매각 대금으로 채권자의 채권을 충당하는데, 이것이 우리가 일반적으로 아는 '경매'이다.

법원이 아닌 한국자산관리공사가 나서는 경우도 있다. 국가는 공공의 이익을 위해 국민에게 세금을 부과하는데, 누군가는 세금을 납부하지 않을 수 있다. 이때 한국자산관리공사가 대행하여 해당 체납자의 물건을 압류 및 매각하여 그 매각 대금으로 국가의 세금을 충당하는데, 이것이 '공매'이고 해당 매각 대상 물건을 '압류재산'이라고 부른다.

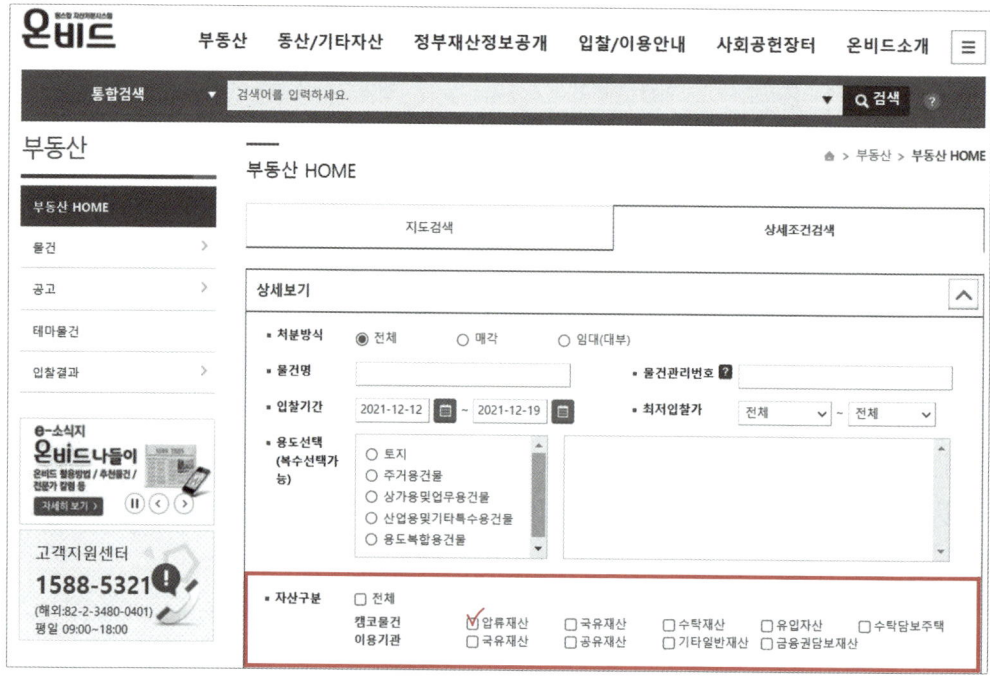

온비드 사이트의 공매물건 종류

공매물건은 압류재산 외에도 다음과 같이 다양한 재산이 있다. 다만 압류재산이 공매물건 중 70~80%에 해당하는 대부분을 차지하기에 이 책에서는 압류재산에 대해서 집중적으로 다루고자 한다.

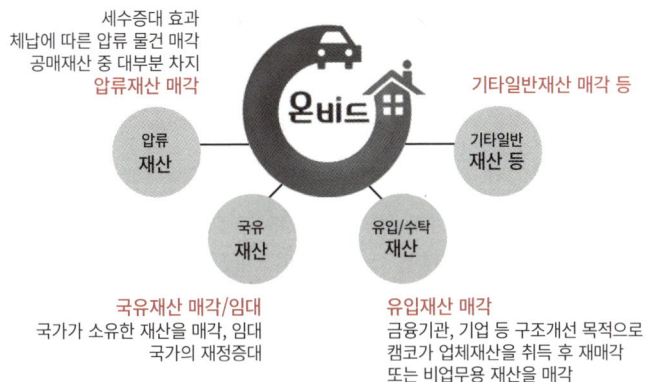

공매물건 종류

공매물건은 종류별로 다른 특성을 지닌다. '매수자 명의변경'을 예로 보면, 압류재산은 낙찰자로 선정된 후 매수자 변경이 불가하나 유입/수탁재산은 가능하다. '대금 완납전 점유사용'의 경우 압류/국유재산은 불가하나 유입/수탁재산은 잔금을 납부하기 전 일정 조건을 갖출 시 점유해서 사용할 수 있다. 다만 다음 내용은 일반적인 사항이고, 세부 조건은 꼭 물건별 '입찰공고'를 참조해야 한다.

구분	압류재산	국유재산	유입재산	수탁재산
소유자	체납자	국가	KAMCO	금융기관, 공기업
매각금액	감정가격	감정가격 (대부 시 대부료율을 곱함)	KAMCO 유입가격	감정가격
명도책임	매수자	매수자	매도자 (경우에 따라 매수자 부담)	매도자 (경우에 따라 매수자 부담)
대금납부	납부매각대금이 3천만 원 미만 7일 3천만 원 이상 30일 이내 대금납부	매매계약체결일로부터 60일 이내 (1천만 원 초과 시 3년 이내 분할납 가능) 대부 시에는 낙찰일로부터 5일 이내 (1백만 원 초과 시 연 6회 이내 분할납 가능)	일시급 또는 낙찰대금에 따라 최장 5년 기간 내에서 할부로 납부 가능 (6개월 균등 분할납부)	금융기관 및 공기업 제시 조건 (보증금 10%, 잔금 90%)
잔금기일 후 납부	불가	2회차 유찰 이후 차기 공고까지 가능	다음 공매공고 전일까지 가능	다음 공매공고 전일까지 가능(단, 예외 있음)
계약체결	별도 계약 없음 (매각결정으로 갈음)	낙찰 후 5일 이내	낙찰 후 5일 이내 계약체결해야 함	낙찰 후 5일 이내 계약체결해야 함
매수자 명의변경	불가	불가 (단, 계약자 사망 시 상속인 가능)	가능	가능 (단, 위임기관 승인 후)
대금선납 이자감면	없음	없음	기금채권발행금리에 해당하는 이자액(변동)	금융기관 정기예금에 해당하는 이자감면(변동)
권리분석	매수자	필요	불필요	불필요
대금 완납 전 점유사용	불가	불가	매매대금 1/3 이상 선납 시 또는 기계기구 수리비가 매매대금 1/3 이상 소요 시 매수자가 직접 수리 후 사용하고자 하는 경우	금융기관 승낙조건에 따라 점유사용료를 내거나 납부보장책을 제시하는 경우 가능
계약조건 변경	불가	불가	구입자가 원할 경우 금액에 따라 최장 5년까지 연장 가능	위임기관 협의에 따라 가능

공매물건 종류 비교

참고로 입찰공고는 온비드상 물건 검색 후 화면상 우측 상단에 '해당공고 보기'를 통해 확인할 수 있다. 궁금한 사항이 있을 시 물건 담당자를 통해 문의해 보면 된다.

물건공고 예

경매 물건의 종류는 집행방식(집행권원이 필요한지)에 따라 '임의경매'와 '강제경매'로 나눌 수 있다.

1) 임의경매
 - 채권자가 채무자에게 담보로 제공받은 부동산에 설정한 (근)저당권, 질권, 전세권 등 담보권을 실행하는 경매
 - 담보권[물권]을 실행 → 집행권원 불필요 → '임의'로 경매 진행

2) 강제경매
 - 실행할 담보가 없는 경우로서 법원의 집행권원을 부여받아 경매를 실행
 - 담보권이 없음 → 집행권원(승소 판결 등) 필요 → 집행권원을 통해 '강제'로 경매 진행

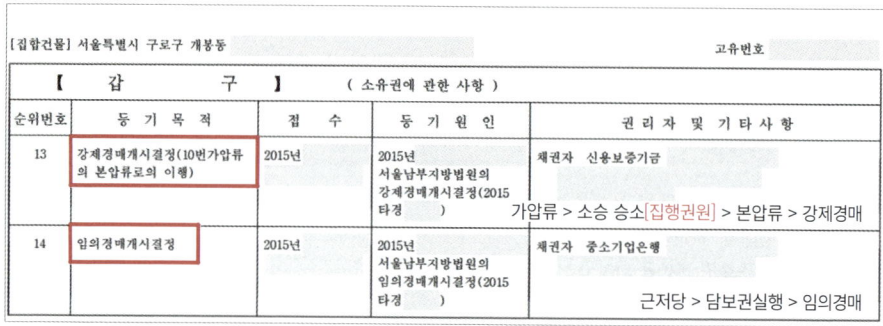

강제경매와 임의경매 진행사유 비교

여기서 분류의 기준이 되는 '집행권원'에 대해서 알아보자.

1) 정의 파악 (단어가 길면 끊어서 읽기)
  - 집행권원 = 집행 + 권원
  - 집행(국가의 강제력으로 채권자가 채무자의 재산을 강제집행) + 권원(정당한 권리)
  ※ 사전적 정의 : 국가를 통해 실현할 수 있는 청구권의 존재 및 범위를 나타내고, 여기에 강제집행 권한을 부여한 증서

2) 대상 확인
  - 돈을 빌리고 갚지 않는 채무자의 재산

3) 효력 유무
  - 집행권원(승소 판결 등)이 있을 시 강제처분하여 돈을 회수 가능

4) 기타 사항 (집행권원 종류)
  - 집행력 있는 판결, 지급명령정본, 화해조서정본 등

예를 들면 A는 B에게 차용증을 주며 한 달 뒤 빌린 돈 1억 원[A-채무, B-채권]을 갚기로 하였다. 그런데 한 달[변제기일]이 지났는데 A[채무자]는 B[채권자]에게 돈을 갚지 않았다. B는 A가 2억 원짜리 집을 가지고 있는 것을 알고 이를 팔아 빚을 회수하고자 한다.

<질문> B는 A로부터 받은 차용증만으로 A의 집을 임의로 팔 수 있을까?
<답변> 불가능하다.

B가 A의 부동산을 강제로 처분하기 위해 필요한 것이 바로 '집행권원'이다. 소송을 통해 승소하게 되면 강제집행할 수 있는 권리[집행력 있는 판결]를 확보하게 되고, 이후 정당하게 A의 부동산을 경매에 넘겨 빚을 회수할 수 있다. 이때 B는 소송 전 A가 부동산을 팔아버리는 것[사해행위]을 방지하기 위해 A 소유 부동산에 가압류를 걸어 둔다.

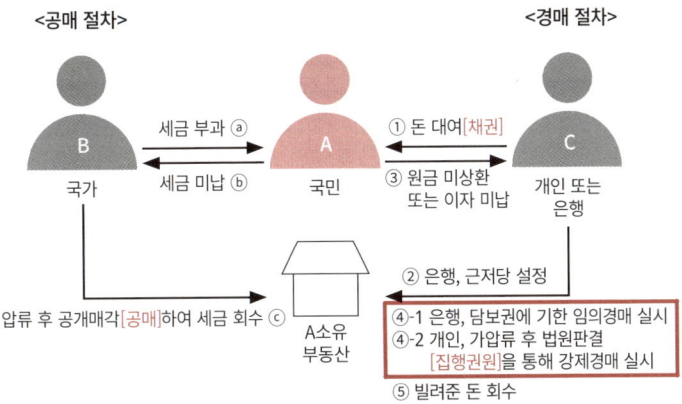

공매와 경매의 절차 비교

마지막으로 경매 또는 공매의 목적물이 무엇인지에 따라 '부동산 및 동산'으로 나눌 수 있다.

1) 부동산 : 주택, 상가건물, 농지, 공장 등 토지 및 그 정착물을 대상
2) 동산 : 가구, 가전, 콘도 회원권 등 유체동산, 채권 및 그 밖의 재산권을 대상

한국자산관리공사에서 관리하는 온비드 사이트에 접속하면 다양한 공매 동산물건을 볼 수 있다.

1) 차량 및 기계장치(압류차량, 선박, 열차객차, 컴퓨터 등)
2) 유가증권(골프회원권, 콘도회원권, 비상장주식)
3) 임산물, 농작물
4) 항공기, 동물, 물품 등

공매 동산물건 예

그 밖에 공매에서만 볼 수 있는 물건 종류로 임대물건이 있다. 주차장 용지 운영사업권, 지하철 상가 운영, 공공시설의 식당 운영권, 학교 내 매점 임대 등 여러 가지 종류의 물건들이 거래되고 있다.

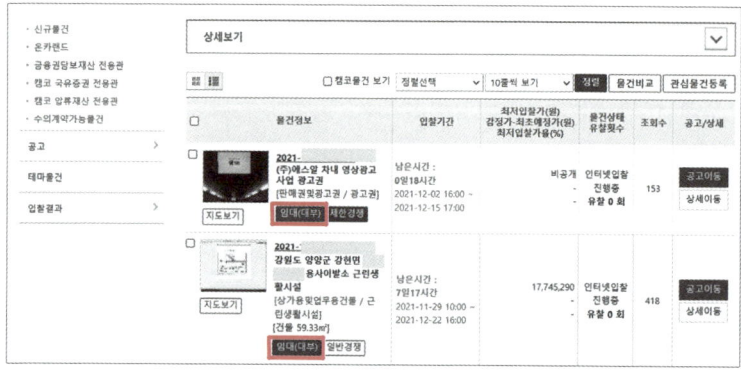

공매 임대물건 예

파트 요약 및 주의 사항

1) 경매와 공매
   - 받을 돈[채권]이 있고 그 돈을 공매 또는 경매를 통해 매각하여 회수
   - 공매: 각종 세금을 납부하지 않아 발생 / 한국자산관리가 대행
   - 경매: 은행 또는 개인에게 빌린 돈 또는 이자를 갚지 못하여 발생 / 법원이 대행
2) 공매물건 종류(유입출처)
   - 압류재산: 체납에 따른 체납자 자산 매각
   - 국유재산: 국가소유 자산 매각
   - 유입/수탁재산: 부실기업 등의 자산 또는 비업무용 자산 매각
   - 기타일반재산
3) 경매물건 종류(집행권원 필요여부)
   - 임의경매: 담보권 실행, 집행권원 불필요
   - 강제경매: 담보권 없음, 집행권원(소송 판결 등) 필요
4) 경매, 공매물건 종류(목적물)
   - 부동산: 주택, 상가건물, 농지, 공장 등 토지 및 그 정착물을 대상
   - 동산: 가구, 가전, 콘도 회원권 등 유체동산, 채권 및 그 밖의 재산권을 대상
5) 공매에서만 볼 수 있는 물건 종류
   - 임대물건: 주차장 용지 운영사업권, 지하철 상가 운영, 학교 내 매점 임대 등

✎ 주의 사항

1) 임차인 측면: 임차 부동산 등기부등본상 경공매가 여러 차례 진행된 경우 주의 필요 (다시 경공매에 넘어갈 우려 존재)
2) 임대인/투자자 측면: 압류재산 외 국유재산, 유입/수탁재산 등 공매물건의 종류에 따라 특성이 다름. 이를 이해하고 투자 진행 필요

| 여기서 잠깐! | **세금의 종류**

공매는 체납된 세금을 거둬들이기 위해 진행된다. 이때 어떠한 세금들이 있는지 나아가 어떠한 사유로 부과되는지 알면 공매물건을 파악하는 데 도움이 된다. 세금의 종류를 알아보기 위해 아래 어린이국세청[6] 사이트 내 '세금교과서'에서 발췌한 내용을 살펴보자.

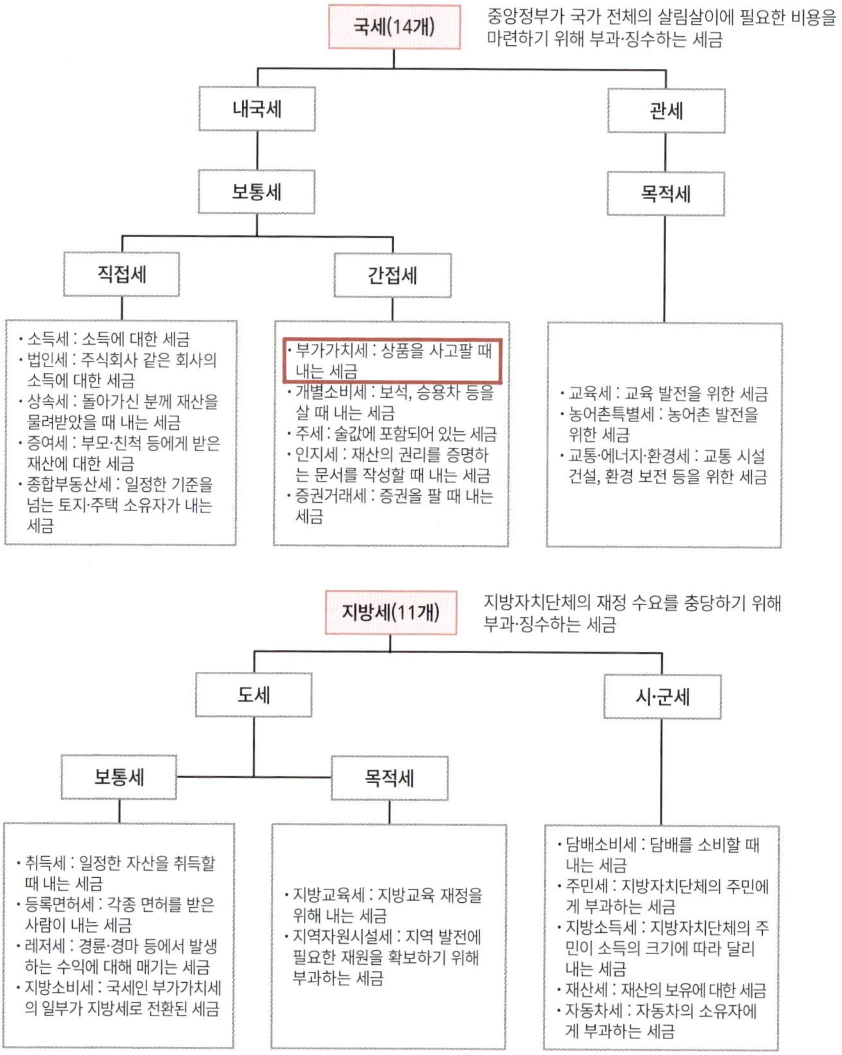

국세(14개): 중앙정부가 국가 전체의 살림살이에 필요한 비용을 마련하기 위해 부과·징수하는 세금

- 내국세
  - 보통세
    - 직접세
      - 소득세 : 소득에 대한 세금
      - 법인세 : 주식회사 같은 회사의 소득에 대한 세금
      - 상속세 : 돌아가신 분께 재산을 물려받았을 때 내는 세금
      - 증여세 : 부모·친척 등에게 받은 재산에 대한 세금
      - 종합부동산세 : 일정한 기준을 넘는 토지·주택 소유자가 내는 세금
    - 간접세
      - **부가가치세 : 상품을 사고팔 때 내는 세금**
      - 개별소비세 : 보석, 승용차 등을 살 때 내는 세금
      - 주세 : 술값에 포함되어 있는 세금
      - 인지세 : 재산의 권리를 증명하는 문서를 작성할 때 내는 세금
      - 증권거래세 : 증권을 팔 때 내는 세금
- 관세
  - 목적세
    - 교육세 : 교육 발전을 위한 세금
    - 농어촌특별세 : 농어촌 발전을 위한 세금
    - 교통·에너지·환경세 : 교통 시설 건설, 환경 보전 등을 위한 세금

지방세(11개): 지방자치단체의 재정 수요를 충당하기 위해 부과·징수하는 세금

- 도세
  - 보통세
    - 취득세 : 일정한 자산을 취득할 때 내는 세금
    - 등록면허세 : 각종 면허를 받은 사람이 내는 세금
    - 레저세 : 경륜·경마 등에서 발생하는 수익에 대해 매기는 세금
    - 지방소비세 : 국세인 부가가치세의 일부가 지방세로 전환된 세금
  - 목적세
    - 지방교육세 : 지방교육 재정을 위해 내는 세금
    - 지역자원시설세 : 지역 발전에 필요한 재원을 확보하기 위해 부과하는 세금
- 시·군세
  - 담배소비세 : 담배를 소비할 때 내는 세금
  - 주민세 : 지방자치단체의 주민에게 부과하는 세금
  - 지방소득세 : 지방자치단체의 주민이 소득의 크기에 따라 달리 내는 세금
  - 재산세 : 재산의 보유에 대한 세금
  - 자동차세 : 자동차의 소유자에게 부과하는 세금

세금의 종류

---

6   어린이국세청 : https://kids.nts.go.kr

예로, '부가가치세' 미납에 따른 압류로 공매가 진행되는 물건이 있다. 부가가치세는 보통 기업 등 사업자가 납부하나 사업이 어려워지면 체납하게 되는 경우가 생긴다. '국세'이기에 사업장 관할 세무서에서 수차례 납부를 요청하나 이행되지 않아 최종 압류 후 공매에 넘긴 것이다. 이처럼 세금을 이해하면 공매에 나오게 된 연유를 추리해 볼 수 있다.

구분	내용	종류	부과	납부(온라인)
국세	'국가' 살림살이에 필요한 비용 마련	법인세 등 14개	세무서 (의정부세무서 등)	국세청
지방세	'지자체' 재정 수요 충당	취득세 등 11개	지자체 (시군구청 내 세무과 등)	위택스 또는 이택스

국세와 지방세 비교

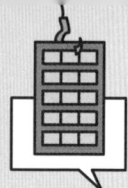

사례 03

공매 절차 중 무언가를 하지 않아 월세 보증금을 돌려받지 못한다고요? - 공매와 경매의 절차

사연 물건(상기 물건은 다음 사연과 정확히 일치하지 않을 수 있습니다)

A는 급여소득 외 다른 수익구조를 만들기 위해 '공매' 투자 공부를 시작한다. 현재 살고 있는 전셋집 보증금 외 여유자금이 넉넉하지 않아 소액으로 투자할 수 있는 곳을 찾는다. 온비드 사이트에서는 토지, 상가, 아파트, 빌라 등 다양한 공매물건들을 검색할 수 있다. 아직 익숙하지 않은 토지/상가는 제외하고, 투자금이 많이 소요되는 아파트 또한 제외한다. 결국 지방에 위치하며 저평가된 빌라를 찾는 게 최적의 투자처일 것 같다.

여러 물건을 보던 중 감정가 대비 50% 금액까지 유찰[입찰자가 없어 낙찰되지 않고 다음 차수로 넘어감]된 빌라를 발견한다. 임차인은 후순위로 소액보증금을 내고 월세로 살고 있으나, 낙찰대금에서 해당 보증금을 다 변제받을 수 있기에 명도7는 수월할 것으로 판단된다. 위치 또한 적당하고 향후 개발 여력이 있다고 판단하여, 첫 공매 입찰을 감행한다. 입찰 후 낙찰자 발표 시간이 되어 확인해 본 바, 차순위와 간발의 차로 A가 낙찰받았다.

낙찰 후 첫 행보는 물건지에 살고 있는 임차인을 명도하기 위해 만나는 것이다. 첫 방문에서는 임차인을 만날 수 없었다. 집을 계속 비우는지 여러 차례 찾아간 끝에 결국 임차인을 만났고, 대화를 나눠본다. 허나 임차인의 답변이 황당하다. 본인은 직업의 특성상 집을 장기간 비우는 일이 잦기에 현재 살고 있는 집이 공매에 넘어간 건 얼핏 알았다 한다. 허나 무얼 할지 몰라 가만히 있었고, 보증금을 돌려받기 위한 행위 또한 별도로 하지 않았다 한다. 임차인으로서는 단순히 서류(채권신고 및 배분요구서)만 제출했다면 보증금을 돌려받을 수 있는데, 그렇지 않아 보증금을 날릴 상황에 놓인 것이다.

7   명도 : 점유자 및 물품을 반출하고 온전히 부동산을 받아오는 것

책 머리말에서 다음과 같이 이야기한 바 있다.

> 1) 이 책은 공매 전반에 대해 다룬다. 동시에 살아가며 간과하기 쉽지만 꼭 알아야 할 부동산 지식과 팁 역시 다룬다.
> 2) 예를 들어 내가 투자자의 입장일 수도 있지만, 어느 때는 돈을 빌려준 사람, 어느 때는 세입자 입장이 될 수도 있다.
> 3) 집이 공매에 넘어갔는데 절차를 몰라 보증금을 날리는 경우도 있고, 전셋집을 계약한 후 전입신고와 확정일자의 차이를 몰라 어쩔 줄 몰라 하는 분도 있다.

공매를 투자 공부로 접근하는 것이 아닌 필수 교양으로 꼭 알아 두어야 한다고 느낄 때가 많다. 현 사연의 임차인과 같은 상황 또는 3)번과 같은 사항을 생각 외로 많이 접하기 때문이다. 우리가 어떠한 상황에 놓였을 때 답답함을 느끼는 건 어떻게 해결할지 몰라서이다. 그러나 해결 방안을 깨닫는 순간 해당 상황은 사소한 문제로 변모할 것이다. 이제 공매와 경매의 절차에 대해 알아보고, 세입자/채권자/투자자 등 입장에서 무엇을 챙겨야 하는지 살펴보자.

공매와 경매의 절차를 간단히 요약해 보면 총 6단계의 과정으로 진행된다. 먼저 세금을 납부하지 않는 등 사유로 경공매 대행 기관(한국자산관리공사, 법원)에 내용이 접수된다. 해당 대행 기관은 입찰을 위한 세부 사항을 준비한 후 입찰공고를 낸다. 이후 입찰절차를 거쳐 선정된 최고가 매수신고인이 낸 낙찰대금을 채권자들에게 분배하는 걸 끝으로 절차가 마무리된다.

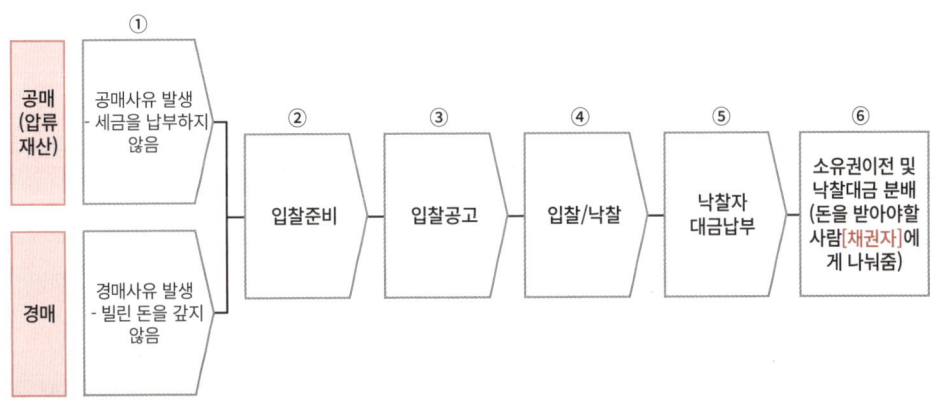

공매와 경매 절차 비교

간단히 요약해 본 내용을 자세히 풀어보면 다음과 같다. ❶번부터 세부적으로 살펴보도록 하자.

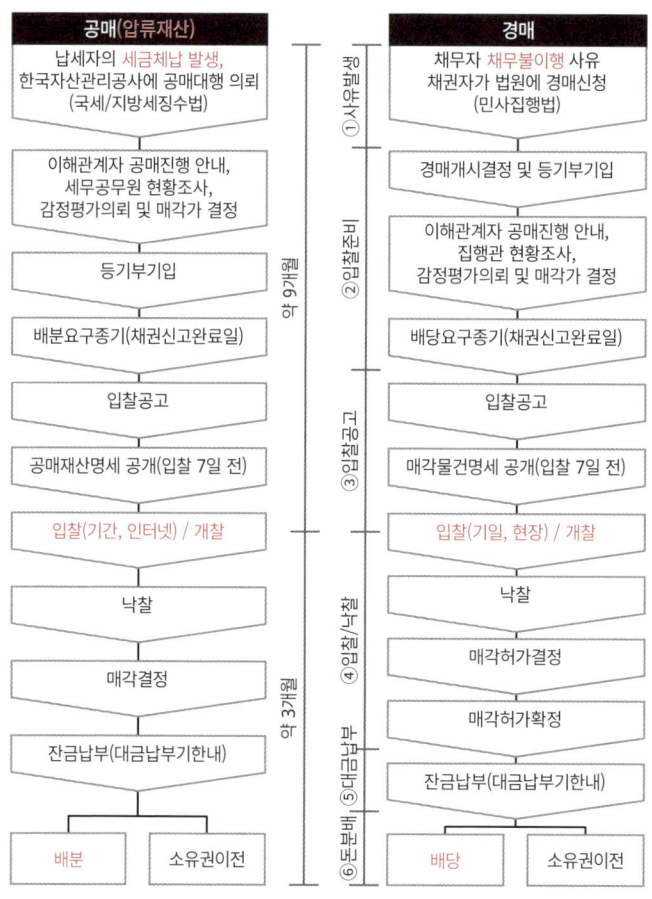

공매와 경매 절차 상세

① 사유발생

경공매의 사유발생 시 공매는 한국자산관리공사, 경매는 법원이 대행하여 근거법에 따라 절차가 진행된다.

구분	사유	대행	근거법
공매	국가에서 부과한 각종 세금을 납부하지 않음	한국자산관리공사[캠코]	국세/지방세징수법
경매	은행 등에서 빌린 돈 또는 이자를 갚지 못함	법원	민사집행법

공매와 경매 사유 비교

② 입찰준비

대행기관에서 경공매 대행 의뢰를 받은 후 진행사유 등 문제가 없다고 판단되면 본격적으로 절차를 진행한다. 그 첫 번째가 경공매로 매각될 대상 부동산의 등기부등본상으로 경공매가 진행되고 있음을 알리는 것이다.

공매는 등기부등본상 '공매공고'라 기입된다.

주요 등기사항 요약 (참고용)

[주 의 사 항]

본 주요 등기사항 요약은 증명서상에 말소되지 않은 사항을 간략히 요약한 것으로 증명서로서의 기능을 제공하지 않습니다.
실제 권리사항 파악을 위해서는 발급된 증명서를 필히 확인하시기 바랍니다.

[토지] 강원도　　　　고유번호

1. 소유지분현황 (갑구)

등기명의인	(주민)등록번호	최종지분	주 소	순위번호
구			경기	1

2. 소유지분을 제외한 소유권에 관한 사항 (갑구)

순위번호	등기목적	접수정보	주요등기사항	대상소유자
3	압류		권리자 국	구
3-1	공매공고			구
5	압류		권리자 국	구

등기부등본상 공매 시작 관련 등기

경매는 등기부등본상 'OO경매개시결정'이라 기입된다.

주요 등기사항 요약 (참고용)

[주 의 사 항]

본 주요 등기사항 요약은 증명서상에 말소되지 않은 사항을 간략히 요약한 것으로 증명서로서의 기능을 제공하지 않습니다.
실제 권리사항 파악을 위해서는 발급된 증명서를 필히 확인하시기 바랍니다.

고유번호

[집합건물] 경기도

1. 소유지분현황 (갑구)

등기명의인	(주민)등록번호	최종지분	주 소	순위번호
김		단독소유	경기도	6

2. 소유지분을 제외한 소유권에 관한 사항 (갑구)

순위번호	등기목적	접수정보	주요등기사항	대상소유자
12	임의경매개시결정		채권자 주식회사 은행	김

3. (근)저당권 및 전세권 등 (을구)

순위번호	등기목적	접수정보	주요등기사항	대상소유자
5	근저당권설정		채권최고액 금 원 근저당권자 주식회사 은행	김
7	근저당권설정		채권최고액 금 원 근저당권자 주식회사 은행	김

등기부등본상 경매 시작 관련 등기

동시에 매각 대상 부동산에 대한 현황을 조사하기 위해 공매는 세무공무원, 경매는 집행관이 현장을 방문한다. 이때 재산의 현상, 점유관계, 보증금 액수 등을 파악하여 물건명세서(입찰일 7일 전 제공)를 작성한다. 나아가 최초 매각금액[최저입찰가]을 결정하기 위해 감정평가를 진행한다. 쉽게 말해 얼마에 팔지를 정하기 위해 전문가[감정평가사]에게 의뢰하여 금액 평가를 받아보는 것이다.

국세징수법

제68조(공매예정가격의 결정)
① 관할 세무서장은 압류재산을 공매하려면 그 공매예정가격을 결정하여야 한다.
② 관할 세무서장은 공매예정가격을 결정하기 어려운 경우 대통령령으로 정하는 바에 따라 감정인(鑑定人)에게 평가를 의뢰하여 그 가액을 참고할 수 있다.(중략)

제69조(공매재산에 대한 현황조사)
① 관할 세무서장은 제68조에 따라 공매예정가격을 결정하기 위하여 공매재산의 현 상태, 점유관계, 임차료 또는 보증금의 액수, 그 밖의 현황을 조사하여야 한다.
② 세무공무원은 제1항의 조사를 위하여 건물에 출입할 수 있고, 체납자 또는 건물을 점유하는 제3자에게 공매재산의 현황과 관련된 질문을 하거나 문서의 제시를 요구할 수 있다.
③ 세무공무원은 제2항에 따라 건물에 출입하기 위하여 필요한 경우 잠긴 문을 여는 등 적절한 처분을 할 수 있다.

또한 임차인, 채권자 등 이해관계자에게 경공매가 진행된다는 것을 안내한다. 이때 같이 배포되는 서류가 '채권신고 및 배분요구서'이다. 받을 돈이 있다면 배분/배당요구종기까지 본인이 받아야 하는 돈[채권]을 신고해야 한다. 임차인의 경우 신고서상 전입일 등을 작성한 후 제출해야 매각대금으로부터 안전하게 내 보증금을 돌려받을 수 있다. 물론 우선해서 받을 수 있는 조건에 부합하는 경우에 한해서이다. 해당 조건에 대해서는 뒤에서 구체적으로 설명하겠다.

해당 신고서는 배분/배당요구종기까지 제출되어야 한다. 먼저 '배분/배당'이란 법정 순위에 따라 낙찰대금을 나눠주는 행위이다. 공매에서는 배분, 경매에서는 배당이라고 부른다.

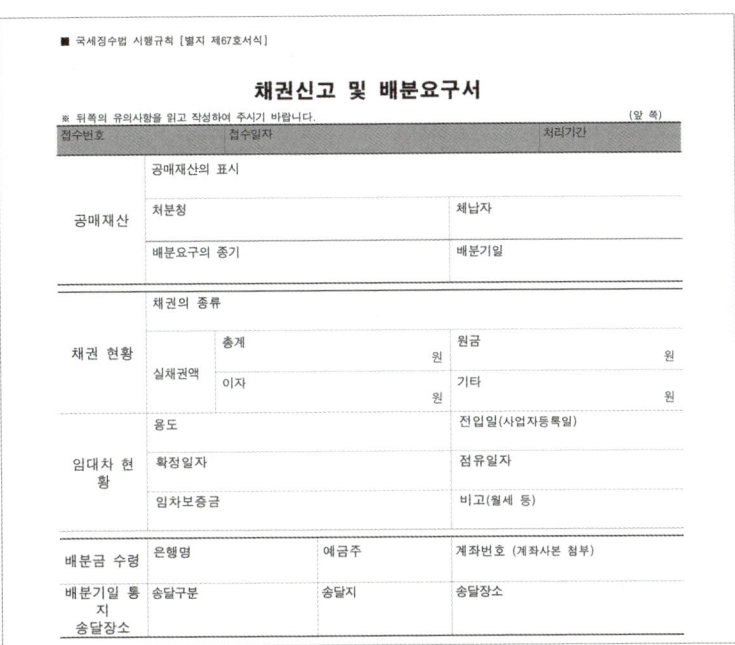

채권신고 및 배분요구서 양식

국세징수법

📝 제76조(배분요구 등)

① 제74조에 따른 공매공고의 등기 또는 등록 전까지 등기 또는 등록되지 아니한 다음 각 호의 채권을 가진 자는 제96조 제1항에 따라 배분을 받으려는 경우 배분요구의 종기까지 관할 세무서장에게 배분을 요구하여야 한다.

1. 압류재산과 관계되는 체납액
2. 교부청구와 관계되는 체납액·지방세 또는 공과금
3. 압류재산에 설정된 전세권·질권·저당권 또는 가등기담보권에 의하여 담보된 채권
4. 「주택임대차보호법」 또는 「상가건물 임대차보호법」에 따라 우선변제권이 있는 임차보증금 반환채권
5. 「근로기준법」 또는 「근로자퇴직급여 보장법」에 따라 우선변제권이 있는 임금, 퇴직금, 재해보상금 및 그 밖에 근로관계로 인한 채권
6. 압류재산과 관계되는 가압류채권
7. 집행문이 있는 판결 정본에 의한 채권

② 매각으로 소멸되지 아니하는 전세권을 가진 자는 배분을 받으려는 경우 배분요구의 종기까지 배분을 요구하여야 한다.

③ 배분요구를 한 자는 제1항 및 제2항에 따른 배분요구에 따라 매수인이 인수하여야 할 부담이 달라지는 경우 배분요구의 종기가 지난 뒤에는 이를 철회할 수 없다.

④ 체납자의 배우자는 공매재산이 제48조 제4항에 따라 압류한 부부공유의 동산 또는 유가증권인 경우 공유지분에 따른 매각대금의 지급을 배분요구의 종기까지 관할 세무서장에게 요구할 수 있다.

국세징수법

⑤ 관할 세무서장은 공매공고의 등기 또는 등록 전에 등기 또는 등록된 제1항 각 호의 채권을 가진 자(이하 "채권신고대상채권자"라 한다)에게 채권의 유무, 그 원인 및 액수(원금, 이자, 비용, 그 밖의 부대채권을 포함한다)를 배분요구의 종기까지 관할 세무서장에게 신고하도록 촉구하여야 한다.

⑥ 관할 세무서장은 채권신고대상채권자가 제5항에 따른 신고를 하지 아니한 경우 등기사항증명서 등 공매 집행기록에 있는 증명자료에 따라 해당 채권신고대상채권자의 채권액을 계산한다. 이 경우 해당 채권신고대상채권자는 채권액을 추가할 수 없다.

⑦ 관할 세무서장은 제1항 또는 제2항에 해당하는 자와 다음 각 호의 기관의 장에게 배분요구의 종기까지 배분요구를 하여야 한다는 사실을 안내하여야 한다.
   1. 행정안전부
   2. 관세청
   3. 「국민건강보험법」에 따른 국민건강보험공단
   4. 「국민연금법」에 따른 국민연금공단
   5. 「산업재해보상보험법」에 따른 근로복지공단

⑧ 제75조에 따른 공매통지에 제5항에 따른 채권 신고의 촉구 또는 제7항에 따른 배분요구의 안내에 관한 사항이 포함된 경우에는 해당 항에 따른 촉구 또는 안내를 한 것으로 본다.

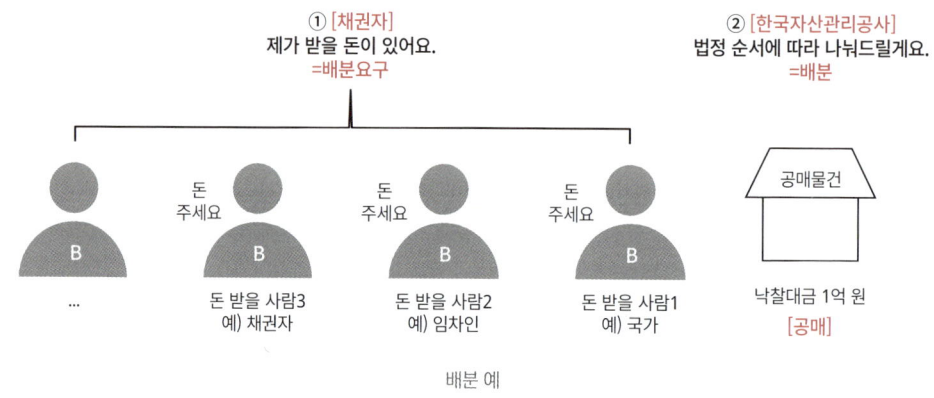

배분 예

배분/배당요구종기에 대해서 자세히 알아보면 다음과 같다.

1) <u>정의</u> 파악 (단어가 길면 끊어서 읽기)
   - 배분/배당요구종기 = 배분/배당 + 요구 + 종기
   - 배분/배당(법정순위에 따라 낙찰대금을 나눠줌) + 요구 + 종기(어떤 일이 끝나는 날)
   - 배분 등을 받기 위해서 그러한 요구를 어느 날까지 하라는 것

2) <u>대상</u> 확인
   - 임차인, 담보채권자, 임금채권자, 일반채권자 등

3) 효력 유무
– 배분/배당요구종기까지 신고한 경우 배분/배당을 받을 수 있음

현 사연의 공매물건 또한 입찰공고문상 '배분요구종기'를 볼 수 있다.

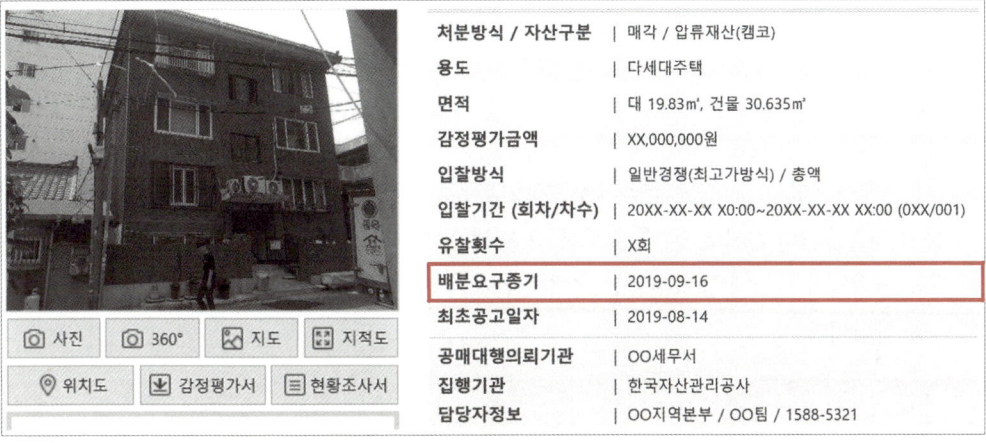

공매공고상 배분요구종기 예

또한 배분/배당요구종기까지 채권신고 시 다음과 같은 첨부서류를 같이 제출해야 한다.

권리자	첨부서류	담당공무원 확인사항
담보채권자	설정계약서, 채권원인서류 사본	
임대차관계 (주택)	임대차계약서 또는 전세권설정계약서 사본(확정일자가 있는 경우 확정일자가 있는 임대차계약서 또는 전세권설정계약서 사본을 제출합니다)	주민등록등·초본
임대차관계 (상가)	임대차계약서 또는 전세권설정계약서 사본, 관할세무서장의 임대차관계 사실확인서, 사업자등록사항 등의 현황서	사업자등록증명원

임금채권자	1. 지방고용노동관서에서 발급한 체불임금확인서(또는 우선변제 임금채권임을 판단할 수 있는 법원의 확정판결문)
	2. 다음 서류 중 하나를 소명자료로 첨부
	  가. 사용자가 교부한 국민연금보험료 원천공제계산서
	  나. 원천징수 의무자인 사업자로부터 교부받은 근로소득에 대한 원천징수영수증
	  다. 국민연금관리공단이 발급한 국민연금보험료 납부사실확인서
	  라. 국민건강보험공단이 발급한 국민건강보험료 납부사실확인서
	  마. 위 4가지 서류중 하나를 제출할 수 없는 경우에는 사용자가 작성한 근로자명부 또는 임금대장 사본	

일반채권자	1. 가압류신청서 및 결정문 사본(가압류채권자인 경우만 해당) 2. 소장사본 및 집행력 있는 집행권원 정본 사본(집행권원에 집행문 부여 확인)	

배분요구 시 제출해야 하는 서류[8]

---

[8] 출처: 국세징수법 시행규칙 [별지 제67호서식]

③ 입찰공고

현 사연의 시작 이미지는 온비드상 입찰공고를 발췌한 것이다. 해당 입찰공고가 있은 후 첫 번째 입찰이 진행되기 7일 전부터 입찰자는 '공매재산명세/매각물건명세' 및 '감정평가서' 열람이 가능하다.

1) 입찰공고
2) 입찰 1주일 전 제공 - 공매재산명세(공매), 매각물건명세(경매) + 감정평가서
3) 입찰

여기서 공매재산명세(공매)는 관할 세무서장, 매각물건명세(경매)는 법원이 매수하려는 자[입찰자] 등이 매각물건의 정보를 볼 수 있도록 그 명세를 기록하여 비치한 문서를 말한다. 물건 전반에 대해 명기되어 있기에 등기부등본, 감정평가서와 더불어 세부적으로 들여다봐야 하는 중요 문서 중 하나이다.

공매 - 국세징수법	경매 - 민사집행법
✎ 제77조(공매재산명세서의 작성 및 비치 등) ① 관할 세무서장은 공매재산에 대하여 제69조에 따른 현황조사를 기초로 다음 각 호의 사항이 포함된 공매재산명세서를 작성하여야 한다. 　1. 공매재산의 명칭, 소재, 수량, 품질, 공매예정가격, 그 밖의 중요한 사항 　2. 공매재산의 점유자 및 점유 권원(權原), 점유할 수 있는 기간, 차임 또는 보증금에 관한 관계인의 진술 　3. 제76조 제1항 및 제2항에 따른 배분요구 현황 및 같은 조 제5항에 따른 채권신고 현황 　4. 공매재산에 대하여 등기·등록된 권리, 대항력 있는 임차권 또는 가처분으로서 매수인이 인수하는 것 　5. 매각에 따라 설정된 것으로 보게 되는 지상권의 개요 ② 관할 세무서장은 다음 각 호의 자료를 입찰서 제출 시작 7일 전부터 입찰서 제출 마감 전까지 세무서에 갖추어 두거나 정보통신망을 이용하여 게시함으로써 입찰에 참가하려는 자가 열람할 수 있게 하여야 한다. 　1. 제1항에 따른 공매재산명세서 　2. 제68조 제2항에 따라 감정인이 평가한 가액에 관한 자료 　3. 그 밖에 입찰가격을 결정하는 데 필요한 자료	✎ 제105조(매각물건명세서 등) ① 법원은 다음 각호의 사항을 적은 매각물건명세서를 작성하여야 한다. 　1. 부동산의 표시 　2. 부동산의 점유자와 점유의 권원, 점유할 수 있는 기간, 차임 또는 보증금에 관한 관계인의 진술 　3. 등기된 부동산에 대한 권리 또는 가처분으로서 매각으로 효력을 잃지 아니하는 것 　4. 매각에 따라 설정된 것으로 보게 되는 지상권의 개요 ② 법원은 매각물건명세서·현황조사보고서 및 평가서의 사본을 법원에 비치하여 누구든지 볼 수 있도록 하여야 한다.

해당 서류 포함 감정평가서를 열람하는 방법은 다음과 같다.

> 1) 공매 : 온비드 접속 (https://www.onbid.co.kr/) > 물건검색 > 공매재산명세 열람
> 2) 경매 : 법원경매정보 접속 (https://www.courtauction.go.kr/) > 물건검색 > 매각물건명세 열람

입찰 7일 전부터 입찰서 제출 마감 전까지 열람할 수 있기에 관심이 있는 입찰물건이 있다면 해당 서류들을 다운로드해서 저장해 두어야 한다. 물론 유료로 사용 가능한 사설경매사이트(지지옥션, 옥션원 등)에서는 입찰마감(낙찰 등)된 물건에 대해서도 해당 정보를 열어볼 수 있다. 다만 입찰 도중 추가로 주어진 정보 등으로 공매물건명세/매각물건명세가 변경되는 경우가 있다. 이에 제공되는 서류들의 변동 여부를 확인하고, 그때그때 저장해둘 필요가 있다.

현 사연의 공매재산명세를 보도록 하자. '사례 03'에서 설명한 바와 같이 입찰하려는 자가 참고할 만한 내용들을 담고 있다. 그러나 직접 조사/방문하여 해당 서류와 다른 점은 없는지 꼭 확인하여야 한다. 입찰에 대한 책임은 최종 낙찰자에게 있기 때문이다.

ⓐ 물건 정보 : 명칭, 소재, 수량, 품질, 매각예정가격, 그 밖의 중요한 사항
ⓑ 이용 현황 : 점유자 및 점유권원, 점유할 수 있는 기간, 차임 또는 보증금에 관한 관계인의 진술
ⓒ·ⓓ 채권신고 현황 : 임차인 포함 채권자의 배분요구 및 채권신고 현황
ⓔ 기타 유의 사항 : 등기된 권리 또는 가처분으로서 매각으로 효력을 잃지 아니하는 것 등

다음 이미지에서 ⓒ를 보면 임차인은 별도로 배분요구 및 채권신고를 한 게 없다. 권리관계를 따져봤을 때 분명 서류만 제출하면 임차 보증금을 돌려받을 수 있는데, 신고하지 않은 게 아쉬울 따름이다.

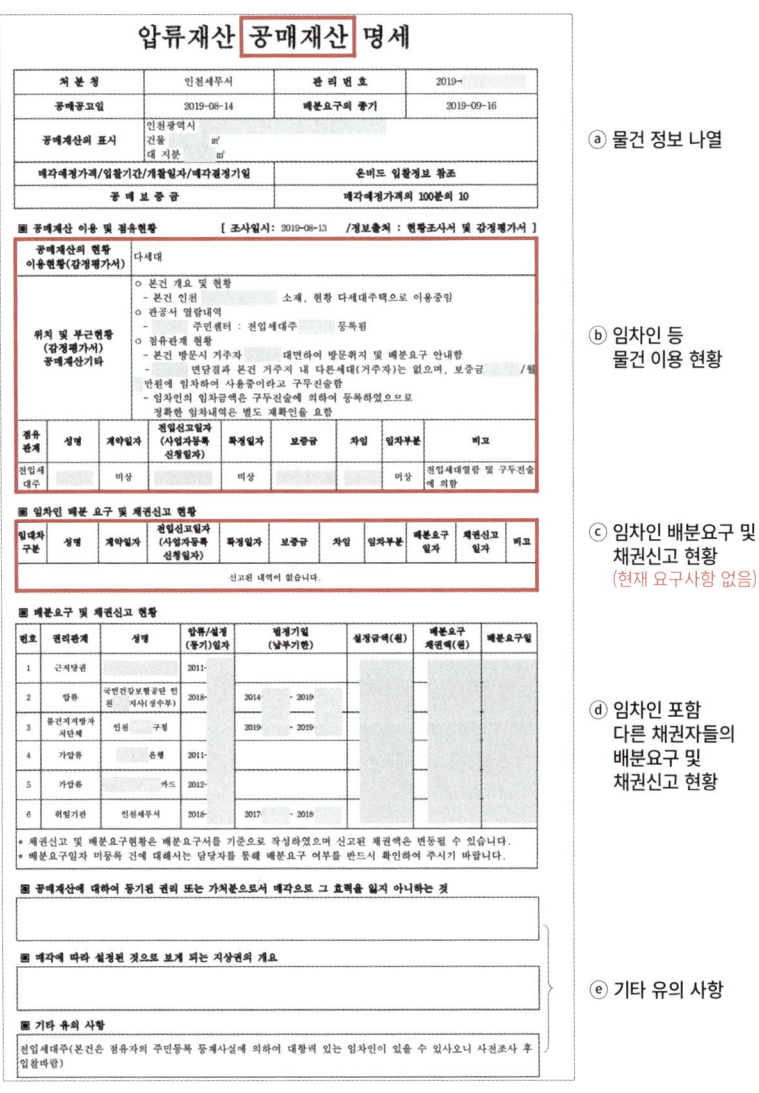

공매재산명세 예

다음으로 경공매 모두에서 공식적으로 제공되는 서류 중 하나이자, 입찰 전 챙겨 봐야 하는 문서가 '감정평가서'이다. 공매재산명세, 매각물건명세와 동일한 곳에서 열람 가능하다.

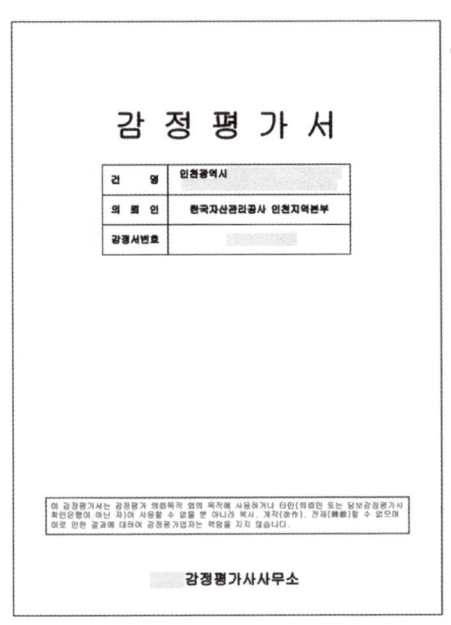

감정평가서 예

이러한 감정평가서상 감정평가액은 최저입찰가를 산정하는 기준이 된다. 감정평가방식은 여러 가지가 있으며, 다세대 등 공동주택은 거래사례비교법을 많이 활용한다. 일단 물건과 유사한 거래 사례를 찾고, 해당 기준 사례와 현 물건과의 거래 시점/위치/주변 현황 등을 비교하여 현 물건의 금액을 산정한다.

1) 원가방식 : 원가법, 적산법 등 비용성의 원리에 기초한 감정평가방식
2) 비교방식 : 거래사례비교법 등 시장성의 원리에 기초한 감정평가방식
3) 수익방식 : 수익환원법 등 수익성의 원리에 기초한 감정평가방식

감정평가서에서 체크할 포인트는 다음과 같다.

1) 감정평가서의 소유자와 공매번호 등이 물건공고와 일치 여부
2) 감정평가 시점이 현재 시점과 시간 차가 있는지 여부
 - 예: 과거 3년간 상승기인 상황. 3년 전 공매공고 및 감정평가가 진행된 후 현재 시점에 입찰이 진행되는 경우 최저입찰가가 낮게 평가되었을 가능성 존재

④ **입찰/낙찰**

공매(압류재산) VS 경매

- 기간입찰
  통상 월 10시 ~ 수 17시
- 온비드(온라인)에서

- 기일입찰
  어느 특정한 날
- 법원(오프라인)에서

공매와 경매의 진행 방식 비교

서류 및 현장분석이 완료되면 입찰을 한다. 공매는 온비드(온라인)에서 특정 기간 동안 입찰을 한다. 특정 기간이라 함은 통상 월요일 10시부터 수요일 17시까지이다. 경매는 기일입찰로 어느 특정한 날 법원(오프라인)에서 진행이 된다.

⑤ **대금납부**

경공매의 최고가매수신고인으로서 낙찰된 경우 다음의 절차를 거쳐 잔금납부를 하게 된다.

1) 공매 : 낙찰 > 매각결정(낙찰일+4일) > 잔금납부(매각결정+7~30일 내) > 납부최고(잔금납부기한+10일)
2) 경매 : 낙찰 > 매각허가결정(낙찰일+7일) > 매각허가확정(매각허가결정+7일) > 잔금납부(매각허가확정+30일 내)

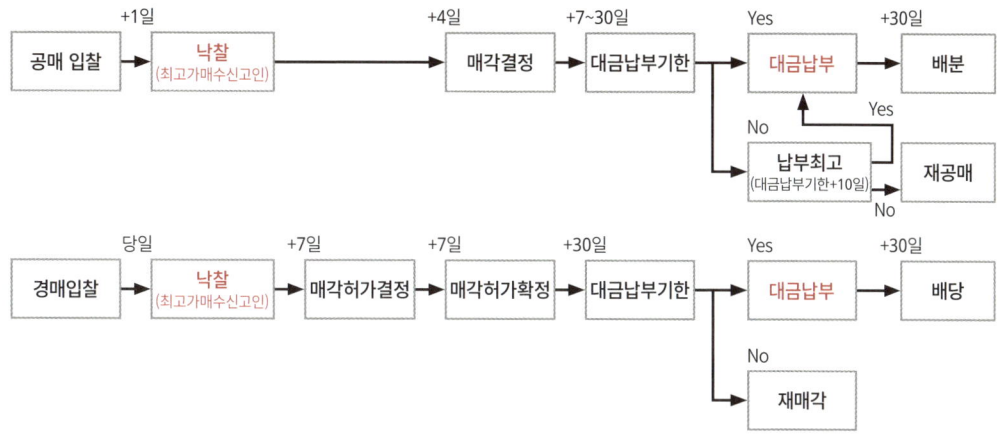

공매와 경매의 낙찰 후 절차

다음은 통상적인 압류재산 공매 입찰 스케줄을 정리해둔 표이다. 간단히 요약해보면 다음과 같다.

1) 공매재산명세 제공 : 입찰 시작 7일 전
2) 입찰 : 월요일 10시 ~ 수요일 17시
3) 개찰 : 목요일 11시
4) 매각결정 : 차주 월요일 10시
5) 잔금납부 : 매각결정 후 7~30일, 낙찰대금에 따라 잔금납부기한 차등 적용
6) 잔금납부최고 : 잔금납부기한 후 10일, 잔금미납 시 잔금납부를 재차 요구[최고]

일	월	화	수	목	금	토
1/1	2 공매재산명세 열람 가능 (입찰 시작 7일 전)	3	4	5	6	7
8	9 입찰 시작 (10:00)	10	11 입찰종료 (17:00)	12 개찰 (11:00)	13	14
15	16 매각결정기일 (10:00)	17	18	19	20	21
22	23 잔금납부기한 (매각결정+7일)	24	25	26	27	낙찰대금 3천만 원 미만 총 17일
29	30	31	2/1	2	3 잔금납부최고 (잔금납부기한+10일)	4
5	6	7	8	9	10	11
12	13	14	15 잔금납부기한 (매각결정+7일)	16	17	낙찰대금 3천만 원 이상 총 40일
19	20	21	22	23	24	25
26	27 잔금납부최고 (잔금납부기한+10일)	28	3/1	2	3	4

공매의 낙찰 후 절차 상세

잔금납부기한을 낙찰대금에 따라 차등 적용한다고 하였는데, 이에 대해서 구체적으로 살펴보자.

1) 낙찰대금이 3,000만 원 미만일 시 17일 이내 납부
   - 17일 = 잔금납부기한 7일 + 추가 잔금납부 최고 10일

2) 낙찰대금이 3,000만 원 이상일 시 40일 이내 납부
   - 40일 = 잔금납부기한 30일 + 추가 잔금납부 최고 10일

참고로 경매는 '매각허가확정'된 날로부터 30일 이내 잔금을 납부해야 한다.

추가적으로 공매는 잔금납부기한이 지난 경우 잔금을 낼 수 없다. 예시로 2월 3일까지가 잔금 납부기한이었는데 해당일이 지났다면 더 이상 잔금을 낼 수 없고, 입찰보증금을 몰수당한다. 경매는 잔금납부기한이 지나도 다음 차수 입찰기일 3일 전까지 이자를 포함한 잔금을 납부하면 낙찰이 유효하다.

1) 공매 : 잔금납부기한 이후 잔금 납부 불가
2) 경매 : 잔금납부기한 이후 잔금 납부 가능
   (단, 다음 차수 입찰기일 3일 전까지만 납부 가능. 이자 포함 납부 필요)

나아가 잔금을 미납한 경우 똑같은 물건에 입찰 가능 여부에 대해 공매와 경매는 다르다.

1) 공매 : 잔금 미납 후 동일인으로 동일 물건에 대해 다음 차수에 입찰 가능
2) 경매 : 잔금 미납 후 동일인으로 동일 물건에 대해 다음 차수에 입찰 불가

⑥ 소유권이전 및 낙찰대금 분배

최고가매수신고인이 잔금납부기한까지 낙찰대금을 납부하면 '낙찰예정자'에서 최종 '낙찰자'로 지위가 변경된다. 이어서 '소유권이전'을 통해 물건을 전면적으로 지배할 수 있는 권리[소유권]를 취득할 수 있으며, 비로소 재산권을 온전히 행사할 수 있게 된다. 다만 공매와 경매의 소유권이전 방식상 차이가 존재한다.

1) 공매 : 온라인으로 처리 가능. 온라인으로 서류를 발급받아 한국자산관리공사에 송부 필요
2) 경매 : 직접 법원에 방문하여 처리

공매의 소유권이전 관련 서류 준비 방법은 책의 마지막 '투자편 마무리'에서 자세히 다루고자 한다.

낙찰자의 소유권이전 행위와 동시에 배분/배당 행위가 이뤄진다. 잔금 납부 후 30일 내에 낙찰대금을 '법정 순서에 따라' 나눠주는 행위를 말한다.

1) 배분(공매) : 한국자산관리공사에서 '공매' 낙찰대금을 채권자들에게 분배하는 행위
2) 배당(경매) : 법원에서 '경매' 낙찰대금을 채권자들에게 분배하는 행위

⑦ 기타 사항

경공매와 관련하여 다음의 세 가지를 추가적으로 비교해 보자.

1) 공유자 우선매수
2) 매각 재-진행
3) 입찰 중지 또는 취소

첫 번째로 공유자 우선매수이다. 여러 명이 한 부동산을 소유하고 있는데 한 명의 지분이 공매 또는 경매에 나온 경우이다. 이때 해당 지분이 누군가에게 낙찰이 되면 다른 지분권자가 낙찰가와 동일한 금액으로 매수할 권리가 우선해서 주어진다.

예로 부부가 아파트를 공공명의(남편+아내)로 보유하고 있다고 하자. 남편의 사업이 어려워져 세금을 미납할 수밖에 없었고, 최종 해당 지분이 공매로 넘어가 누군가에게 낙찰되었다. 이때 최고가매수신고인보다 앞서 낙찰가와 동일한 금액으로 아내에게 살 수 있는 권리가 주어진다. 이걸 '공유자 우선매수'라 한다.

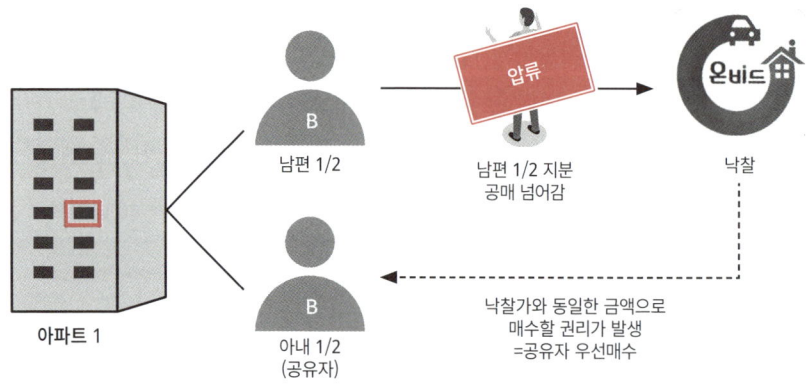

공유자 우선매수 예

단, 공매와 경매는 공유자 우선매수에 대해 '신청가능시점'이 다르다.

1) 공매 : 낙찰 후 4일 뒤인 매각결정 시점까지 신청 가능
2) 경매 : 입찰기일 당일에 입찰을 종결한다는 고지 전까지 신청 가능

두 번째로 매각을 재-진행하는 경우는 두 가지이다.

1) 입찰자 없이 입찰기간(공매) 또는 입찰기일(경매)이 마감된 경우
2) 최고가매수신고인이 잔금을 내지 않은 경우

공매에서는 1, 2번을 '재공매'라고 부른다. 경매에서는 1번을 '새매각', 2번은 '재매각'이라고 부른다.

구분	공매	경매
1) 입찰자가 없이 입찰기간(공매) 또는 입찰기일(경매)이 마감된 경우	재공매	새매각
2) 최고가매수신고인이 잔금을 내지 않은 경우		재매각

공매와 경매의 매각 재-진행

재공매(공매) 및 새매각(경매) 시 다음과 같이 최저입찰가를 상당히 낮추고 새로운 입찰을 진행한다. 해당 입찰기간 또는 입찰기일에 입찰자가 없을 시 다음 내용을 반복하여 재-진행한다.

1) 공매 : '매주' 10%씩 저감되어 재입찰 진행 / 최초 가격에서 50% 도달 시 매주 5%씩 저감
2) 경매 : '매달' 20~30%(각 법원 재량) 씩 저감되어 재입찰 진행

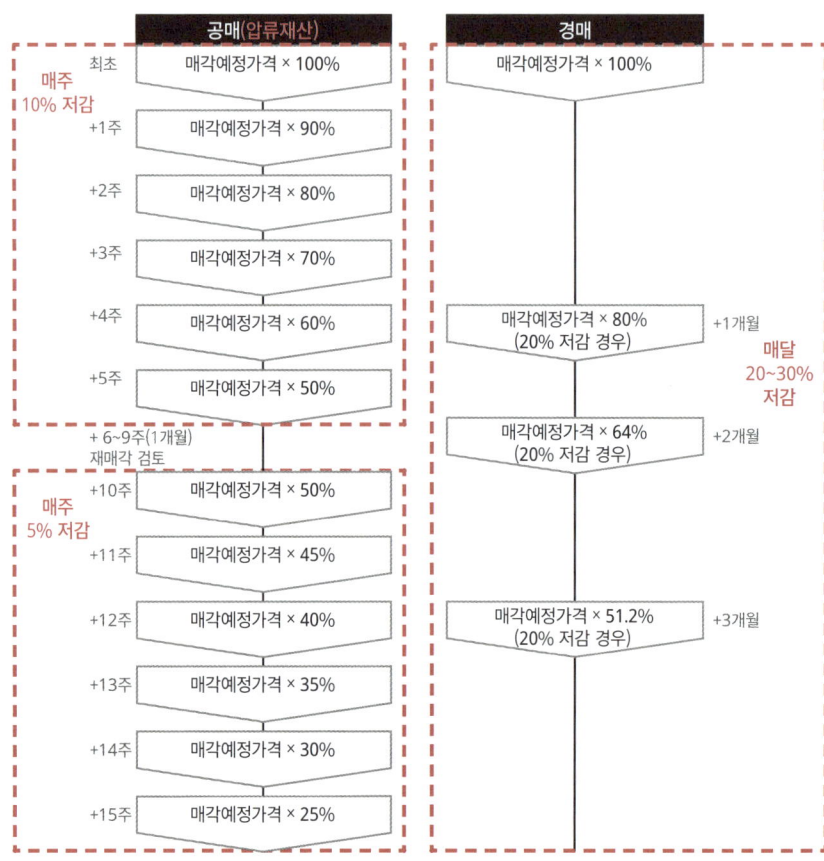

공매와 경매의 입찰저감률

경매는 법원 재량으로 적용되는 유찰저감률이 다르다 하였는데, 간단히 표로 정리해 보면 다음과 같다.

구분	저감률	예시			
		최초	2회차	3회차	4회차
서울중앙지방법원 등	20%	100%	80%	64%	51.2%
인천지방법원 등	30%	100%	70%	49%	34.3%
청주지방법원 충주지원	25%	100%	75%	56.25%	42.19%

경매의 법원별 입찰저감률 예

마지막으로 기타 사항 중 입찰의 중지 또는 취소이다. 경공매 진행 간 특정 사유가 발생하면 입찰이 중지 또는 취소된다. 다음 이미지는 해당 시점을 나열해 놓은 것이다.

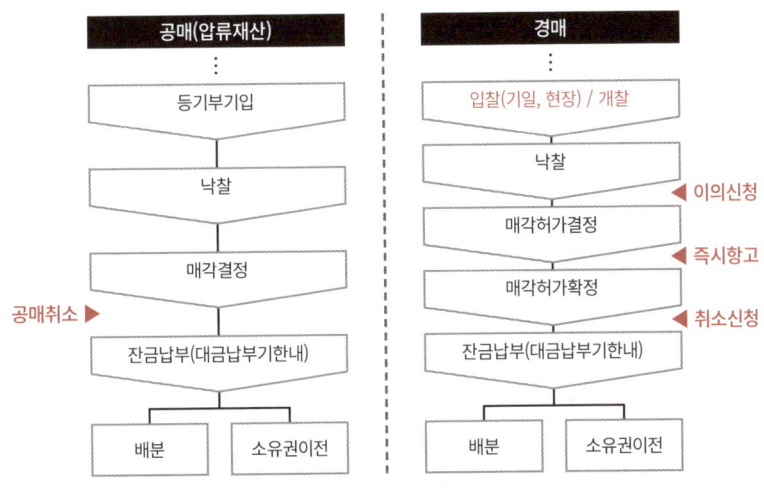

공매와 경매의 입찰 중지/취소 사유

경매를 먼저 살펴보면 다음의 세 단계에서 낙찰자가 책임질 수 없는 중대한 하자(경매 중 부동산이 현저하게 훼손된 경우 등) 등을 파악 시 이의를 제기하여 낙찰취소신청을 할 수 있다.

단계	방법	사유
낙찰~매각허가결정	이의신청	민사집행법 제121조 제1~7호
매각허가결정~매각허가확정	즉시항고	민사집행법 제121조 제6호
매각허가확정~잔금납부	취소신청	민사집행법 제121조 제6호

경매의 낙찰 취소 사유

표의 '사유'에 해당하는 법조문이다. 특히 제5~7호가 낙찰자 책임 밖의 사유들에 해당하는데, 이러한 문제들은 가능하면 빨리 파악하여 낙찰취소신청을 해야 한다. 낙찰 > 매각허가결정 > 매각허가확정 > 잔금납부 등 단계가 뒤로 갈수록 낙찰취소신청을 할 수 있는 사유가 줄어들기 때문이다. 이에 낙찰받는 순간 법원 경매계로 가서 모든 경매 서류를 열람/복사하여 물건에 하자는 없는지 파악해야 한다.

> **민사집행법**
>
> **제121조(매각허가에 대한 이의신청사유)** 매각허가에 관한 이의는 다음 각호 가운데 어느 하나에 해당하는 이유가 있어야 신청할 수 있다.
> 1. 강제집행을 허가할 수 없거나 집행을 계속 진행할 수 없을 때
> 2. 최고가매수신고인이 부동산을 매수할 능력이나 자격이 없는 때
> 3. 부동산을 매수할 자격이 없는 사람이 최고가매수신고인을 내세워 매수신고를 한 때
> 4. 최고가매수신고인, 그 대리인 또는 최고가매수신고인을 내세워 매수신고를 한 사람이 제108조 각호 가운데 어느 하나에 해당되는 때
> 5. 최저매각가격의 결정, 일괄매각의 결정 또는 매각물건명세서의 작성에 중대한 흠이 있는 때
> 6. 천재지변, 그 밖에 자기가 책임을 질 수 없는 사유로 부동산이 현저하게 훼손된 사실 또는 부동산에 관한 중대한 권리관계가 변동된 사실이 경매절차의 진행 중에 밝혀진 때
> 7. 경매절차에 그 밖의 중대한 잘못이 있는 때

민사집행법상 경매 낙찰 취소 사유

공매가 취소 또는 정지되는 사유를 보면 다음과 같다. 공매는 안타깝게도 낙찰자가 책임질 수 없는 중대한 하자를 원인으로 취소가 불가하다. 그렇기에 공매 입찰 시에는 보다 신중하게 검토가 필요하다.

구분	사유	결과
공통 (국세징수법 제88조)	- 압류해제 - 한국자산관리공사의 공매대행 해제	취소
	- 압류 또는 매각 유예 - 강제징수에 대한 집행정지 결정 - 그 밖에 공매 정지 필요가 있는 경우(대통령령)	정지
매각결정~잔금납부 (국세징수법 제86조)	- 낙찰자 동의 하 체납액을 완납 시 - 낙찰자가 잔금 미납 시	취소

경매의 절차 중지, 취소 사유

해당 내용은 온비드 홍보 동영상에도 잘 나와 있다. 입찰은 전적으로 매수자의 책임이라는 것이다.

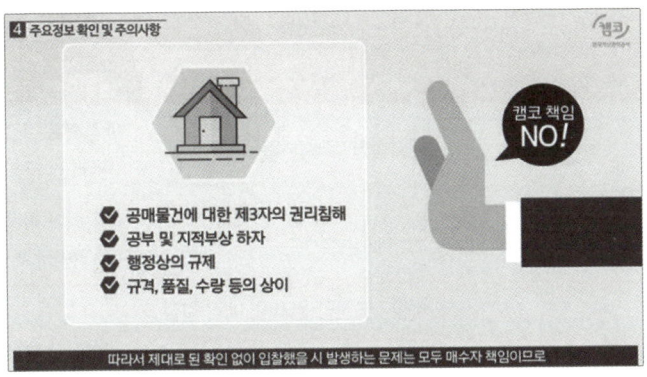

공매 입찰자 주의 사항

파트 요약			
구분	상세	공매	경매
사유발생	사유발생	세금체납	채무불이행(이자미납 등)
	대행/검증	한국자산관리공사[캠코]	법원
입찰준비	등기부등본 기입	공매공고	경매개시결정
	이해관계자진행안내	공매대행통지 및 채권신고 및 배분요구서 발송	경매안내통지 및 권리신고 및 배당요구서 발송
	현황조사	세무공무원 현장방문	법원 집행관 현장방문
	감정평가/매각가 결정	감정평가금액 참조하여 최저매각가 결정	
	채권신고	임차인 등 배분요구종기까지 신고	임차인 등 배당요구종기까지 신고
입찰공고	입찰공고	-	-
	물건명세 공개	입찰 7일 전 공매물건명세 공개	입찰 7일 전 매각물건명세 공개
	감정평가서 공개	-	-
입찰/낙찰	입찰	기간입찰, 온라인	기일입찰, 오프라인
	개찰	입찰+1일	입찰 당일 (중대한 하자 발견 시 이의신청)
	입찰자가 없는 경우	재공매	새매각

파트 요약

구분	상세	공매	경매
대금납부	결정	매각결정 : 개찰+4일	매각허가 결정 : 입찰+7일 (중대한 하자 발견 시 즉시항고)
	확정		매각허가 확정 : 결정+7일 (중대한 하자 발견 시 취소신청)
	잔금납부	낙찰가 3천만 원 미만 매각 결정 +7일, 그 외 매각결정+30일	매각허가 확정+30일
	납부최고	잔금 납부기한까지 미납 시 잔금 납부기한+10일	
	잔금 납부기간 이후	잔금 납부 불가	잔금 납부 가능 (단, 지연이자포함 납부 필요)
	잔금 미납 시	재공매	재매각
기타	낙찰대금 분배	배분, 납부최고+30일	배당, 납부최고+30일
	소유권이전	대부분 온라인으로 처리 가능	법원 방문 처리

여기서 잠깐! 임차인이 있는 경우 체크포인트, 전입세대 열람내역

일반적으로 경공매 투자는 빌라, 아파트 등 가장 익숙한 공동주택부터 시작한다. 빌라, 아파트 등은 당연히 누군가가 거주 중일 것이고, 해당 점유자에 대한 분석이 입찰의 기본이 된다. 향후 낙찰을 받고 문서상의 소유권이전을 포함하여 물리적으로도 집을 온전히 받아오기 위해서이다. 물론 공가(사람이 살지 아니하는 집)일 수도 있다.
이때 점유자에 대해서 확인 가능한 방법으로 '전입세대 열람내역'을 떼어 보면 된다.

1) 준비물 : 신분증, 경공매 입찰공고문 사본, 주민등록 전입세대 열람 신청서
2) 발급 장소 : 시군구 및 읍면동 출장소(주민센터 포함)

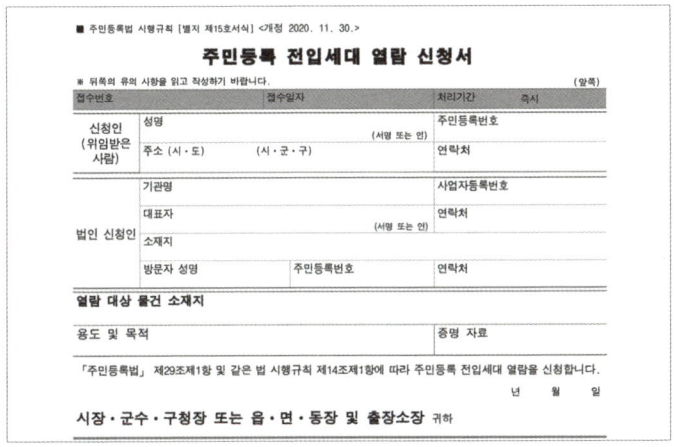

전입세대열람 신청서 양식

다음과 같은 서류가 발급되며, 가능하면 '지번주소' 및 '도로명주소' 두 가지 모두 떼어보자. 지번/도로명주소 중 한 곳에만 점유자가 전입되어 있는 경우도 있기 때문이다.

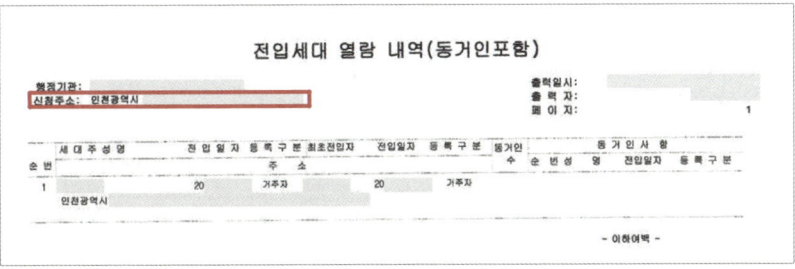

전입세대열람 예

| Action Plan | 공매와 경매 물건 찾아보기 |  |

공매물건

1. 온비드 접속 > 로그인 > 부동산/동산의 '용도별 또는 지역별 검색' 클릭

2. 처분방식, 용도, 소재지, 자산구분 등 선택 > 검색 클릭

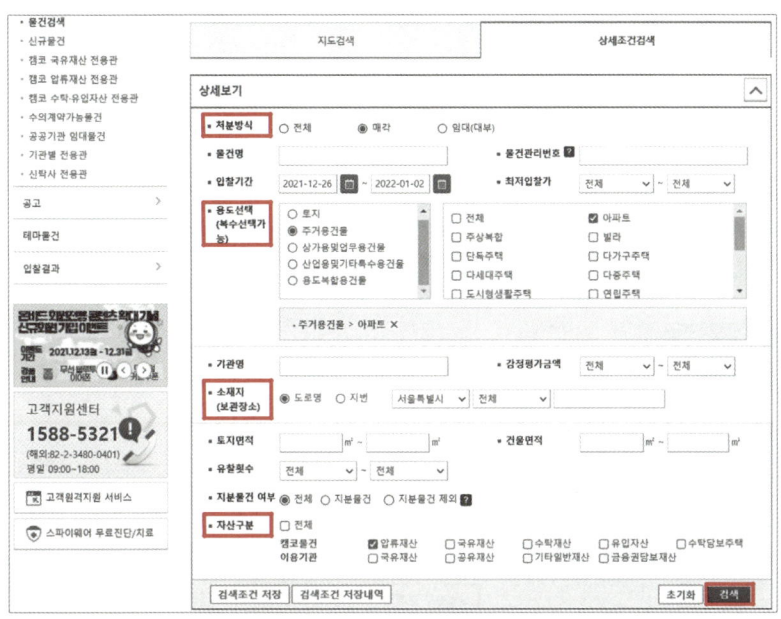

3. 관심물건의 상세이동 클릭

4. 물건 상세 정보 파악 가능

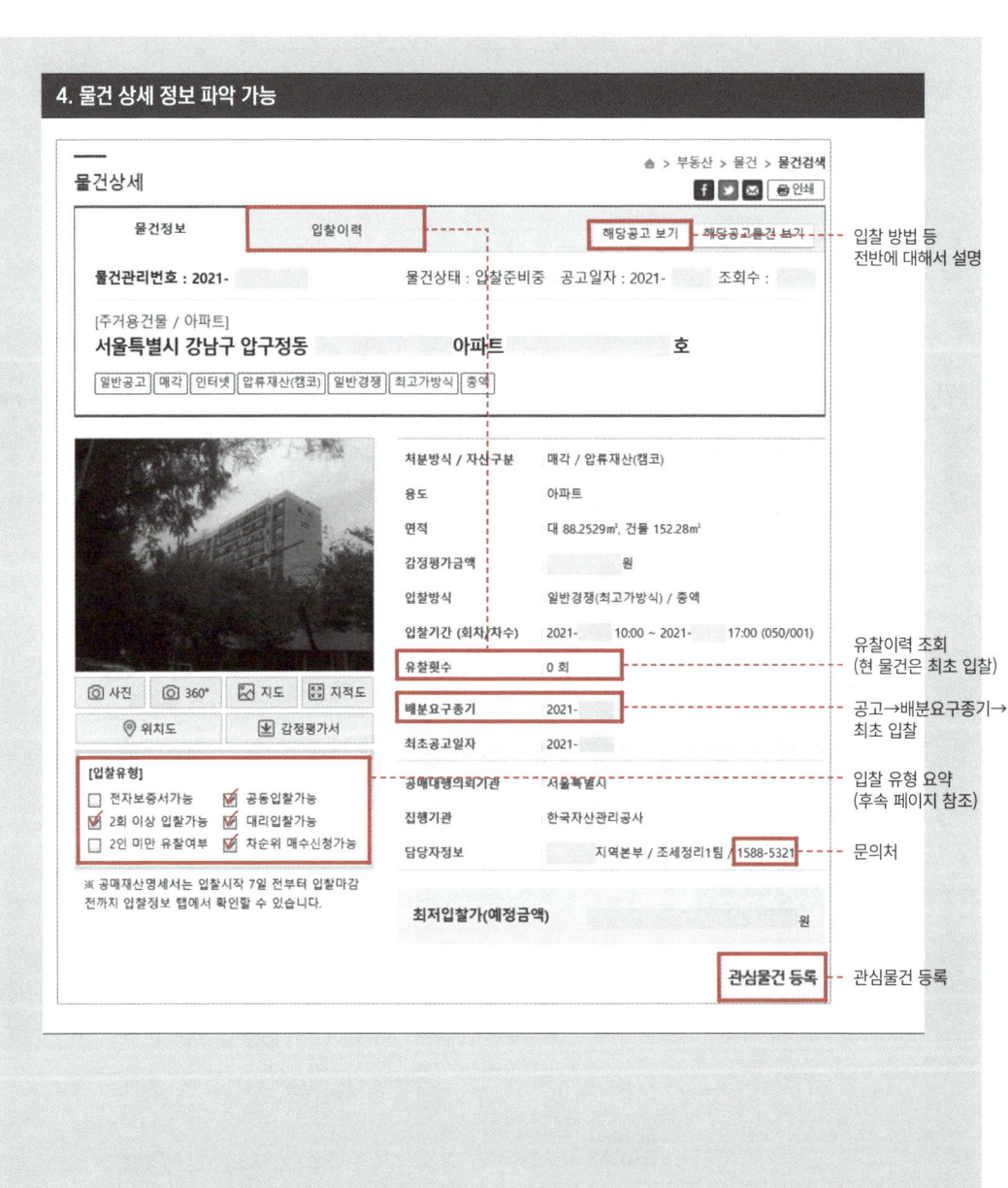

6. 입찰 정보 클릭 > 입찰유형 파악 & 공매재산명세 다운로드 가능

■ 면적 정보

번호	종별(지목)	면적	지분	비고
1	토지 > 대	88.2529㎡	-	지분(총면적 43,128.6㎡)
2	건물 > 건물	152.28㎡	-	

■ 위치 및 이용현황

소재지	지번	서울특별시 강남구 압구정동　　　　아파트　　　　호
	도로명	서울특별시 강남구 압구정로　　　호 (압구정동,　　　아파트)
위치 및 부근현황		본건은 서울특별시 강남구 압구정동 소재 "현대고등학교" 동측 인근에 위치하며, 주위는 대규모 아파트단지, 학교, 백화점 및 근린생활시설 등으로 이루어져
이용현황		아파트로 이용중임.
기타사항		현장조사 당시 이해관계인의 폐문 부재로 탐문조사 및 외부관찰 등을 통해 내부구조도를 작성하여 발코니 확장 여부 등 현황과 다소 상이 할 수 있음.

■ 감정평가정보

감정평가기관	평가일	평가금액(원)	감정평가서
감정평가사사무소	2021		⬇ 감정평가서

■ 명도이전책임

명도책임	매수인

7. 압류재산 정보 클릭 > 등기부등본, 임차인 정보 등 파악 가능

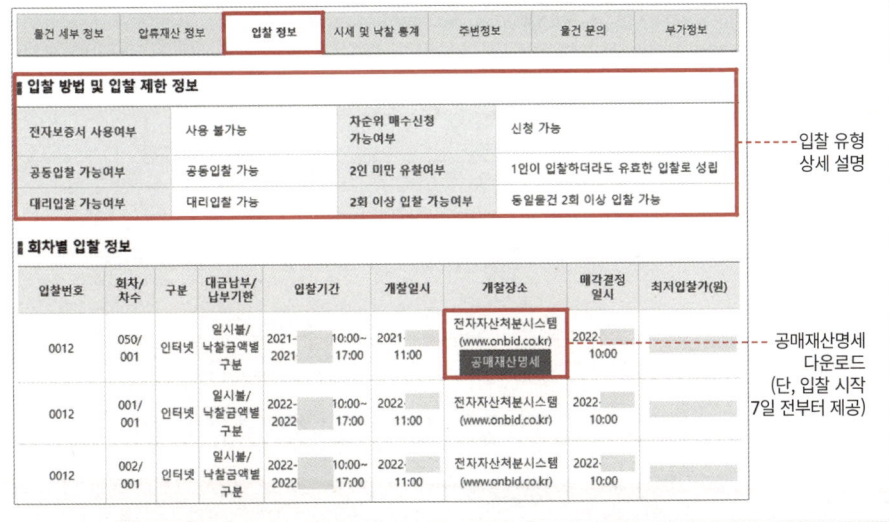

| 물건 세부 정보 | **압류재산 정보** | 입찰 정보 | 시세 및 낙찰 통계 | 주변정보 | 물건 문의 | 부가정보 |

▌임대차 정보 (감정평가서 및 신고된 임대차 기준)

임대차내용	성명	보증금(원)	차임(월세)(원)	환산보증금(원)	확정(설정)일	전입일
임차인	임차인(전입세대주)	-	-	-	-	-

[총 1건]

▌등기사항증명서 주요정보 ······················· 등기부등본상 주요 내용 (단, 입찰 전 최신본 출력 후 확인 필요)

번호	권리종류	권리자명	설정일자	설정금액(원)
1	위임기관	서울특별시	2021	미표시
2	압류	세무서	2020	미표시

[총 2건]

▌권리분석 기초정보 (권리분석 기초자료는 입찰시작 7일전부터 제공됩니다) ······················· 입찰 시작 7일 전부터 제공

• 배분요구 및 채권신고현황 (배분요구서를 기준으로 작성하였으며, 신고된 채권액은 변동될 수 있습니다.)

번호	권리종류	권리자명	설정일	설정금액(원)	배분요구일	배분요구채권액(원)	말소가능여부	기타
1	임차인	임차인(전입세대주)	-	0	배분요구없음	0	-	-
2	압류	세무서	2020-	0	2021-			
3	교부청구	구청		0	2021-			
4	물건지지방자치단체	구청	-	-	-			
5	위임기관	서울특별시	2021	0	2021			

······················· 채권자 배분요구일/금액

[총 5건]

• 배분요구채권액 중 체납액(위임기관, 압류, 교부청구)은 담보채권자와 우선순위를 비교하는 법정기일을 표시하지 않으므로 입찰 전 별도로 확인하셔야 합니다. 말소가능여부는 추후 서비스 예정이오니 별도 확인 후 입찰하시기 바랍니다.

• 점유관계 (감정평가서 및 현황조사서 기준)

점유관계	성명	계약일자	전입일자(사업자등록신청일자)	확정일자	보증금(원)	차임(원)	임차부분
전입세대주		미상		미상	0	0	미상

······················· 임차인 정보

[총 1건]

• 예상부대 비용 및 총 매입가

구분	금액	
예상낙찰가	원	최저입찰가로 책정되었으며, 희망입찰금액을 직접 입력해주시기 바랍니다.
소유권이전비용	▼ 원	소유권이전비용, 인수금액, 기타비용 등을 자동계산합니다.
총 매입가	원	본 결과는 자동계산에 의한 비용이므로 실제와 다를 수 있습니다.

경매 물건

1-1. 법원경매정보 접속 > 로그인 > 부동산/동산의 '물건상세검색' 또는 '지도검색' 클릭

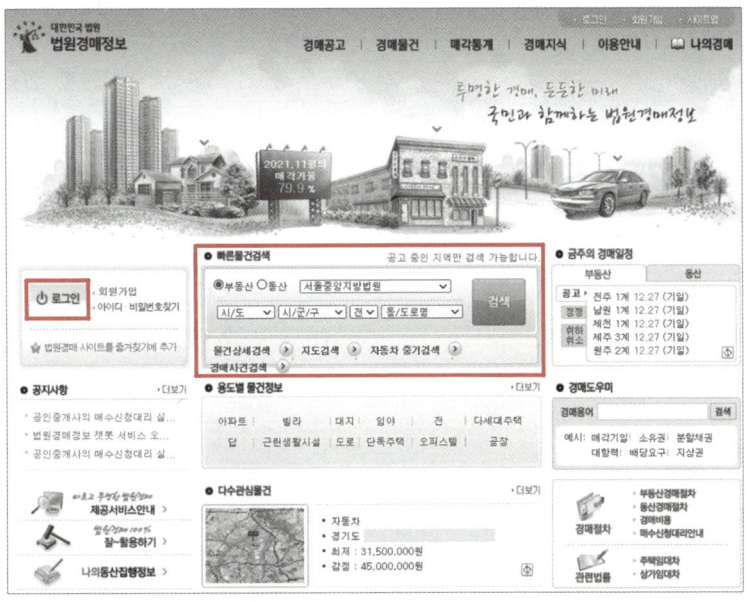

1-2. 상단 경매지식 클릭 > 경매절차 중 부동산경매 선택 > 경매절차 안내

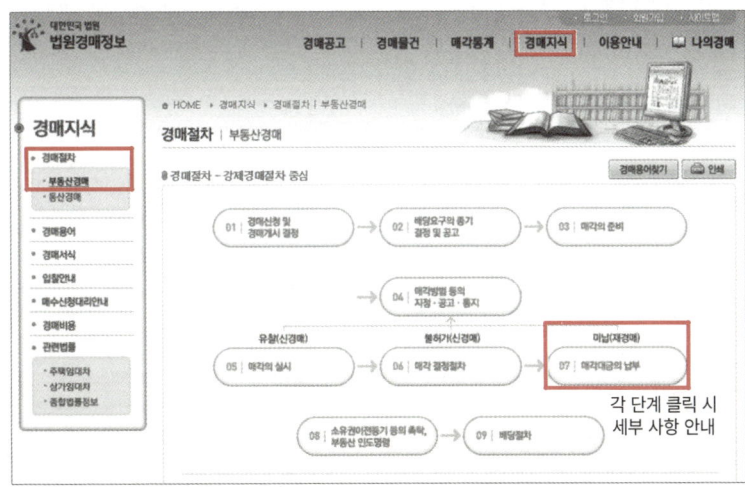

2. 법원소재지, 사건번호, 용도 등 선택 > 검색 클릭

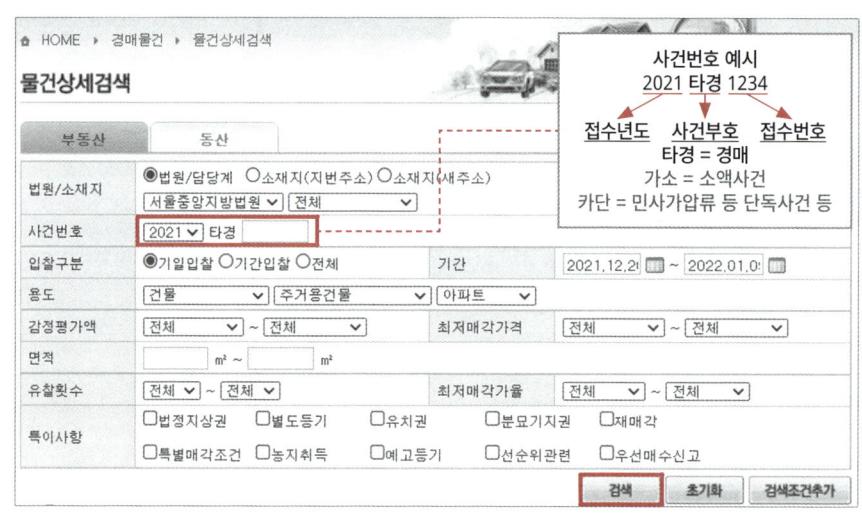

3. 관심물건의 상세이동 클릭 / 관심물건 등록 또한 가능

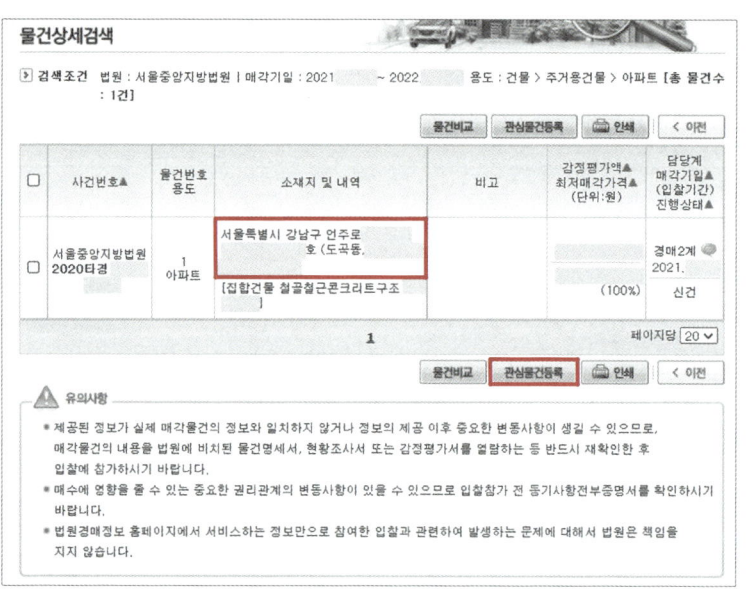

4. 물건 상세 정보 파악 가능

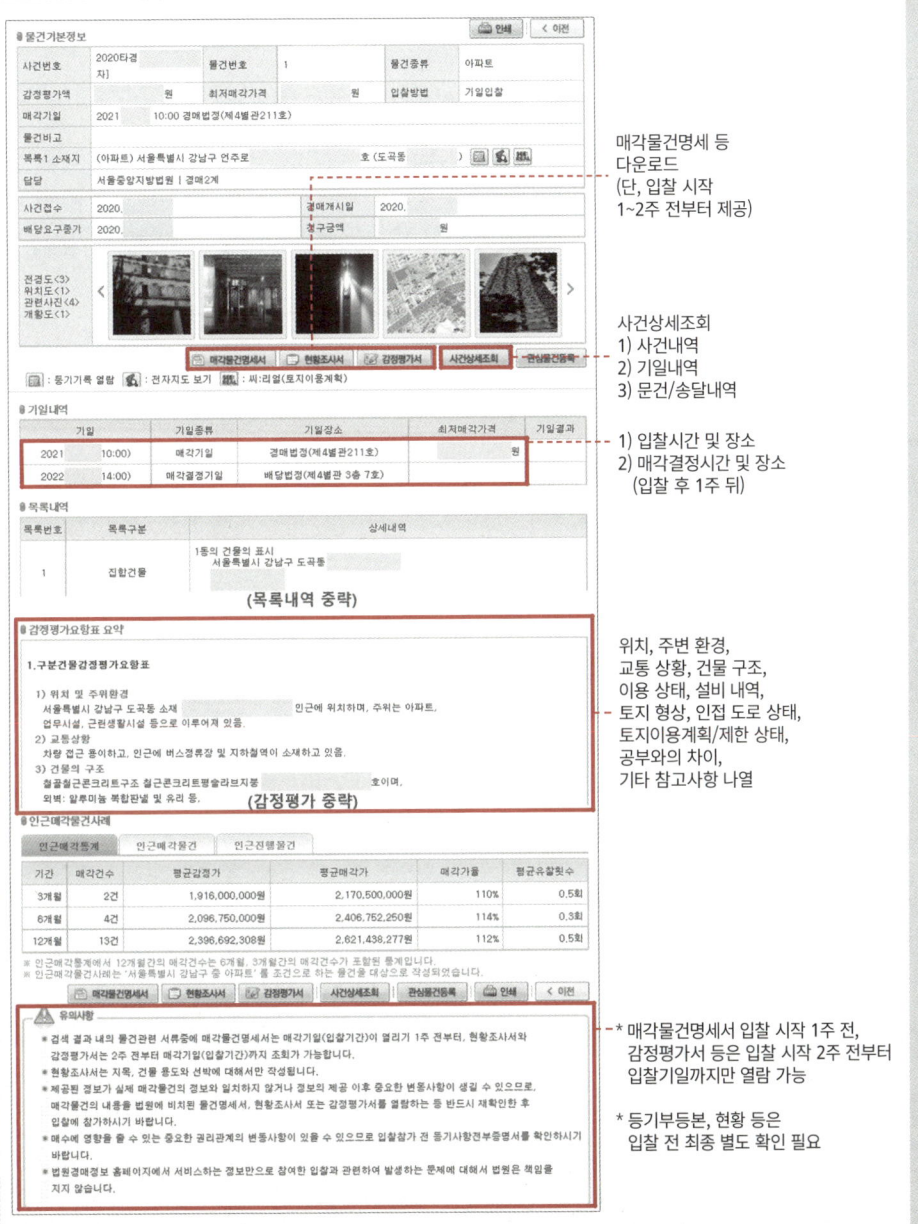

5-1. 사건 상세내역 클릭 > 사건내역 선택

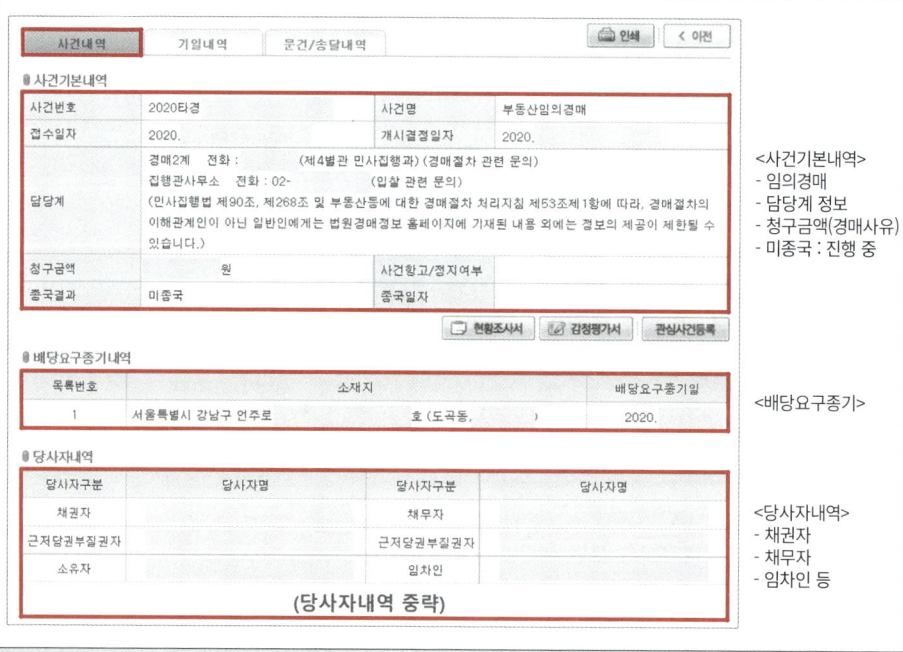

5-2. 문건/송달내역선택 > 문건처리내역/송달내역 파악 가능
- 문건처리내역(이해관계인 to 법원), 송달내역(법원 to 이해관계인) 구성
- 경매사건의 변경, 정지, 기각 등 내용 또한 다룸. 입찰기간 포함 입찰 당일까지 확인 필요

사설 경매 사이트
1) 경공매물건 검색 및 분석 시 사설 경매 사이트 또한 활용 가능
2) 공공 사이트(온비드 등) 대비 정보 제공 등 모든 면에서 유용. 다만 유료임(약 50~110만 원/년)

* 지지옥션[9] : 1983년 설립, 가장 오랜 운영 기간을 바탕으로 축적자료 다수

* 옥션원(구. 굿옥션), 탱크옥션, 스피드옥션[10] 등

---

9 지지옥션 : www.ggi.co.kr
10 옥션원 : www.auction1.co.kr
   탱크옥션 : www.tankauction.com
   스피드옥션 : www.speedauction.co.kr

C/H/A/P/T/E/R 03

아무도 가르쳐주지 않는 등기부의 모든 것

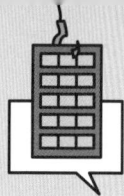

사례 04

임대차계약 후 보증금 잔금 낼 때 꼭 등기부를 떼보라는데, 왜?

- 등기사항전부증명서

사연 물건(상기 물건은 다음 사연과 정확히 일치하지 않을 수 있습니다)

A는 3월에 의정부의 한 오피스텔에 월세 계약을 했다. 먼저 계약금으로 내고 4개월 뒤인 7월 잔금을 치르고 입주한 뒤 집주인이 세금을 내지 않아서 세무서에서 이 오피스텔을 압류한 사실을 알게 된다. 계약 당시에는 등기부등본상 은행에서 대출받으면서 설정한 근저당권 말고는 아무런 표기가 없었지만, 4월부터 세무서가 압류를 시작했고 입주한 뒤 이 사실을 알게 된 것이다. 1년여간 공매 절차가 진행된 끝에 다른 사람이 집을 낙찰받았으나, 다행히 소액임차인에 해당되어 월세 보증금 또한 돌려받았다. 그렇지만 보증금을 돌려받지 못할까 쌓인 걱정과 수시로 방문하는 여러 입찰 예정자들 등 그간의 마음고생은 이루 말할 수가 없다.

전세, 월세 등 계약 시 등기부등본은 모든 단계에서 열람하여 확인이 필요하다. 계약금 중 일부 입금, 계약서 작성, 잔금/입주일 등 각각 열람하여 해당 부동산의 등기부등본에 문제가 없는지 파악해야 한다.

전월세 계약 시 체크리스트	
기본 확인 사항	
등기부등본 [등기사항전부증명서]	1. 등기부등본상 주소와 임차 주택 주소/임대 부분 간 일치 여부 2. 등기부등본상 소유주와 임차 주택 임대인 간 일치 여부 3. 등기부등본상 특이 사항은 없는지 - (가)압류, 가처분 - 근저당('집값 - 근저당[채권최고액] > 전세금액' 인 경우 OK) - 가등기, 미등기 등 4. 계약금 중 일부 입금, 계약서 작성, 잔금/입주일 등 각각 열람하여 확인

여기서 등기부등본에 문제 있는지 알고자 한다면 먼저 등기부등본에 대해서 이해하고 있어야 한다. 이에 속칭 '등기부 혹은 등기부등본'으로 불리는 '등기사항전부증명서'에 대해서 알아보자.

일반적으로 공매 투자 시 다음과 같은 사항들을 확인한다.

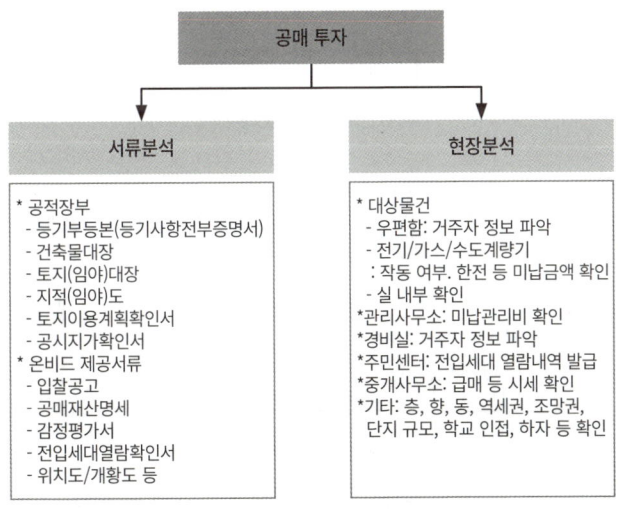

공매 투자 간 확인 사항 예

서류 확인 절차 때 문제가 없으면 현장으로 넘어가는데, 서류 확인의 첫 시작은 등기부등본을 검토하는 것이다. 여기서 '등기부등본'이란 부동산에 관한 일정한 권리관계가 적힌 문서를 말한다. 각종 권리관계(소유권/지상권/지역권/전세권 등의 권리의 보존, 설정, 이전, 변경, 처분의 제한 또는 소멸)뿐만 아니라 토지/건물에 관한 정보 또한 적혀있다.

등기부등본의 종류는 세 가지이며, 대법원 인터넷등기소 또는 가까운 주민센터에서 일정 비용을 지불하고 누구나 발급받을 수 있다.

1) 토지 등기부등본

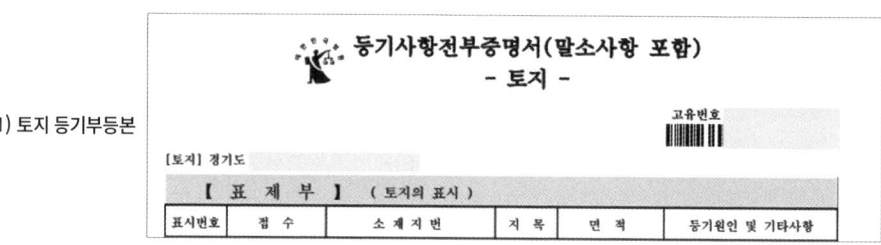

토지 등기부등본 예

2) 건물 등기부등본

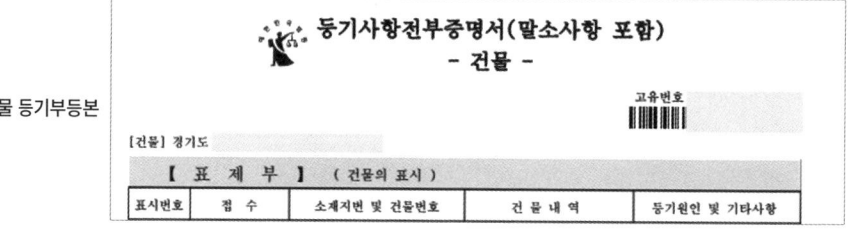

건물 등기부등본 예

3) 집합건물 등기부등본

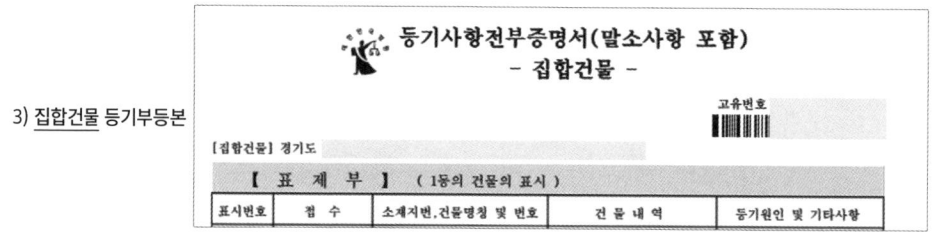

집합건물 등기부등본 예

'집합건물'에 대해 살펴보자. 집합건물이란 한 건물 안에 구조상 구분된 여러 공간이 독립적으로 사용될 수 있는 건물이다. 대표적인 예가 아파트이다. 아파트를 보면 여러 세대가 1개의 동에 모여 살며, 해당 동들이 모여 한 단지를 이룬다. 만약 한 아파트의 201호에 내가 전세로 들어갈 예정이라서 해당 집의 소유자 정보 등을 확인하고자 할 때는 집합건물 등기부등본을 열람해 봐야 한다. 집합건물의 다른 예로는 오피스텔, 지식산업센터 등이 있다.

참고로 아파트는 집합건물이면서, 공동주택의 한 종류이다. 이에 집합건물 등기부등본을 통해 권리관계를 확인할 수 있다. 공동주택과 더불어 주택의 다른 종류로는 단독주택이 있다. 단독주택은 집합건물이 아닌데, 하나의 건축물 내에 한 세대가 독립된 주거생활을 영위하기 때문이다. 이때 단독주택의 권리관계를 따져보고 싶다면 토지 등기부등본과 건물 등기부등본 각각을 발급받아야 한다.

주택	종류	내용	집합건물 여부	권리관계 확인
단독주택	단독주택 다중주택 다가구	한 건축물 내 한 세대가 독립적 생활	X	토지 등기부등본 건물 등기부등본
공동주택	다세대 연립주택 아파트	한 건축물 내 여러 세대가 독립적 생활	O	집합건물 등기부등본

단독주택과 공동주택 비교

등기부등본은 표제부, 갑구, 을구로 구성된다.

1) 표제부 : 부동산에 대한 사실 정보 명기
2) 갑구 : 소유권에 관한 사항
3) 을구 : 소유권 이외의 권리에 관한 사항

토지, 건물 등기부등본 대비 집합건물 등기부등본의 경우 표제부가 다시 둘로 나뉜다.

구분	토지 등기부등본	건물 등기부등본	집합건물 등기부등본
표제부	표제부 - 토지의 표시	표제부 - 건물의 표시	표제부 - 1동의 건물의 표시
			표제부 - 전유부분의 건물의 표시
갑구	갑구 - 소유권에 관한 사항	(좌동)	(좌동)
을구	을구 - 소유권 이외의 권리에 관한 사항	(좌동)	(좌동)

등기부등본 구성 내역 차이

예시를 통해 자세히 살펴보자.

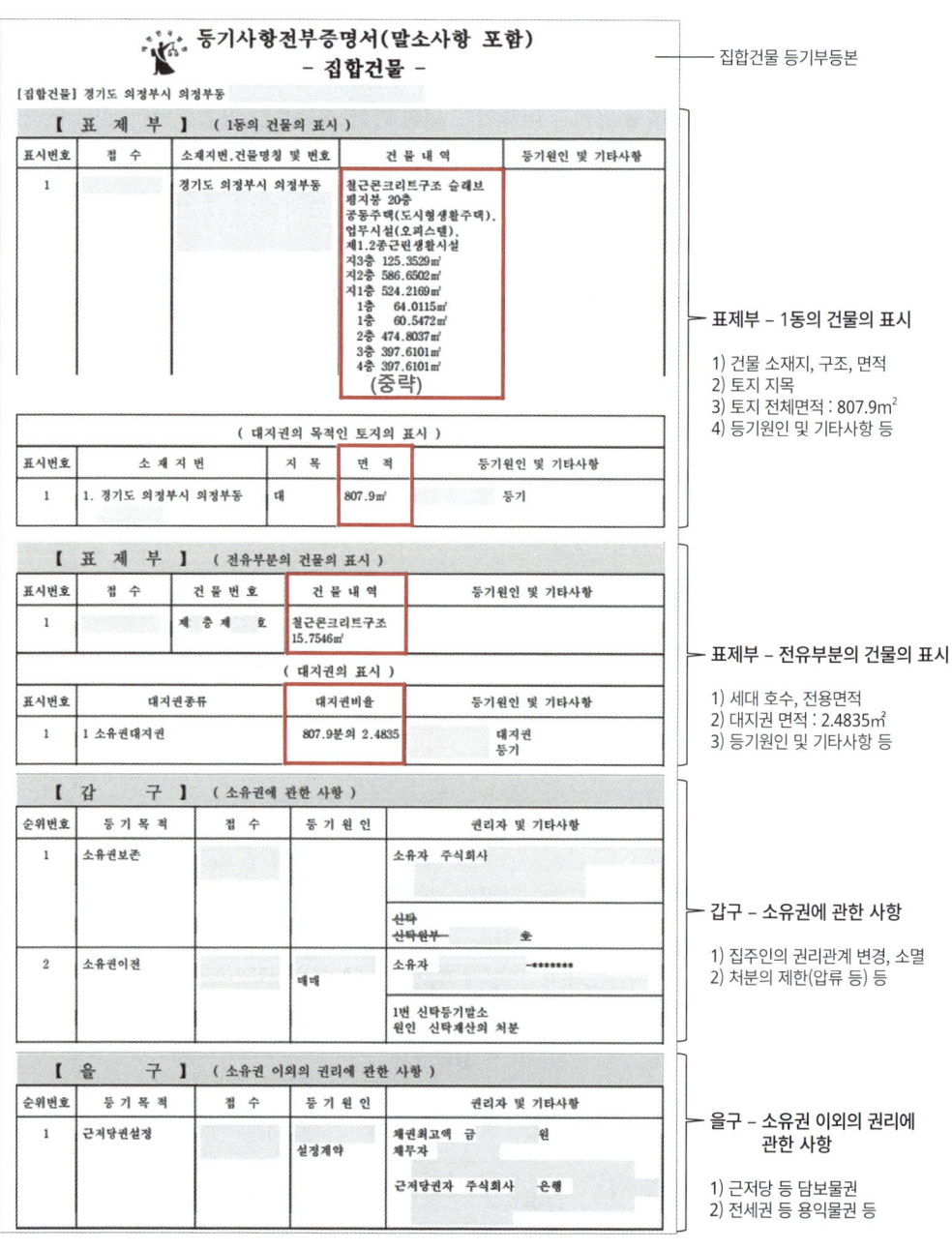

집합건물 등기부등본상세

먼저 표제부는 토지나 건물의 소재지, 지목 등이 기재되어 있다. 표제부에서 중요한 건 각종 면적의 이해이다.

1) 표제부 - 1동의 건물의 표시상 건물 내역 면적 : 2층의 경우 474.8037㎡
2) 대지권의 목적인 토지의 표시상 면적 : 807.9㎡
3) 표제부 - 전유부분의 건물의 표시상 건물 내역 면적 : 15.7546㎡
4) 대지권의 표시상 대지권 비율 면적 : 807.9분의 2.4835㎡

1)번은 단지 내 세대가 속한 동에 대한 정보를 표시하며, 해당 동의 각 층의 면적을 나타낸 것이다. 2)번은 단지 토지 전체 면적이다. 3)번은 세대의 전용면적이다. 4)번은 단지 토지 전체 면적 중 세대가 보유한 토지의 면적이다. 공동주택의 경우 단지 전체 면적을 각 세대가 공유하고 있기에 명확히 땅을 구분 지을 수 없어 '807.9분의 2.4835㎡'처럼 비율로 표기한다. 이를 '대지권'이라 부른다.

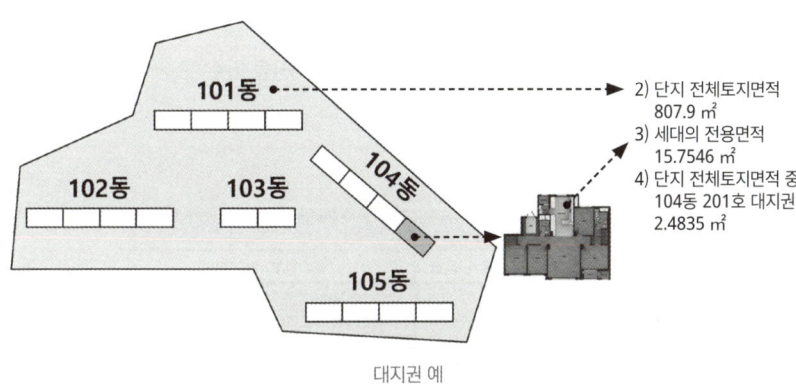

대지권 예

참고로 대지권은 추후 재건축 시 활용된다. 오래된, 다시 말해 철거 후 다시 지을 정도의 연식을 지닌 아파트, 빌라 등을 살 때 땅의 지분을 많이 가지고 있는 세대가 일반적으로 좋다. 오래된 집[구축]은 건물의 가치가 거의 없고 땅의 가치만 인정받기 때문이다.

1) 구축 : 토지 가치 > 건물 가치
2) 신축 : 토지 가치 < 건물 가치

전세 등 계약 체결 시 표제부에서 꼭 확인해야 할 사항은 다음과 같다.

- 1) 계약서-등기부등본 간 주소가 일치하는지
- 2) 계약서-등기부등본 간 전용면적, 대지권 등 각종 면적이 동일한지
- 3) 건물 내역, 구조 등이 다르지 않는지

다음으로 갑구이다. 갑구는 '소유권에 관한 사항'을 다룬다. 소유권에 관한 사항[갑구], 소유권 이외의 권리에 관한 사항[을구]은 중요한 내용이므로 다음 챕터에서 다시 다룬다.

갑구에 명기되는 내용들은 다음과 같다.

- 1) 소유권보존 : 출생신고와 유사. 등기되어 있지 않은 부동산의 최초 등기. 보통 건축주가 신청
- 2) 소유권이전 : 부동산 매매에 따라 소유권이 타인으로 넘어간 경우 이를 표기
- 3) 소유권변경 : 소유자의 주소 등이 변경 시 해당 내용을 표기
- 4) 처분의 제한 : 소유권의 권능 3가지(사용, 수익, 처분) 중 처분을 제한하는 것. 압류, 가압류, 가처분, 경매개시결정 등기 등
  - 예: 세금을 납부하지 않은 체납자의 부동산을 공매를 통해 팔아 세금을 회수하고자 함. 그전에 누군가에게 팔지 못하도록[사해행위] 압류등기를 통해 처분 제한을 둠

등기부등본 갑구 표기사항

전세 등 계약 체결 시 갑구에서 꼭 확인해야 할 사항은 다음과 같다.

1) 계약서-등기부등본 간 소유자가 일치하는지
2) 압류, 가압류, 가처분 등 특이 사항은 없는지
3) 소유자가 공동명의인 경우 지분의 과반수를 초과하는 지분권자들과 계약 진행
 - 예: 부부가 5:5로 소유한 아파트의 경우 공동명의자 전체와 임대차계약을 체결하거나, 한 명이 참석하지 못한다면 적법한 위임 서류를 갖춘 타 지분권자와 임대차계약 체결)

【 갑 구 】	(소유권에 관한 사항)			
순위번호	등 기 목 적	접 수	등 기 원 인	권리자 및 기타사항
13	소유권이전		매매	공유자 지분 2분의 1 ●●●●●●●● 지분 2분의 1 ●●●●●●●● 거래가액 금 원

공유자의 표시 예

등기부등본 공유자 표시 예

다음으로 을구이다. 을구는 '소유권 이외의 권리에 관한 사항'을 다룬다. 말 그대로 소유권 이외의 사항들에 대해서 명기하며, 종류는 다음과 같다.

구분	종류				등기부등본 기재
물권 8가지	점유권①				X
					O(갑구)
	본권	소유권②(사용,수익,처분)			O(을구)
		제한물권 (소유권 이외)	용익물권(사용, 수익)	**지상권③, 지역권④, 전세권⑤**	O(을구)
			담보물권(처분)	**저당권⑥, 질권⑦**	
				유치권⑧	X

물권 종류 8가지

을구에서 가장 많이 볼 수 있는 내용은 저당권의 한 종류인 근저당권⑥(이하 '근저당' 혼용)으로, 은행에서 돈을 빌려주면서 혹시나 원금/이자에 대해 받지 못할 것을 대비하여 등기부등본상 설정해둔 권리이다. 근저당권 금액이 많을수록 대출[빚]이 많다는 이야기이며, 해당 집에 전세 계약 등을 체결할 시에는 주의해야 한다.

근저당권 표기 예

마지막으로 챙겨봐야 할 중요사항은 '순위번호'와 '접수(일자)' 그리고 '등기원인일'이다. 다음의 참조 이미지를 통해 자세히 알아보자.

등기부등본 내 순위번호, 접수(일자) 및 등기원인(일) 예

아파트 매매, 다시 말해 빨간 박스에 대한 날짜들을 설명하면 다음과 같다.

1) 순위번호 : 등기를 접수한 순서
2) 접수(일자) : 계약 후 등기를 접수한 날짜
3) 등기원인 : 매매계약 날짜

등기원인일(19.07.01)에 매매 계약서를 작성하였고, 접수(일자)(19.09.01)에 최종 잔금을 지불하면서 소유권이전등기를 등기소에 신청하였다. 등기를 신청할 당시 갑구에 순위번호 1번의 다른 등기가 있었기에 금번 소유권이전등기는 갑구의 순위번호 2번이 된다.

이게 왜 중요하냐면 경공매에서 낙찰대금을 나눠가질 때 이 순위번호 혹은 접수일자에 따라 순위가 정해지기 때문이다.

1) 같은 구에선 등기 간 순위번호

- 같은 구에서, 예를 들어 갑구 내 두 권리 혹은 을구 내 두 권리 간 다툼이 있으면 접수일자가 같음에도 순위번호가 빠른 채권자가 경공매 낙찰대금에서 우선시되어 채권금액을 받아 간다.

【 갑 구 】		(소유권에 관한 사항)	
순위번호	등 기 목 적	접 수	등 기 원 인	권 리 자 및 기 타 사 항
1	압류	07.02	← 7월 2일 같은날 오전에 접수	<1등>
2	압류	07.02	← 7월 2일 같은날 오전에 접수	<2등>

등기부등본 갑구 내 두 권리 간 충돌 예

2) 다른 구에선 등기 상호 간 접수일 순

- 갑구vs을구 같은 다른 구 내 권리 간 다툼이 있으면 접수일자가 빠른 채권자가 경공매 낙찰대금에서 우선시되어 채권금액을 받아 간다.

【 갑 구 】		(소유권에 관한 사항)	
순위번호	등 기 목 적	접 수	등 기 원 인	권 리 자 및 기 타 사 항
1	압류	07.02		<2등>
【 을 구 】		(소유권 이외의 권리에 관한 사항)	
순위번호	등 기 목 적	접 수	등 기 원 인	권 리 자 및 기 타 사 항
1	근저당	07.01		<1등>

등기부등본 갑구, 을구 내 두 권리 간 충돌 예

파트 요약 및 주의 사항

✏️ 파트 요약
1) 등기부등본(등기사항전부증명서) : 부동산에 관한 일정한 권리관계가 적힌 문서
2) 등기부등본 종류 : 토지 등기부등본, 건물 등기부등본, 집합건물 등기부등본
3) 등기부등본 구성
   - 표제부 : 부동산에 대한 사실 정보 명기
   - 갑구 : 소유권에 관한 사항
   - 을구 : 소유권 이외의 권리에 관한 사항

✏️ 주의 사항
1) 임차인 측면 : 임차 부동산 등기부등본을 계약 시, 중도금 입금 전, 잔금 입금 전 열람하여 특이 사항이 없는지 확인 필요
2) 임대인/투자자 측면 : 투자 전 해당 부동산 등기부등본상 특수 권리(토지별도등기, 대지권미등기 등)는 없는지 확인 필요

여기서 잠깐! 주택의 종류 (아파트, 다세대, 다가구 등)

대부분 경공매의 첫 투자 대상은 빌라 또는 아파트이다. 거주지로 많이 활용되기에 모든 면에 있어 친숙하다. 다만 빌라, 아파트, 다세대, 다가구 등 단어들에 대한 정확한 의미는 잘 모른다. 지피지기 백전불태(상대를 알고 나를 알면 백 번 싸워도 위태롭지 않다)이기에 투자 대상에 대해 간단히 알아보자.

주택의 종류

1) 단독주택 : ① 단독주택 ② 다중주택 ③ 다가구주택 ④ 공관(주로 공공기관)
2) 공동주택 : ① 아파트 ② 연립주택 ③ 다세대주택 ④ 기숙사(주로 학교 건물)

단독주택, 공동주택은 개별 세대로 분양/소유 가능(공동주택), 불가능(단독주택) 차이가 난다.

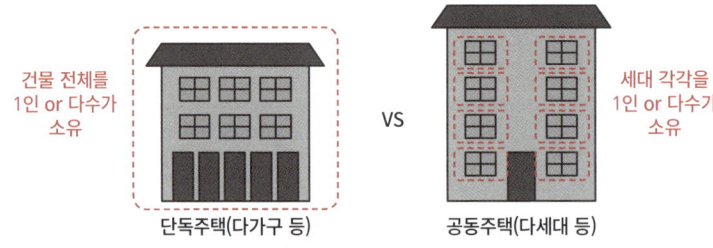

단독주택과 공동주택 비교

공동주택에는 다세대주택, 연립주택 및 아파트가 있고, 이 중 다세대주택과 연립주택을 통상 '빌라'라 한다. 주택별 차이는 다음과 같으며, 지을 수 있는 면적/층 등의 차이가 있다.

단독주택			공동주택		
단독주택	다중주택	다가구주택	다세대주택	연립주택	아파트
	하숙집, 고시원 등	상가주택 등 (19세대 이하)	빌라	빌라	
제한없음	연면적 330m² 이하	연면적 660m² 이하		연면적 660m² 초과	제한 없음
	3층 이하		4층 이하		5층 이상
	공동 취사	개별 취사			

단독주택과 공동주택 상세 비교

단독/공동주택은 '1인 혹은 다수'가 건물 전체를 소유하는지(단독주택), 세대 각각을 나눠서 소유하는지(공동주택)의 차이가 있다 하였다. 여기서 1인 혹은 다수에 대해서 조금 더 알아보자.
아파트를 예로 보면, 한 신혼부부가 신혼집을 구입했을 때 명의는 다음의 두 가지 형태가 될 수 있다.

   1) 배우자 단독명의(1인)
   2) 부부 공동명의(다수)

 '1인 혹은 다수'의 차이는 상기와 같고, 책의 뒤에서 다룰 '지분물건'이 공동명의로 소유하고 있는 부동산의 1인(부부 중 남편 등) 지분만 경공매로 나온 케이스이다.

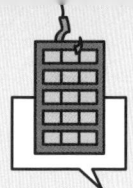

사례 05

등기부를 떼어보니 근저당이라는 게 있는데, 무엇이죠?
- 물권의 종류

사연 물건(상기 물건은 다음 사연과 정확히 일치하지 않을 수 있습니다)

A는 전셋집을 구하는 중, 부동산 중개사 사무소로부터 지하철역 근처이면서 아파트 단지가 밀집한 지역 내 위치하여 해당 인프라를 같이 누릴 수 있는 나홀로 아파트를 소개받았다. 초등학교가 인접하여 아이를 키우기도 괜찮아 보였다. 중개사와 전세 계약을 하기로 협의한 후 계약 날이 다가왔다. A는 임대인과 중개사가 준비해 놓은 여러 서류들을 확인하던 중 등기부등본에서 이상한 점을 발견한다. 해당 아파트의 등기부등본 페이지 수가 여러 장일 뿐만 아니라, 압류/근저당 등의 내용들이 생겼다, 지워졌다 반복되고 있는 것이다. 중개사에게 물으니 과거 기록은 다 지워져서 문제될 바 없다고 한다. 현재 은행에서 일부 대출받으면서 등기부등본 내 설정한 근저당이 2개 정도 남아있으나, 대출금이 크지 않기에 이 또한 문제 되지 않는다고 한다. 중개사가 그리 이야기하니 안심되어 잔금까지 납입 완료한 후 입주하였다. 허나 기쁨도 잠시, A는 공매대행통지서를 받게 되었다. 집주인이 세금을 체납하여 전셋집이 압류되었고, 결국 공매로 처분된다는 소식이었다.

현 사연에서는 등기부등본에서 압류/근저당 등의 내용들이 생겼다, 지워졌다 반복되었다. 해당 등기부등본 중 '을구' 일부분을 다음과 같이 살펴보자.

근저당권의 설정과 말소가 반복되고 있고, 근저당권자 또한 은행부터 개인까지 다양하다. 이런 내용이 내가 전세로 들어가려는 집의 등기부등본에 명기되어 있을 때 어떠한 부분이 위험할 수 있을지 알아보자.

순위번호	등기목적	접수	등기원인	권리자 및 기타사항
1	근저당권설정		근저당권 설정	채권최고액 금 원 / 채무자 / 근저당권자 은행
2	근저당권설정		근저당권 설정	채권최고액 금 원 / 채무자 / 근저당권자 개인1
3	2번근저당권설정등기말소		근저당권 말소	
4	근저당권설정		근저당권 설정	채권최고액 금 원 / 채무자 / 근저당권자 개인2
5	4번근저당권설정등기말소		근저당권 말소	
6	근저당권설정		근저당권 설정	채권최고액 금 원 / 채무자 / 근저당권자 개인3
7	근저당권설정		근저당권 설정	채권최고액 금 원 / 채무자 / 근저당권자 개인4
8	6번근저당권설정등기말소		근저당권 말소	
9	7번근저당권설정등기말소		근저당권 말소	
10	근저당권설정		근저당권 설정	채권최고액 금 원 / 채무자 / 근저당권자 개인5
11	근저당권설정		근저당권 설정	채권최고액 금 원 / 채무자 / 근저당권자 개인6

전월세 계약 시 조심해야 할 등기부등본 예

근저당은 물권의 한 종류이다. 해당 물권에 대해서는 책 서두에서도 다루었다. 물권은 특정한 물건을 직접 지배하여 이익을 얻는 것을 내용으로 하는 절대적이고 배타적인 권리를 말한다. 즉, 물건을 사용/수익/처분할 수 있는 권리이다. 물권의 정의를 예로 설명하기에 앞서 물권의 8가지 종류부터 살펴보자.

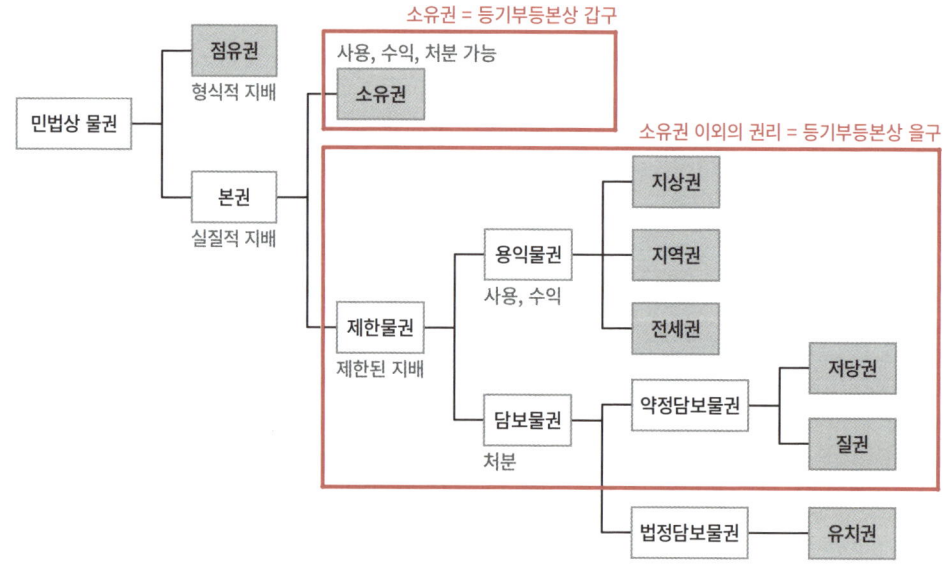

물권의 종류

물권은 총 8가지[물권법정주의]로 이뤄져 있으며, 간단히 설명하면 다음과 같다.

구분	종류(8)	등기부	내용	인정되는 물건
형식적 지배				
점유권		X	부동산에 대한 권리 유무를 불문하고 사실상 지배하고 있는 상태 기준으로 결정되는 권리	동산, 부동산
실질적 지배(본권)				
소유권		O(갑구)	물건을 사용, 수익, 처분할 수 있는 권리	동산, 부동산
제한물권 중 용익물권 (사용,수익)	지상권	O(을구)	타인의 토지를 사용할 권리	부동산(토지)
	지역권		자신의 토지의 편익을 위해 타인의 토지를 이용하는 권리	부동산(토지)
	전세권		전세금으로 타인의 부동산을 사용/수익하고 만기 시 전세금을 우선 변제받을 수 있는 권리	부동산
제한물권 중 담보물권 (처분)	저당권		채권 변제가 없으면 담보물로부터 우선 변제받을 수 있는 권리	부동산
	질권			동산 등
	유치권	X	물건 점유자가 그 물건에 관한 채권을 변제받을 때까지는 그 물건을 반환하지 않을 권리	동산, 부동산

물권 8가지

등기부등본에는 물권 8가지 권리 중 일부만 기재된다.

   1) 갑구(소유권에 관한 사항) : 소유권
   2) 을구(소유권 이외의 권리에 관한 사항) : 지상권, 지역권, 전세권, 저당권, 질권

물권이 변동되면 언제나 외부에서 인식할 수 있도록 꼭 등기부등본을 변경[공시의 원칙]해야 한다. 그렇기에 우리가 아파트를 살 때 매수인은 향후 소유권을 주장하기 위해 당초 집주인 명의에서 매수인 명의로 소유권이전 등기를 하는 것이다.

다시 돌아와 물권의 의미에 대해 소유권, 전세권을 예로 들어 살펴보자.

소유권과 전세권의 비교

예로 A가 집을 한 채 가지고 있는 경우 이는 소유권을 가지고 있다고 말할 수 있다. 이때 A는 자신의 주택에 거주하며 '사용'할 수도 있고, 혹은 집을 세를 놓아 임대료 '수익'을 얻을 수도 있다. 상황에 따라서는 주택을 '처분'하여 양도차익을 얻을 수도 있다. 이처럼 소유권을 가지고 있는 사람은 물건을 사용/수익/처분할 수 있고, 이를 누구에게나 주장할 수 있는 배타적 권리 또한 가지고 있다.

허나 모든 물권이 사용/수익/처분의 권리를 가지고 있는 것은 아니다. 사용/수익/처분 중 일부의 권리만 지닌 물건을 제한물권이라 부르며, 제한물권은 용익물권과 담보물권으로 나눌 수 있다.

지상권, 지역권, 전세권 3가지를 '용익물권'이라 부르는데, '사용/수익'에 대한 권리만 지니고 있다. 이때 사용의 '용', 수익의 '익'을 따서 용익물권이라 부른다. 지상권을 예로 보면 타인의 토지를 사용하기 위해 타인의 토지 등기부등본에 지상권을 설정해 둔다. 대표적인 예로는 한국전력공사에서 송전탑을 설치한 후 해당 토지에 설정한 구분지상권이다. 여기서 구분이란 지하/지상을 나눈다는 이야기이다. 당연 송전탑 관련 지상권은 지상에 해당된다.

송전탑이 국가 소유 토지에만 설치된다면 문제가 없겠으나, 때에 따라서는 개인소유 토지에도 설치가 필요한 경우가 있다. 이때 토지 소유주로부터 해당 토지를 사용하겠다는 동의를 얻어 토지 등기부등본상 지상권을 설정한 후 송전탑을 설치한다. 그리고 토지 사용료에 해당하는 지료금을 당연 지불한다.

【 을 구 】	(소유권 이외의 권리에 관한 사항)			
순위번호	등 기 목 적	접 수	등 기 원 인	권리자 및 기타사항

1	구분지상권설정	2017년	2017년
			토지사용
				목 적 전기공작물(송전선)의 건설과 소유
				범 위 토지의 서쪽 송전선이 통과하는 ㎡
				         지표면의 상공 40미터이상
				         69미터이하의 공중공간
				존속기간 사용개시일로부터 전기공작물의
				         존속기간까지
				지 료 금 원정
				지상권자 한국전력공사
				         전라남도 나주시 전력로 55(빛가람동)
				도면제 호

등기부등본의 지상권 예

지상권에 명기되는 내용들은 다음과 같다.

1) 목   적 : 전기공작물(송전선)의 건설과 소유
2) 범   위 : 송전선이 통과하는 XXXm² 지표면의 상공 XX~XX미터의 공중 공간
3) 존속기간 : 사용개시일로부터 전기공작물의 존속기간까지
4) 지 료 금 : XXX,XX0원정
5) 지상권자 : 한국전력공사
6) 도   면 : 제2017-XXX호

다음으로 유치권, 질권, 저당권 3가지를 담보물권이라고 하는데, '처분'에 대한 권리만 지니고 있다. 돈을 빌려준 후 이에 대한 담보를 위해 설정한 물권이며, 해당 돈을 갚지 않으면 담보물을 경매 등에 넘겨 우선해서 변제[물권의 우선적 효력]받을 수 있다. 저당권 중 하나인 근저당을 예로 보면, 채권자가 부동산을 담보로 돈을 빌려준 후 해당 담보 부동산 등기부등본상 근저당을 설정해 둔다. 대표적인 예로는 은행이 근저당권자인 경우이다. 개인 등이 본인 소유의 아파트를 담보로 은행에서 돈을 빌리면, 은행은 빌려준 돈을 돌려받기 위한 안전장치로 집합건물 등기부등본상 근저당을 설정하는 것이다.

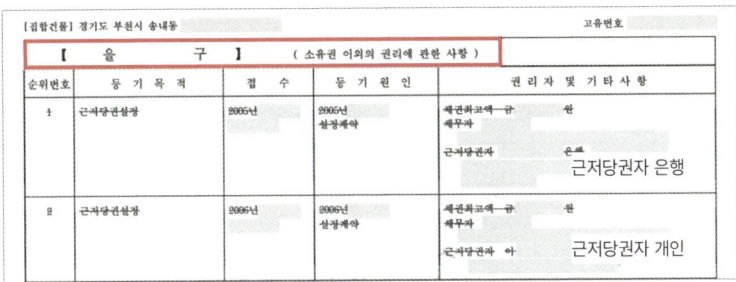

등기부등본상 근저당 예

근저당권 내 명기되는 내용들은 다음과 같다.

1) 채권최고액 : 금액 XXX,XXX,000원
2) 채무자 : OOO
3) 근저당권자 : OO은행 및 주소

채권최고액은 빌려준 돈 포함 이자 등의 각종 비용까지 감안하여 원금의 120% 내외로 설정한다. 대출금이 1억 원이면 채권최고액은 1.2억 원이 될 것이다. 이때 채무자는 돈을 빌린 사람이고, 근저당권자는 은행이다. 물론 근저당권자(돈을 빌려준 자)는 개인이 될 수도 있다.

채무자가 빌린 돈을 갚지 않는 경우, 은행은 처분 권리를 가지고 담보 부동산을 경매에 넣어 빌려준 돈을 회수한다.

다시 사연으로 돌아와 보자. 내가 전세로 들어가려는 집의 등기부등본에서 근저당권의 설정과 말소가 반복되고 있을 때 어떠한 부분이 위험할 수 있을까? 일반적으로 돈을 빌리는 행위[대출]는 아파트를 사면서 부족한 돈을 메우기 위함이다. 그 이후 크게 해당 근저당이 변경되는 상황은 거의 발생하지 않는다.

순위번호	등 기 목 적	접 수	등 기 원 인	권리자 및 기타사항
1 (전 3)	소유권이전		매매	소유자
2	압류		압류 설정	권리자
3	2번압류등기말소		해제 압류 말소	
4	압류		압류 설정	권리자
5	4번압류등기말소		해제 압류 말소	
6	압류		압류 설정	권리자
7	6번압류등기말소		해제 압류 말소	
8	압류		압류 설정	권리자
9	임의경매개시결정		경매개시 결정 자선의 임의경매개시결정(타청)	채권자
10	8번압류등기말소		해제 압류 말소	
11	9번임의경매개시결정등기말소		경매개시 결정 만료	
12	임의경매개시결정		경매개시 결정 자선의 임의경매개시결정(타청)	채권자
13	12번임의경매개시결정등기말소		경매개시 결정 만료	

전월세 계약 시 조심해야 할 등기부등본 예

허나 현 공매물건은 등기부등본 을구에서 근저당이 거의 매년 설정~말소~재설정 반복된다. 금액도 계속 증가되고, 나아가 근저당권자 또한 은행 및 개인 다양하다. 심지어 경매 절차까지 간 적도 있다. 소유주는 어떠한 사유로 인해 지속적으로 돈이 필요하였던 것으로 보인다. 이에 계속 집을 담보로 돈을 빌렸으나, 갚지 못해 경매까지 넘어갔다가 다시 갚아 취하된 것이다.

등기부등본 갑구를 살펴보면 상황이 유사하다. 세금 체납으로 인한 압류가 설정~말소~재설정 동일하게 반복된다. 결국 해당 집은 언제든 경매 혹은 공매에 넘어갈 우려가 큰 집이었다.

하지만 A가 전세를 들어가는 시점에 우연히 등기부등본에 크게 문제가 없는 것처럼 잠시 정리가 되었나 보다(물론 우연이 아니라 임의로 그렇게 만들어뒀을 수도 있다). 이를 보고 A가 전세를 들어왔지만, 결국 세금 체납 사유로 해당 부동산은 공매 절차[집행절차]가 진행되었다.

소유주가 과거에 겪은 상황(근저당, 압류 등의 설정~말소~재설정 등)이 미래에 반복되지 않을 수도 있다. 허나 다시 반복될 우려 또한 있다. 미래는 소유주 당사자 외 누구도 예측하기 힘들다. A는 소유주와 신뢰가 쌓여 있는 사이가 아니라면 과거를 한 번 더 짚어봤어야 한다. 등기부등본상 과거 기록이 좋지 않았고, 향후에도 그러할 확률이 높은 상황에서 계약을 진행했던 점이 아쉽다.

파트 요약 및 주의 사항

✏️ 파트 요약
1) 물권의 정의 : 특정한 물건을 직접 지배하여 이익을 얻는 것을 내용으로 하는 배타적 권리
   (물건을 사용/수익/처분할 수 있는 권리)
2) 물권의 특성
   - 물권법정주의 : 법률로 정한 8가지만 물권으로 인정
   - 공시의 원칙 : 물권의 변동이 있는 경우 제3자가 인식할 수 있도록 등기를 통해 외부에 공시
   - 물권의 우선적 효력 : 시간적으로 먼저 성립한 물권이 나중에 성립한 물권에 우선
   - 경매청구권 : 저당권자 등은 채권의 변제를 받기 위하여 담보물의 경매청구 가능
3) 물권의 종류
   - 형식적 지배 : 점유권①
   - 실질적 지배 : 소유권②과 제한물권(용익물권과 담보물권)
     * 용익물권 : 지상권③, 지역권④, 전세권⑤
     * 담보물권 : 저당권⑥, 질권⑦, 유치권⑧

✏️ 주의 사항
1) 임차인 측면 : 전월세 등 임차 대상 부동산의 등기부등본상 압류, 경매개시결정 등 설정~말소~재설정이 반복될 시 주의할 필요
2) 임대인/투자자 측면 : 투자 부동산의 잔금까지 납부한 경우 조속히 소유권[물권]이전등기를 진행해야 함. 소유권 이전등기 전 다른 권리가 침범해온 경우 직접 지배하며 누릴 수 있는 소유권의 배타적 권리[사용/수익/처분]를 침범받을 수 있음

| Action Plan | 내가 살고 있는 집의 등기부등본 발급하기 |

1. 인터넷등기소 접속 > 로그인 > 열람하기 또는 발급하기 선택

* 열람하기 : 단순 열람, 수수료 700원
* 발급하기 : 관공서 등 제출용, 수수료 1,000원

2. 주소 입력 후 검색 클릭

* 공동담보/전세목록, 매매목록이 필요한 경우 선택옵션 클릭

3. 원하는 소재지번 선택

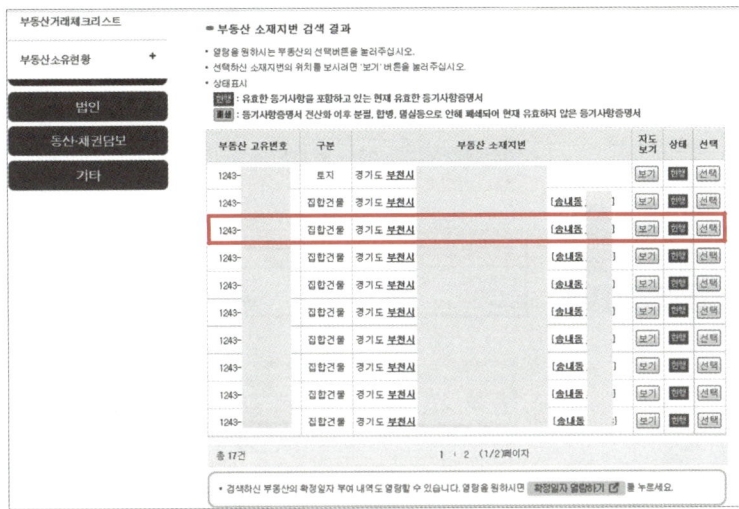

4. 최종 소유자 확인 > '선택' 클릭

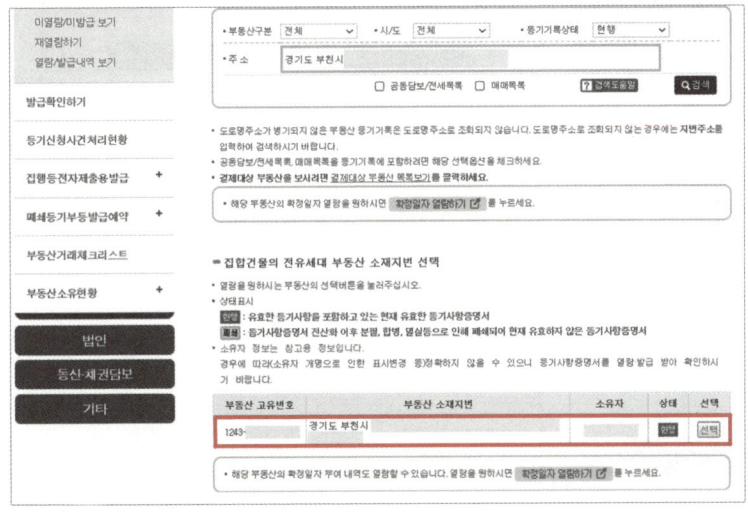

5. 등기기록 유형 선택 > 말소사항포함 전부 클릭 > 다음 클릭

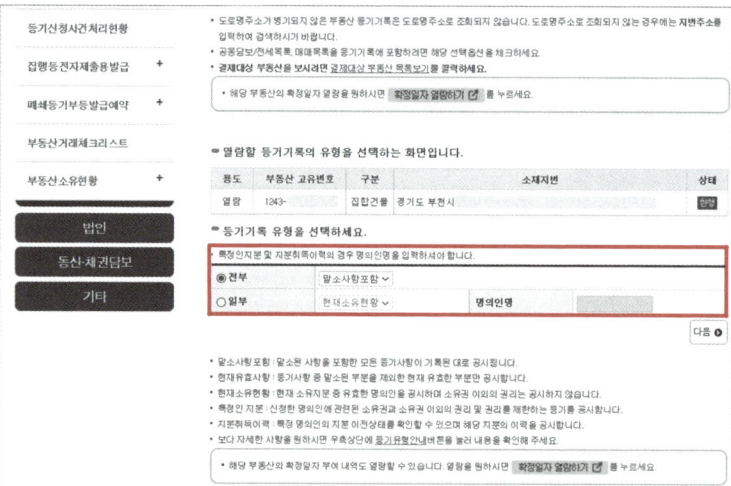

6. (주민등록번호를 아는 경우 외) 미공개 선택 > 다음 클릭

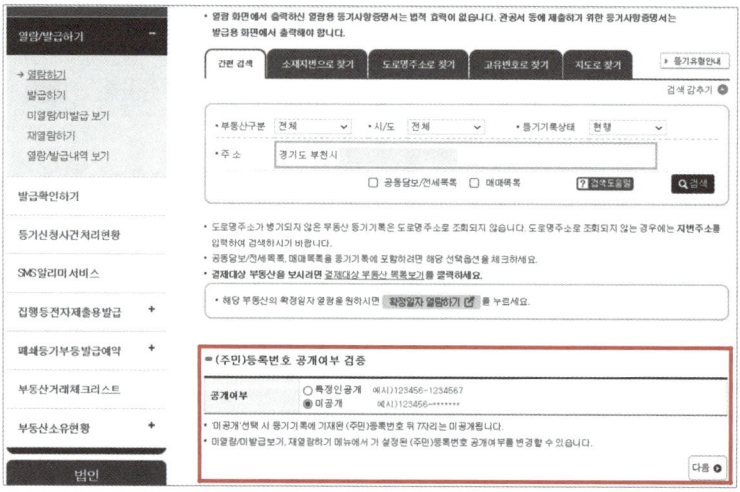

7. 결제 방법 선택 후 결제 진행

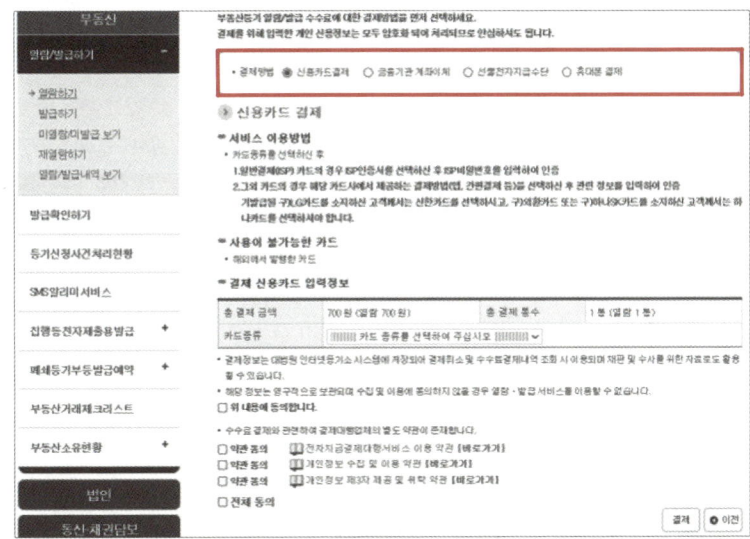

8. 등기부등본 발급(요약 체크 후 발급 시 살아있는 권리만 나열된 요약표 열람 가능)

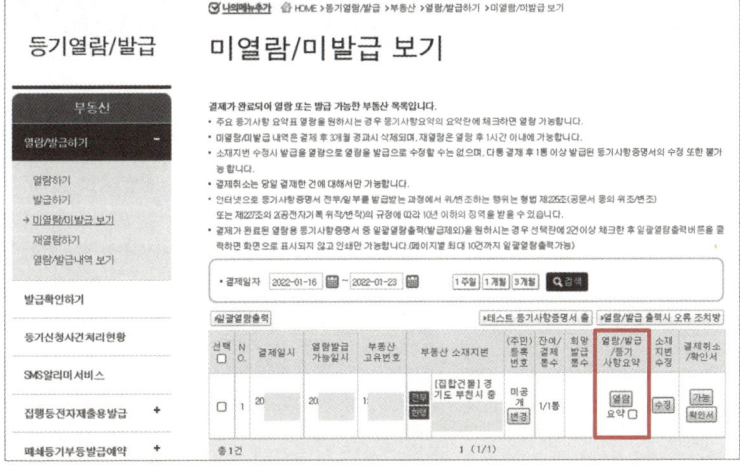

기초편 마무리 — 온비드에 가입해 보자

1. [회원가입] 온비드 접속 > 회원가입 클릭 > 개인/개인사업자/법인사업자 중 선택 > 작성

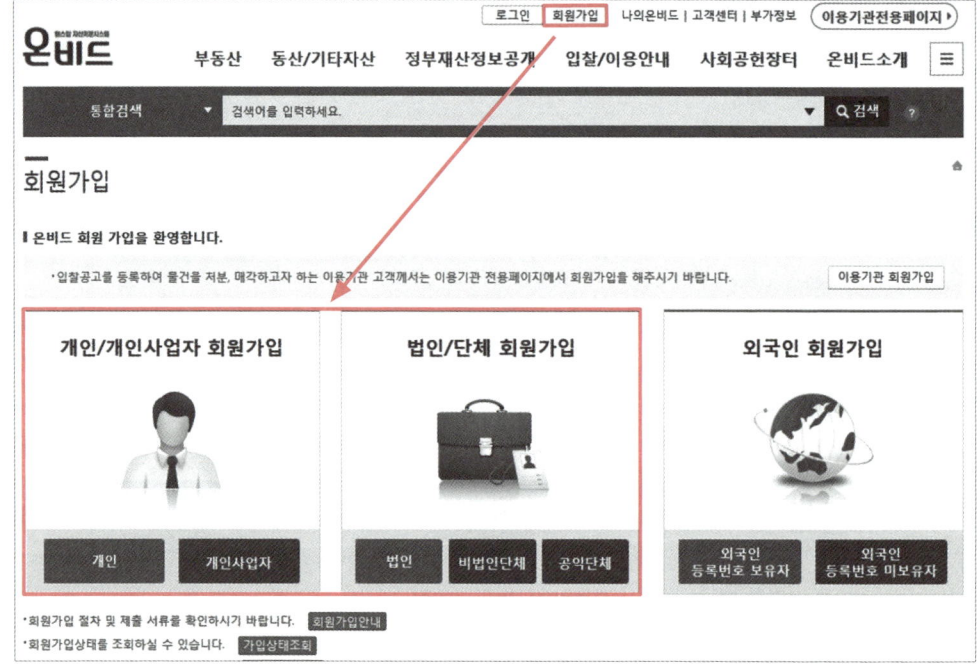

2. 개인/법인사업자의 경우 관련 서류 제출(팩스 또는 온라인 제출) 후 별도 승인 받기

회원가입신청서

기관정보			
접수번호	2019-	회원유형	법인
회사명	(주)		
사업자등록번호		법인등록번호	
업종	부동산업	업태	부동산업 및 임대업
전화번호		FAX 번호	
대표이메일	@naver.com		
본사주소	도로명		
	지번		

신청자정보(소속회원)			
회원 ID		주민등록번호	
성명		전화번호	
소속부서			
FAX 번호		이메일	@naver.com
근무지주소	도로명		
	지번		

위의 기재 내용과 같이 온비드 회원가입을 신청하며, 이용약관을 충분히 숙지하고 이를 준수 할 것을 약속합니다.

첨부서류: 1. 회원가입신청서(필수)
2. 사업자등록증 또는 고유번호증 사본(고유번호증인 경우 법인등기부등본 첨부)(필수)
3. 법인인감증명서(필수)
4. 법인등기부등본

첨부서류: 1. 회원가입신청서(필수)
2. 사업자등록증 또는 고유번호증 사본(고유번호증인 경우 법인등기부등본 첨부)(필수)
3. 법인인감증명서(필수)
4. 법인등기부등본

한국자산관리공사 귀중
팩 스: 0303-0342-5000
접수처: (35234) 대전광역시 서구 둔산서로 37 , 3층 온비드고객지원센터 (둔산동)

상기 자의 회원가입을 승인함
년 월 일

3. [온비드용 공인인증서 발급] 온비드 접속 > 입찰/이용안내 클릭 > 인증서안내/신청 클릭

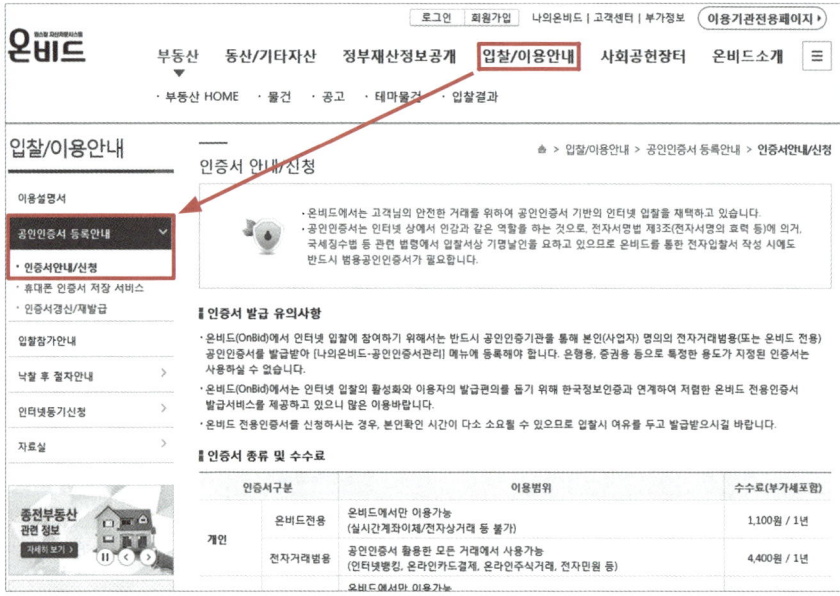

4. 인증서 신청 클릭 (온비드전용 또는 전자거래범용만 사용가능, 일반적으로 온비드전용 선택)

▌인증서 종류 및 수수료

인증서구분		이용범위	수수료(부가세포함)
개인	온비드전용	온비드에서만 이용가능 (실시간계좌이체/전자상거래 등 불가)	1,100원 / 1년
	전자거래범용	공인인증서 활용한 모든 거래에서 사용가능 (인터넷뱅킹, 온라인카드결제, 온라인주식거래, 전자민원 등)	4,400원 / 1년
사업자/ 기업/법인	온비드전용	온비드에서만 이용가능 (실시간계좌이체/전자상거래 등 불가)	11,000원 / 1년
	전자거래범용	공인인증서 활용한 모든 거래에서 사용가능 (인터넷입찰, 인터넷뱅킹, 온라인카드결제, 온라인주식거래, 전자민원 등)	88,000원 / 1년

인증서 신청

* 공인인증서 종류 (개인/사업자, 년)

1) 은행/증권용 : 온라인거래 (무료)
2) 온비드전용 : 온비드 (1,100원/11,000원)
3) 전자거래범용 : 온비드+온라인거래 (4,400원/88,000원)

5. 한국정보인증[11] 사이트 연결 > 개인 또는 사업자를 위한 온비드전용 공인인증서 신청하기 클릭

6. 절차 완료 후 신청서 출력 > 근처 기업은행 또는 우체국 제출 > 접수증 받기

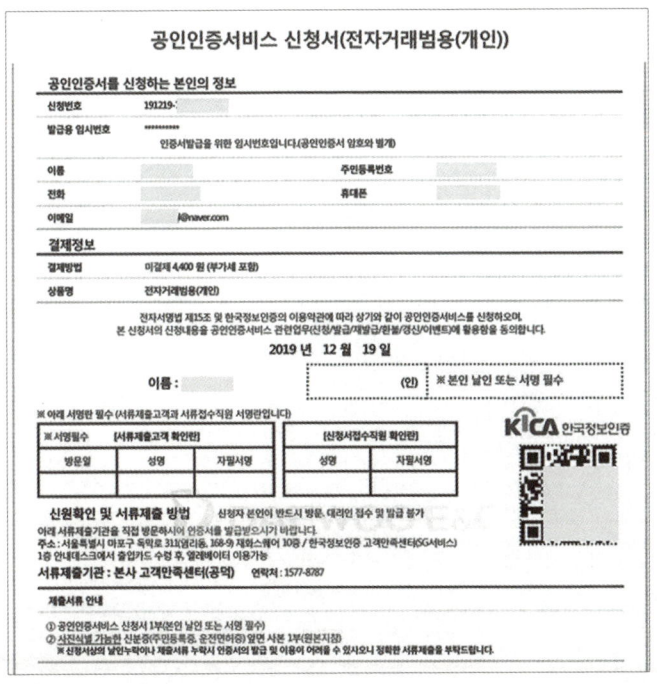

---

[11] 한국정보인증 : www.signgate.com

7. 한국정보인증 접속 > 발급 클릭 > 접수증에 기재된 등록번호 입력 > 공인인증서 발급

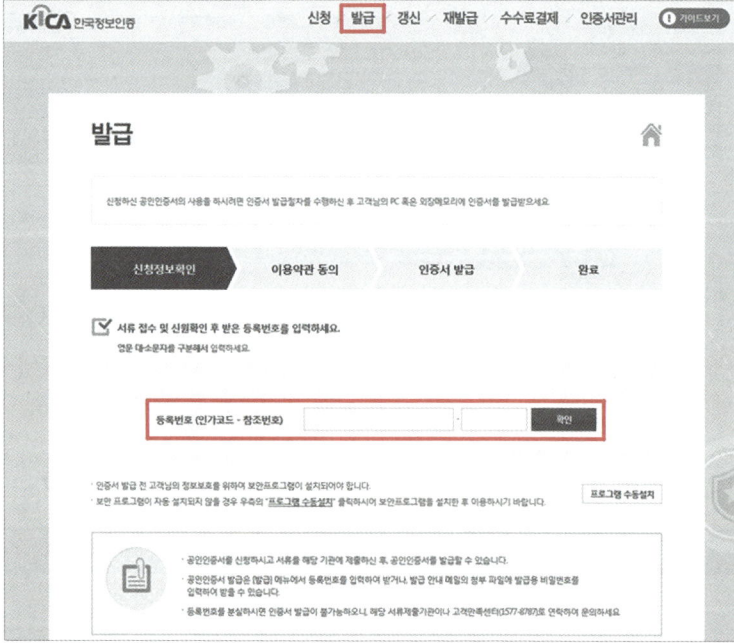

8. 공인인증서 갱신 또한 가능

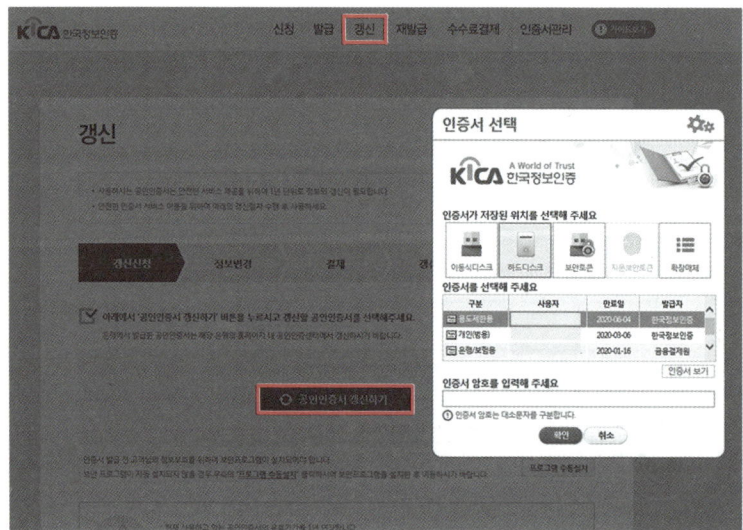

9. [공인인증서 복사] 온비드 로그인 > 나의온비드 클릭 > 공인인증서관리 > 인증서복사 선택

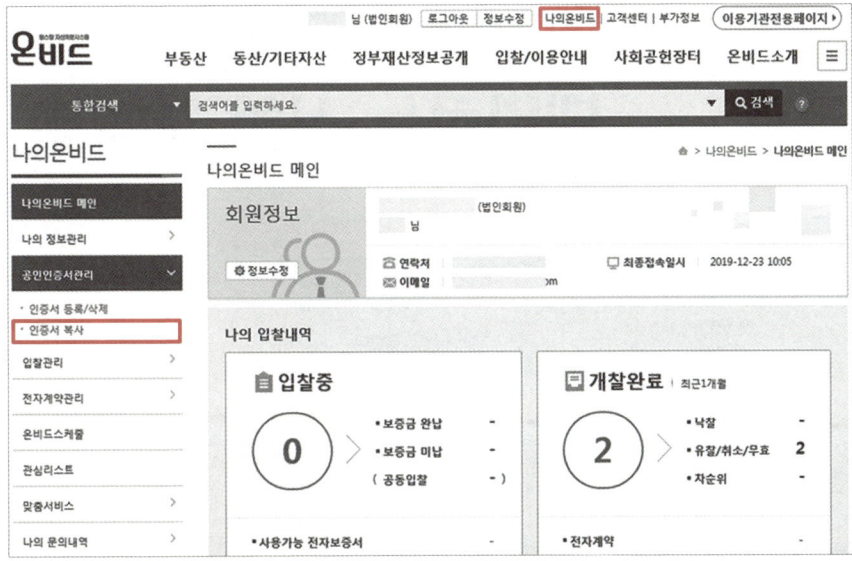

10. 'PC > 스마트폰' 또는 '스마트폰 > PC' 로 공인인증서 복사

심/화/편

예기치 못한 사건에
대비하는 심화 교양 쌓기

C/H/A/P/T/E/R 04

등기부등본 말고
대장 등도 살펴보자

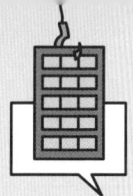

사례 06

집 문패는 분명 201호인데, 건축물대장에는 202호?
- 건축물대장

사연 물건 (상기 물건은 다음 사연과 정확히 일치하지 않을 수 있습니다)

15년 가까이 내 집으로 알고 살던 보금자리가 사실은 내 집이 아니라면, 또 집을 비워주는 것도 모자라 그동안 살아온 임대료까지 내야 한다면 집주인은 얼마나 당혹스러울까? 경기도 포천시의 전체 16세대가 모여 사는 다세대 빌라에서 집을 지을 당시 벌어진 어처구니없는 실수로 다음과 같은 일이 벌어졌다.

어느 날 낯선 남성이 찾아와 공매로 A의 집을 낙찰받았다며 비워줄 것을 요구한다. A의 원래 집은 옆 세대이고, A가 현재 살고 있는 집은 공매로 매각되었다는 것이다. A는 당연히 낯선 남성의 말을 믿지 않았다. 1년쯤 지났을까 어느 날 법원으로부터 느닷없이 서류 한 장이 날아온다. 그는 소송을 통해 집을 비워줄 것과 그동안 거주한 임대료까지 지급하라는 것이다. 소장에는 수천만 원에 해당하는 임대료가 적혀 있었고, 심지어 최종 법원은 낯선 남성의 손을 들어줬다.

좌우가 뒤바뀐 집. 이런 일이 생기게 된 원인은 황당하게도 문 앞에 붙여 놓은 문패에 있었다. A가 살고 있는 집은 밖에서 계단을 바라보고 오른쪽에 위치한 201호. 등기부등본의

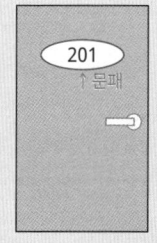

문패 예

201호 또한 A의 소유이나, 문제는 건축물대장이었다. 건축물대장 내 도면을 보니 A 집 201호는 오른쪽이 아니라 왼쪽에 위치해 있었다.

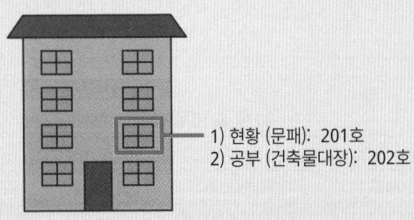

현황과 공부의 차이

이런 어처구니없는 일은 집을 지을 당시 건설사가 별 관심 없이 좌우 현관문의 문패를 서로 바꿔 붙여 놓는 바람에 일어나서, 이제까지 모든 세대가 뒤바뀐 집에서 살고 있었던 것이다. 허나 책임의 당사자인 당시 건설사는 이미 부도가 나서 없어진 상황이다.

아래는 해당 세대의 건축물대장 내 도면(건축물현황도)이다. 참고로 건축물대장 내 도면의 경우는 집주인과 임차인 정도만 열람이 가능하다. 도면에서 201호는 계단실을 중심으로 왼쪽이지만, 201호 문패를 202호에 붙여 놓아 이런 상황이 발생한 것이다. 오래된 빌라 등에서는 이러한 문제가 왕왕 발생한다.

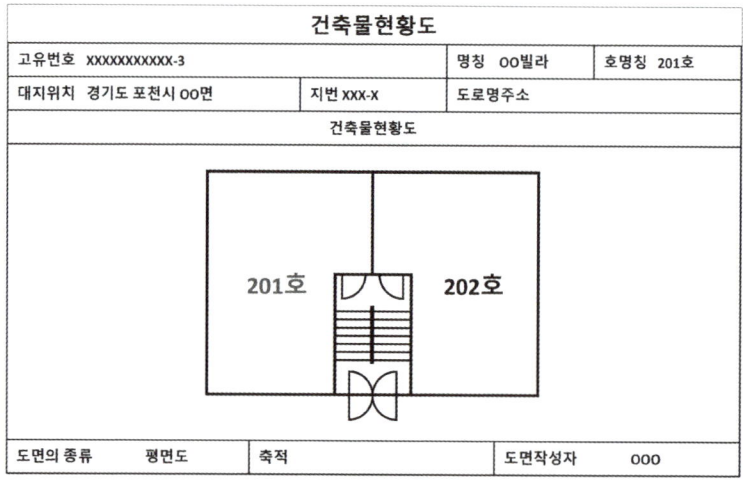

현 사연의 건축물대장 내 건축물현황도

해당 공매물건 입찰 당시 주의 사항에도 적혀 있다.

주의 사항

1. 본건은 권리신고한 임차인의 서류에 의하여 대항력 있는 임차인이 있을 수 있으므로 사전조사 후 입찰바람(20XX. XX.XX 임차인 배분요구 철회 요청)
2. 본 건물은 공부상 □동, △동은 현황 각각 ○동, ◇동으로 표기되어 있으며, 호별위치는 건축물현황도와 현황 점유 부분이 바뀌어 있음. 본 건물의 현장 표시 동 명칭 및 호 명칭이 집합건축물대장상의 건축물현황도와 상이함. 등기부등본 기준 매각이오니 사전조사 후 입찰 바람.

현 사연의 입찰공고 주의 사항 표기

앞서 부동산 거래를 할 때 필수로 확인해야 하는 공적장부를 언급한 바 있다.

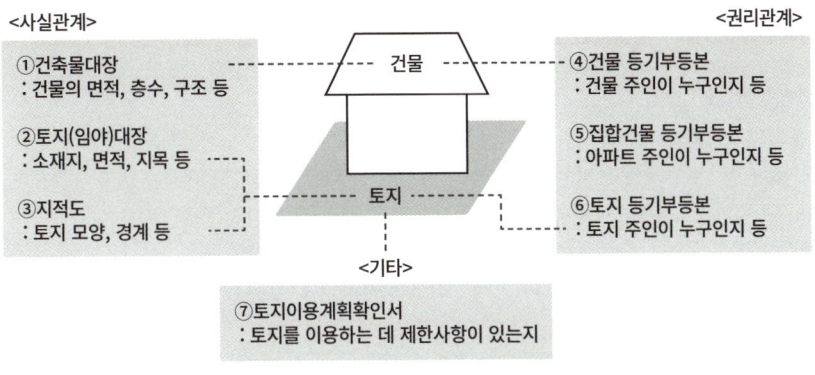

공적장부의 종류

전세 등 계약 시 사실관계와 권리관계, 둘을 따져볼 때는 서류를 달리 봐야 한다.

 1) 사실관계 = 면적, 호수 등 현황 = 건축물대장 기준
 2) 권리관계 = 누가 소유하고 있는지 등 = 등기부등본 기준

등기부등본상 주소와 건축물대장의 도면(건축물현황도) 간 내용이 일치하는지 확인하는 절차가 꼭 필요하다는 말인데, 문제는 다음과 같이 심각할 수 있다.

문패와 등기부등본상 위치가 상이한 집에 전입신고한 이후 집이 경공매에 넘어가면 임차인은 소중한 보증금을 지켜 내기 힘들 수 있다. 임차인은 전세 계약 당시 등기부등본상 근저당 등 다른 제한물권이 없음을 확인한 후 확정일자 포함 전입신고를 하였다면 우선순위로 경공매 낙찰대금에서 보증금을 받을 수 있다. 허나 내가 전입신고한 곳이 201호였으나, 실제 그 집이 202호라면 아무리 일찍 전입신고를 해도 의미가 없는 것이다.

건축물대장을 발급받는 방법은 이번 챕터의 마지막에서 다룰 예정이다.

파트 요약 및 주의 사항

✎ 파트 요약
1) 주요 공적장부[공부] 종류
    - 건축물대장 : 건물의 소재, 종류, 구조, 면적 등을 등록하여 건물의 상황을 명확하게 하는 공부
    - 토지(임야)대장 : 토지의 소재, 지번, 지목, 지적 및 소유자의 주소, 성명 등을 등록하는 공부
    - 지적도 : 토지의 소재, 지번, 지목, 경계 따위를 나타내기 위하여 국가에서 만든 평면 지도
    - 등기부등본(토지, 건물, 집합건물) : 부동산에 관한 일정한 권리관계가 적힌 문서
    - 토지이용계획확인서 : 토지의 지역, 지구 등의 지정 및 행위 제한에 관한 내용 등에 대한 확인서
2) 사실관계 vs 권리관계 (예: 주택)
    - 사실관계 = 면적, 호수 등 현황 = 건축물대장 기준
    - 권리관계 = 누가 소유하고 있는지 등 = 등기부등본 기준

✎ 주의 사항
1) 임차인 측면 : 임차 부동산의 보증금 입금 전 건축물대장 및 건축물현황도를 발급받아 임차 주택과 일치하는지 여부 확인
2) 임대인/투자자 측면 : 투자 부동산의 면적, 호수 등 사실관계는 건축물대장 기준, 누가 소유하고 있는지 등 권리관계는 등기부등본 기준이기에 이를 잘 따져 투자할 필요

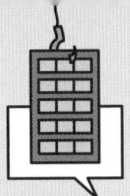

사례 07
위반건축물이라 전세대출이 안 나온다고요?
- 위반건축물

사연 물건(상기 물건은 다음 사연과 정확히 일치하지 않을 수 있습니다)

이번 물건은 임차인이 전입 들어오기 전부터 위반건축물로 지정되어 있던 다세대주택이다. 이후 임대인의 세금 체납 등 사유로 해당 부동산은 압류되었고, 최종 공매로 매각되었다.

다음의 공매물건 입찰 주의 사항에도 언급된 바와 같이 이러한 '위반건축물'은 무엇이며, 경공매/매매/임대에서 위반건축물을 다룰 시 주의할 사항은 무엇인지 알아보자.

주의 사항

- 본건은 건축물대장 201X.XX.XX. 주택과 - XXXXX호에 의거 위반건축물 표기됨
- 임대차 여부 및 임차인 대항력 유무 등을 사전 확인 후 입찰 바람

현 사연의 입찰공고 주의 사항 표기

일단 위반건축물이라 하면 최초에 건물을 짓기 위해 건축 허가를 받거나 신고를 한 내용과 다르게 건폐율이나 용적률을 초과한 경우, 또는 허가를 받지 않거나 신고 없이 용도변경 등을 한 경우를 말한다. 해당 건물들은 다음과 같이 건축물대장을 열람해 보면 위반건축물이라 명기되어 있다.

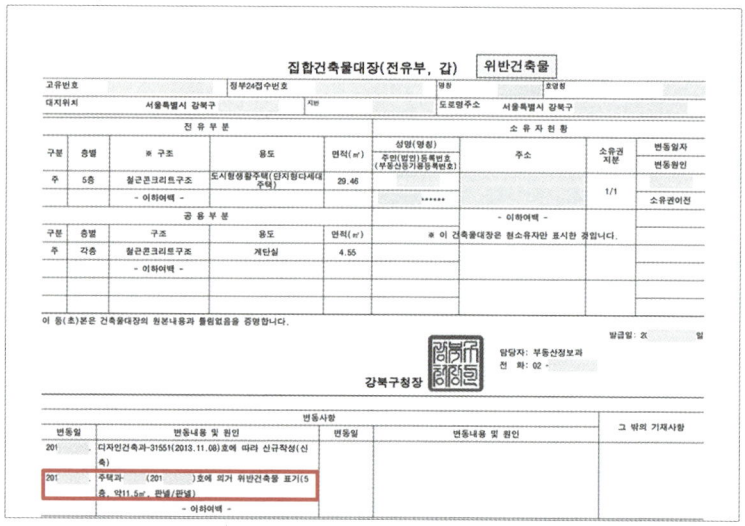

건축물대장상 위반건축물 표시 예

이러한 위반건축물의 예시는 다음과 같다.

구분	위반건축물 예시[3]	
허가나 신고 없이 증축	 <베란다 무단 증축>	 <컨테이너 무단 증축>
허가나 신고 없이 대수선	가구1 | 가구2 복도 가구3 | 가구 → 가구1 | 가구2 복도 가구3 | 가구 <무단으로 경계벽을 증설하여 가구 수 증가>	
허가나 신고 없이 용도변경	 <근린생활시설을 주거용으로 용도변경>	 <고시원 호실 내에 취사도구 설치>
그 밖의 사례	 <신고 없이 높이 2m 넘는 담장 축조>	 <조경 의무 면적 훼손>

[3] 출처: [위반건축물 예방사례집], 광주광역시, 2020년

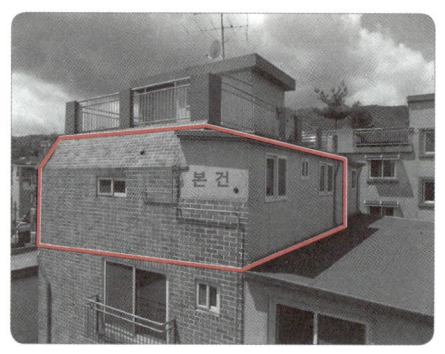

위반건축물 예

현 사연은 위반건축물 예시 이미지 중 첫 번째에 해당하는 '허가나 신고 없이 증축한 사례'로 보인다. 아랫집보다 윗집의 바닥 면적이 줄어 생긴 베란다는 확장이 불가함에도 판넬 등으로 증축한 것이다.

1) 발코니는 확장 가능
2) 베란다는 확장 불가

(사례 07-여기서 잠깐! 참조)

이러한 위반건축물은 주민 신고, 항공촬영, 공무원 정기점검 등에 의해 적발된다. 적발된 이후는 건축물대장에 위반건축물이 표시되고 시정명령이 떨어진다. 계속해서 어길 시 소유주에게 이행강제금이 부과되고 자진철거 전까지 이행강제금을 계속 납부해야 한다. 미납 시 지방세 체납처분에 따라 재산압류, 공매처분 등 강제 징수될 수 있다.

그 밖에 다음과 같은 다양한 제한사항 또한 있을 수 있다.

1) 소유주, 담보 대출 제한
2) 임차인, 전세대출 및 보증보험 가입 제한
3) 식당 영업허가 등 각종 인허가 제한
4) 취득 후 위반건축물 미시정 시 매도 난해 등

일반 매매 혹은 경공매 등으로 매수 시 해당 책임이 전 주인에서 최종 매수인으로 승계되기에 매수 전 건축물대장 포함 공적장부 모두를 꼼꼼히 살펴야 한다. 임차인으로서는 전세대출 등의 제한이 있을 수 있으므로 계약 전 위반건축물 여부를 따져봐야 한다. 위반건축물에 임대차계약을 꼭 해야 하는 경우 '잔금 전 원상복구 특약조건'을 걸어 두는 것도 방법이다.

대출 제한이 어떠한 문제가 있는지 예를 들어보면 다음과 같다. A는 임차인으로 입주하려는 시점에 운 좋게 은행에서 전세대출을 받았다. 허나 A가 이사 나가려는 시점에 집주인이 다음 임차인을 구하려는데 은행에서 위반건축물임을 인지하고 전세대출을 해주지 않을 수 있다. A가 해당 집에서 계속 살아도 된다면 문제없지만, 이사를 가야 한다면 보증금을 받아야 한다. 허나 집주인은 다음 임차인을 받지 않는 이상 보증금으로 내줄 돈이 없다. A는 최악의 경우 전세보증금 반환 소송을 통해 판결문을 받아 집을 경매에 넘겨 보증금을 회수해야 한다. 시간도 소요될뿐더러 보증금 전액을 돌려받지 못할 수도 있다. 생각만 해도 끔찍하다.

하지만 이렇게 생각해 볼 수도 있다. 위반건축물 시정 비용을 알아보니 금액이 크지 않은데, 위반건축물이라는 이유로 매매가 혹은 경공매 최저입찰가가 많이 떨어진 경우도 있을 수 있다. 그럼 내가 시세보다 저렴하게 매입하여 시정 후 위반건축물 딱지를 떼는 방법도 생각해 볼 수 있다.

파트 요약 및 주의 사항

✏️ **파트 요약**

1) 위반건축물
    - 최초에 건물을 짓기 위해 건축 허가를 받거나 신고를 한 내용과 다르게 지어진 경우
    - 당초 허가를 받지 않거나 신고 없이 용도변경 등을 한 경우
2) 행정처분 절차
    - 항공촬영, 주민 신고 등으로 적발
    - 건축물대장상 위반건축물 등재 + 시정명령
    - 이행강제금 부과 계고[일종의 경고 조치]
    - 철거 전까지 이행강제금 부과
    - 미납 시 압류 + 공매처분

✏️ **주의 사항**

1) 임차인 측면 : 위반건축물의 경우 전세자금 대출 불가 등 제약이 있어 임대차계약 전 건축물대장을 발급받아 확인
2) 임대인/투자자 측면 : 집합건물의 경우 위반건축물을 시정하기 위해 타 지분권자의 동의, 인허가 절차 기간 등을 추가로 따져봐야 함

여기서 잠깐! 발코니와 베란다의 차이

보통 빌라는 전용면적이 넓지 않기에 서비스로 주어지는 '발코니'의 면적을 포함한 실사용 면적이 얼마나 되는지가 중요하다.

여기서 발코니는 '베란다'와 헷갈릴 수 있는 개념이니 비교해서 알아보자.

공동주택의 발코니는 매 층이 연속되어 외벽이 돌출되어 있는 것이다. 1.5m까지의 외벽 돌출은 전용면적에 산입이 되지 않아 서비스 면적이 되고 확장 또한 가능하다.

베란다는 위층 집의 면적이 아래층보다 줄어들어 생겨난 아래층의 지붕 면적이다. 해당 면적은 확장이 불가하다. 위반건축물 대부분이 베란다를 확장해서 발생한다.

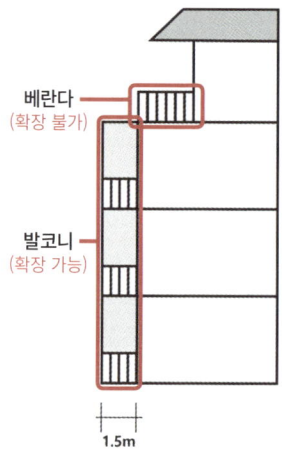

발코니와 베란다 차이

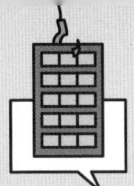

사례 08

임차 주택이 '집'이 아니라 '상가'였다니?
- 근린생활시설 불법용도변경

사연 물건(상기 물건은 다음 사연과 정확히 일치하지 않을 수 있습니다)

현 사연 또한 위반건축물 관련 내용으로, 건축물대장에는 근린생활시설로 기재한 것을 주거용으로 불법 용도변경하여 임대를 준 임차 주택이 임대인의 세금 체납 등 사유로 공매로 매각된 건이다.

공매물건 입찰 주의 사항에도 해당 내용은 다음과 같이 명기되어 있다. 왜 이런 상황이 발생되었는지 자세히 알아보자.

> **주의 사항**
> - 건축물대장상 용도 `제2종 근린생활시설(사무소)`이나, 현황 `공동주택`으로 이용 중임
> - 본건은 점유자의 주민등록 등재 사실에 의하여 대항력 있는 임차인이 있을 수 있으니 사전조사 후 입찰 바람

현 사연의 입찰공고 주의 사항 표기

일단 건축물대장을 발급받아보니 제2종근린생활시설(사무소)로 되어있다. 다만 불법 용도변경한 사항이 아직 적발되지 않았는지 건축물대장에는 노란 딱지가 붙어있지 않다.

현 사연의 건축물대장

전입세대열람(사례 03-여기서 잠깐! 참조) 내역을 떼어보니 임차인이 주거용으로 사용하며 전입신고까지 완료한 상황이다. 다시 말해 주택이 아닌 근린생활시설을 주거용으로 쓰고 있다는 이야기이다.

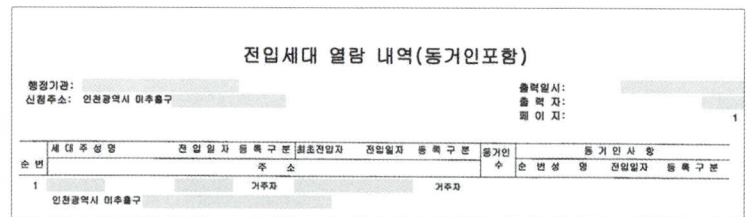

현 사연의 전입세대열람

먼저 주거로 쓰이는 주택과 근린생활시설과의 차이를 알아보자. 주택은 이전에도 다룬 적 있듯

이(사례 04-여기서 잠깐! 참조) 용도별 건축물상 단독주택(단독주택, 다가구주택 등)과 공동주택(아파트, 연립주택, 다세대주택 등)으로 나뉜다. 용도별 건축물상 근린생활시설(근린+생활+시설)은 쉽게 말해 상가를 말하고, 주거지역 가까운 곳(근린)에 위치하며 주민 생활에 편의를 줄 수 있는 시설물들이다. 다만 제1종은 주민의 생활에 꼭 필요한 시설물이며, 제2종은 꼭 필요하지는 않지만 없으면 불편할 수 있는 시설물이다.

용도별 건축물의 종류 - 건축법 시행령 [별표 1]

1. **단독주택** : 단독주택, 다중주택, 다가구주택, 공관
2. **공동주택** : 아파트, 연립주택, 다세대주택, 기숙사
3. **제1종 근린생활시설** : 소매점, 미용원 등 주거에 인접해 주민 생활에 편의를 줄 수 있는 시설물
4. **제2종 근린생활시설** : 공연장, 사진관 등 편의를 제공하나 1종 대비 생활에 덜 밀접한 시설물
5. 문화 및 집회시설
6. 종교시설
7. 판매시설
8. 운수시설
9. 의료시설
10. 교육연구시설(제2종 근린생활시설에 해당하는 것은 제외한다)
11. 노유자시설
12. 수련시설
13. 운동시설
14. 업무시설
15. 숙박시설
16. 위락시설
17. 공장
18. 창고시설(위험물 저장 및 처리 시설 또는 그 부속용도에 해당하는 것은 제외한다)
19. 위험물 저장 및 처리 시설
20. 자동차 관련 시설(건설기계 관련 시설을 포함한다)
21. 동물 및 식물 관련 시설
22. 자원순환 관련 시설
23. 교정 및 군사 시설(제1종 근린생활시설에 해당하는 것은 제외한다)
24. 방송통신시설(제1종 근린생활시설에 해당하는 것은 제외한다)
25. 발전시설
26. 묘지 관련 시설
27. 관광 휴게시설
28. 장례시설

주택이든 근린생활시설이든 모두 전입신고를 할 수 있고, 거주 또한 할 수 있다. 허나 사람이 사는 곳이기에 주택으로 건설하면 되는데, 왜 근린생활시설로 건물을 지었는지는 법정주차대수와 관련이 있다.

1) 연립주택, 다세대주택, 아파트 등 공동주택 : 세대당 1대 이상 (면적별, 지자체별 일부 상이)
2) 제1종 및 제2종 근린생활시설 : 200m^2 당 1대

아무래도 주택은 사람이 거주하는 곳이니 근린생활시설 대비 주차대수를 많이 확보해야 한다.
- 주차대수 : 공동주택 > 근린생활시설

건물을 지어 파는 사람[시행사] 입장에서는 건물을 지을 때 주차장을 하나 덜 만들 수 있다면 조금이라도 더 작은 땅을 사도 된다. 그 말인즉 개발원가가 더 적어지고(토지비가 줄어듦) 그만큼 이윤을 더 남길 수 있는 것이다. 이에 지상 1~2층을 주차대수 기준이 낮은 근린생활시설로 건설한 후 주택으로 불법 용도변경해 분양하는 것이다.

부설주차장의 설치대상 시설물 종류 및 설치기준 - 주차장법 시행령 [별표 1]	
시설물	설치기준
1. 위락시설	○ 시설면적 100㎡당 1대(시설면적/100㎡)
2. 문화 및 집회 시설(관람장은 제외한다), 종교시설, 판매시설, 운수시설, 의료시설(정신병원·요양병원 및 격리병원은 제외한다), 운동시설(골프장·골프연습장 및 옥외수영장은 제외한다), 업무시설(외국공관 및 오피스텔은 제외한다), 방송 통신시설 중 방송국, 장례식장	○ 시설면적 150㎡당 1대(시설면적/150㎡)
3. **제1종 근린생활시설**[「건축법 시행령」 별표 1 제3호바목 및 사목(공중화장실, 대피소, 지역아동센터는 제외한다)은 제외한다], **제2종 근린생활시설**, 숙박시설	○ **시설면적 200㎡당 1대(시설면적/200㎡)**
4. 단독주택(다가구주택은 제외한다)	○ 시설면적 50㎡ 초과 150㎡ 이하: 1대 ○ 시설면적 150㎡ 초과: 1대에 150㎡를 초과하는 100㎡당 1대를 더한 대수[1+{(시설면적-150㎡)/100㎡}]
5. **다가구주택, 공동주택(기숙사는 제외한다), 업무시설 중 오피스텔**	○ 「**주택건설기준 등에 관한 규정**」 제27조 제1항에 따라 산정된 주차 대수. 이 경우 다가구주택 및 오피스텔의 전용면적은 공동주택의 전용면적 산정 방법을 따른다.
6. 골프장, 골프연습장, 옥외수영장, 관람장	○ 골프장: 1홀당 10대(홀의 수×10) ○ 골프연습장: 1타석당 1대(타석의 수×1) ○ 옥외수영장: 정원 15명당 1대(정원/15명) ○ 관람장: 정원 100명당 1대(정원/100명)
7. 수련시설, 공장(아파트형은 제외한다), 발전시설	○ 시설면적 350㎡당 1대(시설면적/350㎡)
8. 창고시설	○ 시설면적 400㎡당 1대(시설면적/400㎡)
9. 학생용 기숙사	○ 시설면적 400㎡당 1대(시설면적/400㎡)
10. 방송통신시설 중 데이터센터	○ 시설면적 400㎡당 1대(시설면적/400㎡)

> 「주택건설기준 등에 관한 규정」 제27조 제1항

제27조(주차장) ① 주택단지에는 다음 각 호의 기준(소수점 이하의 끝수는 이를 한 대로 본다)에 따라 주차장을 설치해야 한다. <개정 2010. 7. 6., 2011. 3. 15., 2012. 6. 29., 2013. 5. 31., 2014. 10. 28., 2016. 6. 8., 2016. 8. 11., 2021. 1. 12.>

1. 주택단지에는 주택의 전용면적의 합계를 기준으로 하여 다음 표에서 정하는 면적당 대수의 비율로 산정한 주차대수 이상의 주차장을 설치하되, 세대당 주차대수가 1대(세대당 전용면적이 60제곱미터 이하인 경우에는 0.7대) 이상이 되도록 해야 한다. 다만, 지역별 차량보유율 등을 고려하여 설치기준의 5분의 1(세대당 전용면적이 60제곱미터 이하인 경우에는 2분의 1)의 범위에서 특별시·광역시·특별자치시·특별자치도·시·군 또는 자치구의 조례로 강화하여 정할 수 있다.

주택규모별(전용면적: 제곱미터)	주차장설치기준(대/제곱미터)			
	가. 특별시	나. 광역시·특별자치시 및 수도권 내의 시지역	다. 가목 및 나목 외의 시지역과 수도권 내의 군지역	라. 그 밖의 지역
85 이하	1/75	1/85	1/95	1/110
85 초과	1/65	1/70	1/75	1/85

이러한 근린생활시설을 분양받은 사람은 다음과 같은 단점이 있을 수 있다.

> 1) 구입 시 취득세가 주택(1~3%) 대비 높음(4.6%)
> 2) 주차장이 다른 주택 대비 적어 생활에 불편
> 3) 적발 시 불법 용도변경된 사항에 대해 시정 전까지 이행강제금 부과
> 4) 적발된 시점 이후 각종 대출 제한
> 5) 전입신고 시 주택으로 간주(양도소득세 등 주택수 산입 가능)

물론 다음과 같은 장점도 있을 수 있다.

> 1) 하자가 많으니 분양가 또는 거래가가 저렴할 수 있음
> 2) 주택이 아니어서 청약 시 무주택 유지 가능

허나 괜한 리스크를 지면서 투자하라고 권유하고 싶지는 않다. 이에 일반 매매, 경공매로 주택을 구입하거나 임차로 들어갈 시 해당 건물이 건축물대장상 근린생활시설에 해당하는지 꼭 살펴볼 필요가 있다.

파트 요약 및 주의 사항

✏️ **파트 요약**

1) 위반건축물 종류 : 근린생활시설을 주거용으로 불법 용도변경
   - 공부[건축물대장] : 근린생활시설
   - 현황[실제 이용] : 주거 용도
   - 시행사가 더 많은 이익을 얻기 위해 법정주차대수 기준을 회피하여 근린생활시설로 신고하고, 건설한 후 주택으로 불법 용도변경해 분양

2) 특이 사항
   - 철거 전까지 이행강제금 부과
   - 전입신고 시 주택으로 간주 (양도소득세 등 주택수 산입 가능)
   - 매입 전 공적장부[건축물대장]상 건축물 종류 확인 필수

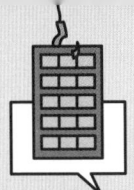

사례 09

토지 사기, 기획부동산 덫에 걸려들다니
- 토지이용계획확인서, 지목, 용도지역/지구/구역

사연 물건(상기 물건은 다음 사연과 정확히 일치하지 않을 수 있습니다)

10명 이상이 공유로 소유한 임야의 지분권자 숫자가 최근 10년 새 수십만 명 폭증했다. 특히 대부분이 최근 늘어났는데, 임야를 사들여 공유지분으로 쪼개 파는 기획부동산의 영향으로 풀이된다.

이는 공유지분을 쪼개 파는 기획부동산이 집값이 급등한 2017~2018년 전후로 급성장한 탓이다. 공유지분 기획부동산은 사실상 개발이 어려운 토지나 임야를 싼값에 사들인 후 주변의 개발 호재를 언급하며 토지를 지분으로 쪼개 높은 가격에 판매하는 업체를 말한다.

이 중 대부분이 '임야'였으며, 용도지역은 '개발제한·농림지역·자연녹지·보전녹지'였다.

현 사연 또한 기획부동산으로 의심된다. 한 업체가 개발이 어려운 임야를 저렴하게 사들인다. 이후 소액 투자로 향후 2~10배 이상 가치가 있을 것이라는 감언이설과 함께 공유지분으로 다수의 인원에게 비싼 값으로 되판다. 팔 때는 지분 면적을 100평 정도로 잘게 나눠 평당 50만 원대에 팔았다. 투자자 한 명당 5천만 원 내외로 공유지분을 판 셈이다. 5천만 원 내외라는 금액은 여러 구상 속에 정해진 금액 같다. 너무 비싸면 살 때 부담을 느낄 것이고, 금액 단위가 작아지면 팔아야 할 건수가 많아져 판매에 너무 많은 노력이 필요하다.

해당 토지의 토지이용계획확인서 속 주요 내용을 보면 다음과 같다.

1) 임야
2) 도시지역 내 자연녹지지역
3) 개발제한구역
4) 공익용산지

소재지	경기 시흥시 경기 시흥시 OO동 산XX-XX			
지목	임야		면적	X,XXX ㎡
개별공시지가(㎡당)	3X,X00원 (20XX/01)			
지역지구등 지정여부	「국토의 계획 및 이용에 관한 법률」에 따른 지역·지구등	도시지역, 자연녹지지역		
	다른 법령 등에 따른 지역·지구등	개발제한구역<개발제한구역의 지정 및 관리에 관한 특별조치법>, 공익용산지<산지관리법>, 과밀억제권역<수도권정비계획법>		
「토지이용규제 기본법 시행령」제9조 제4항 각 호에 해당되는 사항				

현 사연의 토지이용계획확인서

임야는 산림 및 들판을 이루고 있는 숲 등의 토지를 말하며, 간단히 말하면 '산'이다.

그 외 단어가 중요하다. 개발제한구역, 공익용산지. 단어부터 '개발제한', '공익' 등 어감이 개발과 거리가 멀어 보인다(물론 어떠한 사유로 개발될 수도 있다). 이러한 땅을 각종 호재로 현혹하여 고가에 판매한 것이다.

이에 상위 개념인 지목, 용도지역/지구/구역 정도는 알고 투자해야 한다. 임야, 도시지역 내 자연녹지역 등의 단어들을 재분류해 보면 다음과 같으며, 각각 알아보도록 하자.

1) 지목[토지의 현재 쓰임새] : 임야
2) 용도지역[토지의 미래 용도] : 도시지역 내 자연녹지지역
3) 용도지구[용도지역 제한사항 강화 or 완화] : -
4) 용도구역[용도지역/지구 제한사항 강화 or 완화] : 개발제한구역
5) 기타 : 공익용산지

첫 번째로 지목은 총 28개이며, 일반적으로 건물을 지을 수 있는 지목은 '대'이다. 지목이 '대'가 아닌 토지에 주거용 건물을 짓고 싶으면 '대'로 전용하는 행위가 필요하다. 예로 지목이 답(논)인 토지에 집을 짓고 싶으면 '대'로 변경해야 한다. 더불어 '대'로 변경을 위해 전용부담금을 납부해야 한다.

1) 정의 : 토지의 현재 주된 쓰임새로, 사용 현황이 변경되면 지목변경 필요
2) 종류 : 전[밭], 답[논], 과[과수원], 목[목장용지], 임[임야], 광[광천지], 염[염전], 대[대], 공[공장용지], 학[학교용지], 주[주차장], 주[주유소용지], 창[창고용지], 도[도로], 철[철도용지], 제[제방], 천[하천], 구[구거], 유[유지], 양[양어장], 수[수도용지], 공[공원], 체[체육용지], 원[유원지], 종[종교용지], 사[사적지], 묘[묘지], 잡[잡종지]

두 번째로 용도지역은 총 21개이며, 용도지역에 따라 토지 내에 지을 수 있는 건축물의 종류와 크기가 달라진다. 다음 표에서 해당 종류를 살펴보자.

1) 정의 : 토지의 미래 활용 가능한 용도
2) 종류 : 다음 표 참조

구분		세분(시행령)	건축 허용	국토계획 및 이용에 관한 법률 시행령	
				건폐율(이하)	용적률(이하)
도시지역	주거지역	제1종 전용주거	단독주택 중심의 양호한 주거환경 보호	50%	100%
		제2종 전용주거	공동주택 중심의 양호한 주거환경 보호	50%	150%
		제1종 일반주거	저층주택 중심의 편리한 주거환경 보호	60%	200%
		제2종 일반주거	중층주택 중심의 편리한 주거환경 보호	60%	250%
		제3종 일반주거	중고층주택 중심의 편리한 주거환경 보호	50%	300%
		준 주거지역	주거 위주와 일부 상업/업무기능 보완	70%	500%

구분	세분(시행령)	건축 허용	국토계획 및 이용에 관한 법률 시행령	
			건폐율(이하)	용적률(이하)
도시지역	상업지역	중심 상업지역	도심, 부도심 상업/업무기능 확충	90%	1500%
		일반 상업지역	일반적인 상업/업무기능 담당	80%	1300%
		근린 상업지역	근린지역 상업/업무기능 공급	70%	900%
		유통 상업지역	도시 내 지역 간 유통기능 증진	80%	1100%
	공업지역	전용 공업지역	중화학 공업 등 수용	70%	300%
		일반 공업지역	환경을 저해하지 아니하는 공업 배치		350%
		준 공업지역	경공업, 기타공업 수용		400%
	녹지지역	보전 녹지지역	녹지공간 보전	20%	80%
		생산 녹지지역	농업생산을 위해 개발유보	20%	100%
		자연 녹지지역	장래 도시의 용지공급 (제한적개발 허용)	20%	100%
관리지역		보전 관리지역	자연환경보전지역에 준하게 관리	20%	80%
		생산 관리지역	농업, 임업, 어업 생산목적 (주변 용도지역 고려 시 농림지역 관리 곤란)	20%	80%
		계획 관리지역	도시지역 편입 예상 (제한적이용, 개발)	40%	100%
농림지역			농림업 진흥 및 산림 보전	20%	80%
자연환경보전지역			자연환경 등 보전 및 수산자원 보호/육성	20%	80%

(건폐율과 용적률은 상기 최대한도 내에서 지자체별 특성에 따라 조례로 정함)

일단 용도지역은 크게 네 가지로 나뉜다.

1) 도시지역 : 인구/산업이 밀집(예상)되어 체계적 개발, 관리 등이 필요한 지역
2) 관리지역 : 도시지역 또는 농림지역/자연환경보전지역에 준하여 관리가 필요한 지역
3) 농림지역 : 농림업의 진흥과 산림의 보전을 위하여 필요한 지역
4) 자연환경보전지역 : 자연환경 등의 보전과 수산자원 보호/육성 등에 필요한 지역

당연히 도시지역에서 자연환경보전지역으로 내려갈수록 개발에 대한 규제가 강화되고 자연보호 목적이 강해진다. 이에 아래로 갈수록 용도지역에서 '보전', '농림' 등의 단어가 많이 언급된다. 건폐율과 용적률 또한 낮아진다. 낮아진다는 것은 개발이 힘들다는 것과 동일하다.

여기서 건폐율과 용적률이 낮아지는 것이 무엇을 의미하는지 보다 구체적으로 알아보자.

1) 건폐율 : 대지면적 대비 건축면적 비율
2) 용적률 : 대지면적 대비 지상층 바닥면적 비율

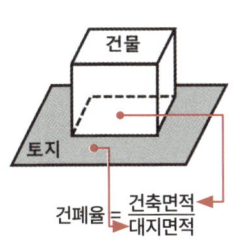 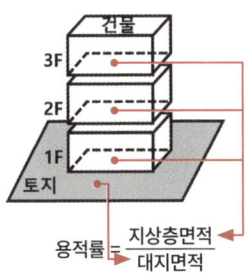

건폐율과 용적률 비교

같은 토지 내에서, 건폐율이 높다는 것은 건물을 넓게 지을 수 있다는 이야기이다. 용적률이 높다는 것은 높은 것과 더불어 크게 지을 수 있다는 이야기이다.

앞서 단독주택과 공동주택의 차이(사례 04-여기서 잠깐! 참조)를 언급하였다. 단순하게 비교해 보면 다음과 같다.

1) 단독주택 : 높이가 낮고 소규모
2) 공동주택 : 높이가 높고 중대규모

이러한 차이가 발생하는 건 단독주택과 공동주택이 지어진 토지의 용도지역 등이 다르기 때문이다. 용도지역을 추가하여 다시 단독주택과 공동주택의 차이를 살펴보자.

1) 단독주택 : 제1종 전용주거지역 등 위치 → 건폐율/용적률 낮음 → 높이가 낮고 소규모
  - (건폐율 50%, 용적률 100%)
2) 공동주택 : 제3종 일반주거지역 등 위치 → 건폐율/용적률 높음 → 높이가 높고 중대규모
  - (건폐율 50%, 용적률 300%)

종합해 보면 어떤 땅은 지을 수 있는 규모(건폐율, 용적률)상 제한이 있어 낮고 소규모로 지을 수 밖에 없고 (예: 농림지역, B), 어떤 땅은 제한이 덜해 더 높게 크게 지을 수 있다(예: 중심상업지역, A). 당연히 건물을 높고 크게 지을 수 있는 땅이 비쌀 것이다. 그래서 그걸 규정하는 용도지역은 '땅의 계급'이

다. 나아가 그러한 건물을 지을 수 있는 땅의 지목은 대부분 '대'이다.

1) A : 중심상업지역에 속하면서 지목이 '대'인 토지
   - (건폐율 90%, 용적률 1500%)
2) B : 농림지역에 속하면서 지목이 '전[밭]'인 토지
   - (건폐율 20%, 용적률 80%)
3) A가 B보다 비쌀 확률이 높다.

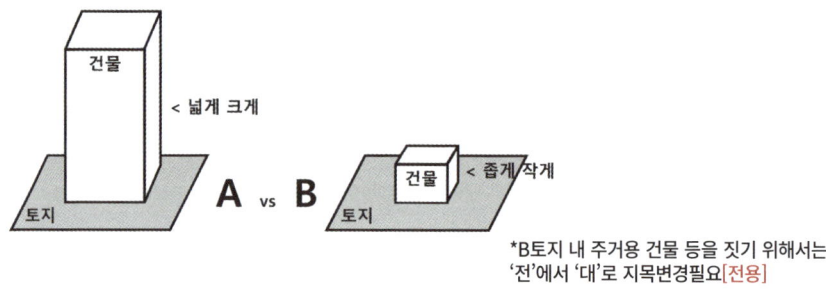

용적률과 건폐율이 건축물에 미치는 영향 예

다음으로 용도지역과 비교를 통해 용도지구와 용도구역 또한 알아보자. 개발제한구역 또한 용도구역 중 하나이다.

1) 용도지역 : 지을 수 있는 건축물의 종류, 건폐율, 용적률, 높이 등 제한
2) 용도지구 : 용도지역의 제한사항을 완화 또는 강화
   - 완화 : 취락지구, 개발진흥지구, 복합용도지구
   - 강화 : 그 외 용도지구
3) 용도구역 : 용도지역 및 용도지구의 제한사항을 완화 또는 강화
   - 완화 : 입지규제최소구역
   - 강화 : 그 외 용도구역

토지를 매입하려는 입장에서는 토지이용계획확인서상 건폐율, 용적률 등의 제한을 강화하는 내용이 많은 땅은 피하고, 완화하는 내용이 많은 땅은 적극 매수 검토할 필요가 있다.

용도지구	용도구역
1. 경관지구 2. 고도지구 3. 방화지구 4. 방재지구 5. 보호지구 6. 취락지구 7. 개발진흥지구 8. 특정용도제한지구 9. 복합용도지구	1. 개발제한구역 2. 도시자연공원구역 3. 시가화조정구역 4. 수산자원보호구역 5. 입지규제최소구역

마지막으로 용도지역/지구/구역과 별개로 농지(지목상 전, 답 과수원)와 산지(지목상 임야)를 거래할 시 다음 내용을 꼭 알아 둬야 한다.

구분	농지	산지
지목	전(밭), 답(논), 과수원	임야
관련법	농지법	산지관리법

세분화	1) 농업진흥지역 내
	  - 농업진흥구역
	  - 농업보호구역
	2) 농업진흥지역 외
		1) 보전산지
		  - 임업용산지
		  - 공익용산지
		2) 준보전산지(보전산지 외)

농지와 산지는 효율적으로 이용하고 보전하기 위해 지역을 세분화해서 관리하고 있다. 즉 농지와 산지로서 역할을 충실히 할 필요가 있는 곳은 다음과 같이 지정하여 관리하고 있다는 말이다.

   1) 농지 : 농업진흥지역 (농업진흥구역, 농업보호구역)
   2) 산지 : 보전산지 (임업용산지, 공익용산지)

해당 지역들은 농업과 임업(산림을 유지·조성하고 임목을 보육하며 이것을 경제적으로 이용하는 생산업)에 있어 중추적 역할을 담당하기에 다른 목적으로 개발이 힘들다. 이때 다시 한번 토지를 매입하려는 입장에서 고려할 사항이 추가된다. 매입하려는 토지가 농업진흥지역 내 농지와 보전산지 내 산지일 경우 해당 목적으로 활용하려는 경우가 아니면 피하는 게 낫다.

추가적으로 토지이용계획확인서상 '비오톱 등급'과 '역사문화환경보존지역'이 언급되어 있을 시 이 또한 매입에 있어 보수적으로 접근할 필요가 있다.

1) 비오톱[4]
- 다양한 동식물이 공동체를 이뤄 서식하는 생태 공간
- 도시생태현황 조사결과 비오톱유형평가 1등급이고, 개별비오톱평가 1등급인 토지는 대상지 전체에 대하여 절대적으로 보전 필요

2) 역사문화환경보존지역
- 시·도지사가 지정 문화재의 역사 문화환경 보호를 위하여 문화재청과 협의하여 조례로 정한 지역
- 역사 문화환경 보존지역 내에서는 건설공사가 이뤄질 시 해당 인허가 착수 전 문화재 보존에 영향을 미치는지 검토 필요

다시 현 사연으로 돌아와 사연의 토지이용계획확인서를 살펴보자.

소재지	경기 시흥시 경기 시흥시 OO동 산XX-XX		
지목	임야	면적	X,XXX m²
개별공시지가(m²당)	3X,X00원 (20XX/01)		
지역지구등 지정여부	「국토의 계획 및 이용에 관한 법률」에 따른 지역·지구등	도시지역, 자연녹지지역	
	다른 법령 등에 따른 지역·지구등	개발제한구역<개발제한구역의 지정 및 관리에 관한 특별조치법>, 공익용산지<산지관리법>, 과밀억제권역<수도권정비계획법>	
「토지이용규제 기본법 시행령」 제9조 제4항 각 호에 해당되는 사항			

현 사연의 토지이용계획확인서

1) 지목[토지의 현재 쓰임새] : 임야
2) 용도지역[토지의 미래 용도] : 도시지역 내 자연녹지지역
3) 용도지구[용도지역 제한사항 강화 or 완화] : -
4) 용도구역[용도지역/지구 제한사항 강화 or 완화] : 개발제한구역
5) 기타 : 공익용산지

용도지역은 도시지역 내 자연녹지지역이다. 장래 도시지역의 용지공급 목적성을 띠고 있고 제한적 개발이 허용된다. 용도지역만 보면 가치가 나쁘지 않다.

4 출처: 서울특별시 도시계획조례

허나 지목이 임야로 산지에 해당한다. 산지일 경우 보전산지 여부를 확인해야 하는데 현 토지는 보전산지 중에 공익용산지에 해당한다. 일단 임업 외 다른 목적으로는 개발이 힘들 것으로 판단된다.

용도지구에 대한 명기는 별도로 없고, 용도구역상 개발제한구역에 해당된다. 용도지역 및 용도지구의 제한사항을 완화 혹은 강화의 입장 중 '강화'하는 내용이다.

신도시 개발 등을 목적으로 해당 토지 포함 주변을 개발하겠다는 정책 등이 있지 않고서 선뜻 투자하기 망설여지는 땅으로 판단된다.

토지이용계획확인서는 정부24 또는 토지이음[12] 사이트에서 쉽게 열람할 수 있다. 이에 투자권유를 받은 토지의 토지이용계획확인서를 열어본 뒤 공익용산지와 개발제한구역의 의미를 파악할 수 있었다면 다소 보수적으로 접근할 수 있지 않았을까 하는 아쉬움이 든다.

파트 요약 및 주의 사항

파트 요약
1) 지목 : 토지의 현재 쓰임새
2) 용도지역 : 토지의 미래 활용 가능한 용도. 건폐율, 용적률, 층 등을 제한
3) 용도지구 : 용도지역 제한사항을 강화 or 완화
4) 용도구역 : 용도지역/지구 제한사항을 강화 or 완화
5) 기타
   - 농지 : 농업진흥지역 내 위치한 경우 다른 목적으로 개발 난해
   - 산지 : 보전산지 내 위치한 경우 다른 목적으로 개발 난해
6) 토지이용계획확인서 : 정부24, 토지이음 사이트에서 열람 가능

주의 사항
1) 임대인/투자자 측면 : 토지 투자 전 토지이용계획확인서를 열람하여 비오톱, 농업진흥구역 내 농지, 보전산지 내 임야 등 개발이 난해한 지역에 대한 선별 필요

---

12   토지이음 : www.eum.go.kr

| Action Plan | 내가 살고 있는 집의
건축물대장 발급하기 |  |

1. 정부24 접속 > 로그인 > 건축물대장 클릭

2. 발급(관공서 등 제출용) 및 열람(단순 정보검색) 중 선택

3. 건축물소재지 검색 > 대장구분/대장종류 등 클릭 > 민원신청하기 클릭 > 출력

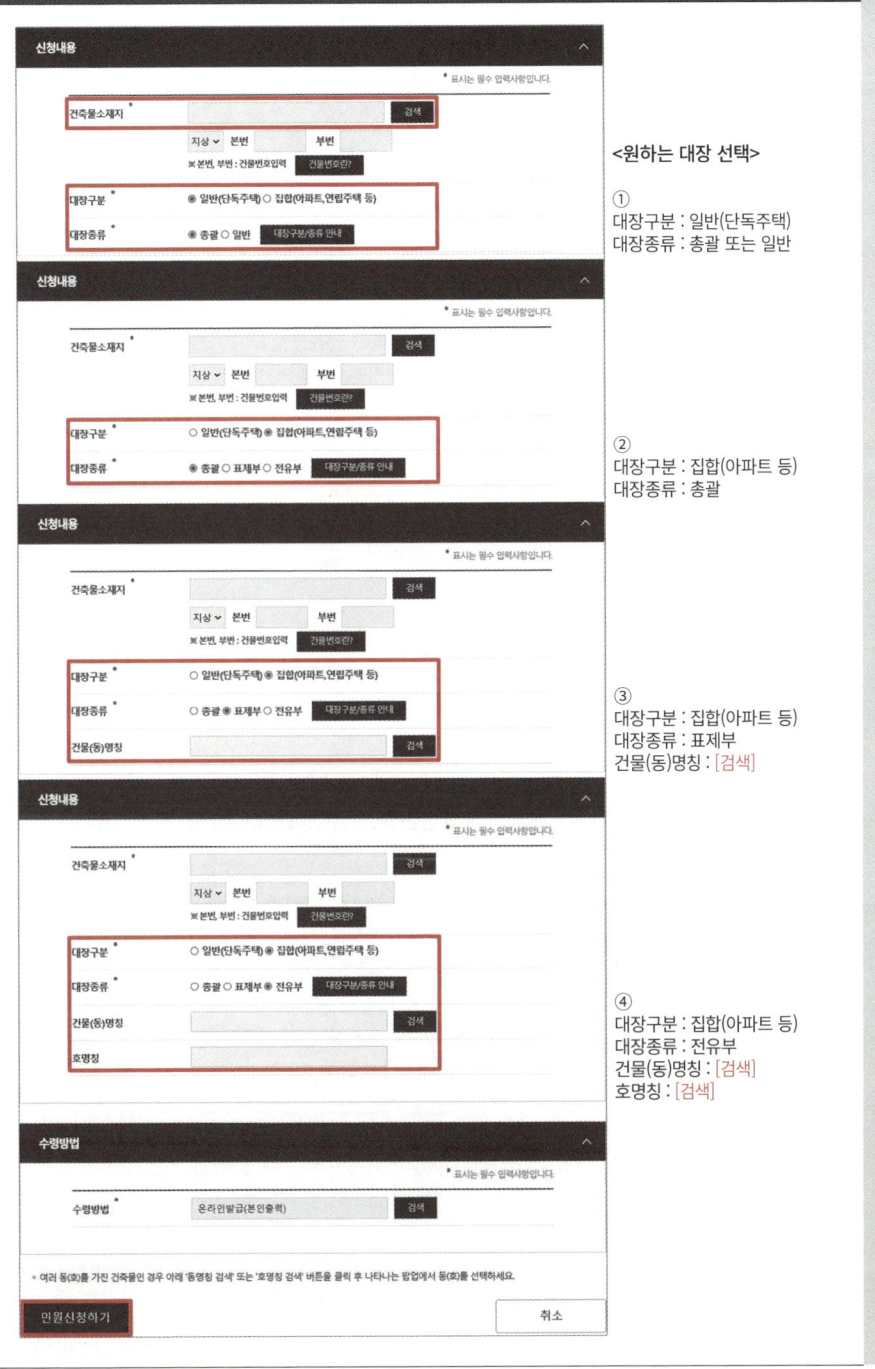

* 건축물대장(집합-총괄) 예시

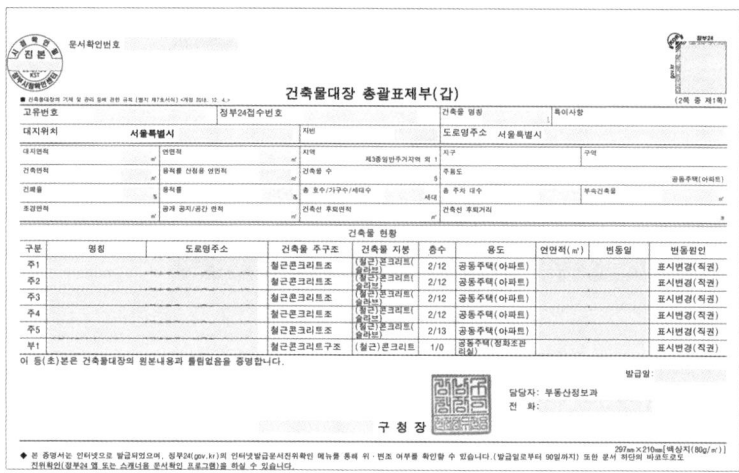

* 신청 내용 구분

1. 대장구분
   - 일반 : 다가구 등 단독주택
   - 집합 : 아파트, 연립주택, 다세대주택 등 집합건축물
2. 대장구분 '집합' 중 총괄, 표제부, 전유부 차이

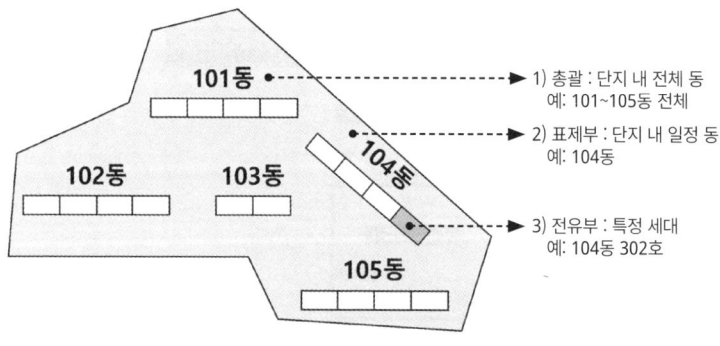

1) 총괄 : 단지 내 전체 동
   예: 101~105동 전체
2) 표제부 : 단지 내 일정 동
   예: 104동
3) 전유부 : 특정 세대
   예: 104동 302호

C/H/A/P/T/E/R 05

임차인에 대해 알아보기

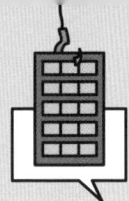

 사례 10

전셋집이 공매에 넘어갔는데 전세금을 돌려받지 못한다?

- 전입신고, 대항력

사연 물건(상기 물건은 다음 사연과 정확히 일치하지 않을 수 있습니다)

현 사연의 경우 임차인이 있는 주거형 오피스텔 집주인이 집 시세의 50%를 상회하는 담보 대출을 받아 근저당권 설정등기를 신청했고, 임차인의 전입신고 당일 근저당권 설정등기를 마쳤다.

현 사연에 대해 예시 일자로 정리하면 다음과 같다.

1) 임차인 전입신고 : 1월 2일
2) 근저당권 설정일 : 1월 2일

참고로 임차인의 전입신고일은 전입세대 열람내역에서, 근저당권 설정일은 부동산 등기부등본에서 확인이 가능하다.

임차인의 보증금 또한 집 시세의 50% 정도 된다. 대출금까지 더해보면 집 시세의 100%를 상회한다. 이 또한 정리해 보면 다음과 같다.

1) 임차인 보증금액 : 집 시세의 50%
2) 근저당권 대출금 : 집 시세의 50%+
3) 합계 : 집 시세의 100%+

임차인은 공매로 매각된 후 본인 보증금 중 일부를 회수하지 못했을 것이다. 왜 이런 결과가 발생했는지 알아보도록 하자.

일단 1981년 주택임대차보호법이 신설되었다. 이 법이 신설되기 전에는 전세로 살고 있는데 경매 등 사유로 집주인이 바뀌면 세입자들이 하루아침에 거리로 쫓겨나는 등 세입자 보호가 심각한 사회문제로 대두됐다. 등기부등본상 전세권 등기를 해 둘 경우 보증금 반환 등을 주장할 수 있었지만 서민들에게는 생소한 단어였을 것이다.

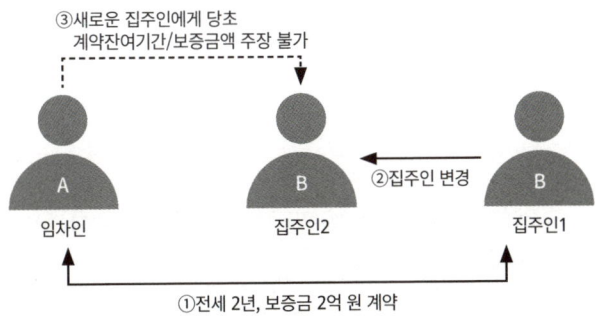

주택임대차보호법 신설 전 전월세 문제점

주택임대차보호법이 제정되기 이전 집주인이 변경될 시 당초 전월세 보증금 또는 잔여 계약기간 등을 주장하기 힘들었던 이유를 물권과 채권의 비교를 통해 알아보자.

물권은 앞서 누구에게나 주장할 수 있는 절대적이고 배타적인 권리라고 설명(사례 05 참조)하였다. 더불어 법에서 정한 8가지만 물권[점유권, 소유권, 지상권, 지역권, 전세권, 저당권, 질권, 유치권]으로 인정된다[물권법정주의]. 이러한 물권 외의 권리는 모두 채권으로 보아도 무방하다. 절대적인 물권과 다르게 채권은 상대적이다. 절대적인 물권은 누구에게나 주장할 수 있지만, 상대적인 채권은 채권 당사자 간에만 주장할 수 있다.

구분	임차권	전세권
내용	일반적인 전세, 월세 (등기부등본상 기재되지 않음)	등기부등본상 전세권 기재
성질	채권	물권
효력	상대적 (이해당사자 간에만 주장 가능 예: 임차인 - 당초 집주인 간)	절대적 (누구에게나 주장 가능)

임차권과 전세권 비교

이렇기에 집주인이 바뀐 경우 임대차계약[채권]은 당초 집주인에게만 상대적 효력이 있고, 변경된 자에게는 주장할 수 없어 임차인이 보호받지 못한 것이다.

이에 1981년 주택임대차보호법을 제정하며 '전입신고'라는 제도를 도입한다. 별도의 등기 없이 점유와 주민등록[전입신고]만으로 집주인이 바뀌어도 당초 임대차계약을 주장할 수 있게 되었다. 이를 '대항력'이라고 부른다. 이미 발생한 효력[당초 임대차계약]에 대해 나보다 후순위로 발생한 제3자[바뀐 집주인]에게 주장할 수 있다는 것이다.

허나 이렇게 좋은 취지에서 시작된 대항력 또한 허점이 존재한다. 대항력 효력 발생일이 전입신고 당일이 아닌 다음 날이라는 것이다.

주택임대차보호법 제3조(대항력 등)

'임대차는 그 등기가 없는 경우에도 임차인이 ①주택을 인도받아 ②주민등록을 마친 때에는 ③그 다음날부터 ④제삼자에 대하여 효력이 생긴다. 이 경우 전입신고를 한 때에 주민등록이 된 것으로 본다.

1) 주택을 인도받아 = 점유
2) 주민등록을 마친 때 = 전입신고 (예: 1월 2일)
3) 그 다음날부터 = 다음날 0시부터 (예: 1월 3일 0시)
4) 제삼자에 대한 효력이 생긴다 = 대항력 발생

문제는 집이 경공매에 넘어간 후 임차인의 전입신고 효력이 다른 권리들과 경합을 벌일 때 발생한다. 전입신고의 효력 발생일과 다르게 근저당권 등의 등기의 효력은 접수하는 날 바로 발생한다. 이에 사연과 같이 근저당 설정일과 임차인의 전입신고일이 같으면 임차인이 후순위가 되는 것이다.

1) 임차인 전입신고 : 1월 2일 (효력 발생일 : 1월 3일 0시)
2) 근저당권 설정일 : 1월 2일 (효력 발생일 : 1월 2일 당일)

대항력의 뜻을 다시 살펴보면, 이미 발생한 효력[당초 임대차계약]에 대해 나보다 후순위로 발생한 제3자[바뀐 집주인]에게 주장할 수 있다는 것이다. 허나 현 사연은 임차인이 하루 차이로 오히려 '후순위'가 된 상황으로, 경공매로 집이 넘어간 후 낙찰 받은 자[후순위로 발생한 제3자]에게 내 보증금과 잔여 임대차 기간을 주장할 수 없게 된 것이다.

1) 임차인이 선순위인 경우 : 후순위 제3자에게 대항력 있음
2) 임차인이 후순위인 경우 : 선순위 제3자에게 대항력 없음

현 사연의 임차인은 결국 보증금을 경공매 낙찰대금에서 다 돌려받지 못해도 별수 없이 집을 내줘야 하는 상황이다.

이러한 우려를 미연에 방지하기 위해 임대차계약 시 등기부등본은 계약금 입금 시, 잔금 시 등 모든 시점별로 열람해 봐야 한다. 이는 사연과 같이 전입신고일보다 앞서 근저당권 등 다른 권리가 침범하였는지 확인해 보는 것이다.

혹 근저당 설정 등 등기 처리 진행 중에도 확인이 가능하다. 이때 열람해보면 등기부등본 가운데 '신청사건처리중'으로 표시되어 발급이 된다. 이때 계약을 앞둔 시점이라면 더욱 주의해야 한다.

신청사건처리중인 등기부등본 예

등기부등본을 매 시점별로 열람해 보는 방법 외 추가적으로 보증금을 지키기 위한 다른 방법 또한 존재한다.

1) 임대차 계약서상 특약조건 추가
- 임대인은 임대차 계약서상 다음 특약을 추가하며, 현 상태의 등기부등본을 첨부
- 특약조건 : 임대인은 임차인의 주민등록 및 확정일자를 받은 다음날까지 근저당 등 별도의 제한물권을 설정하지 않아야 한다. 이를 어길 시 임차인은 계약을 해지할 수 있으며, 임대인은 임차인에게 계약금의 배액을 지급한다.

2) 전입신고 및 확정일자 미리 받아두기
- 계약서 원본, 신분증을 지참하여 주민센터 방문 신청
- 온라인 신청 또한 가능 (전입신고 - 정부24 사이트, 확정일자 - 인터넷등기소[13] 사이트)
- 단, 전입신고 및 확정일자를 미리 받기 위해 기존 주거지로부터 전출하는 순간 기존 임대차계약에 대한 대항력 상실. 이에 따라 미리 당초 임차보증금을 받지 못할 우려는 없는지 확인 필요

---

[13] 인터넷등기소 : www.iros.go.kr

파트 요약 및 주의 사항

✏️ 파트 요약

1) 전입신고
    - 이사한 주소지의 주민센터에 이 동네 주민이 되었다는 것을 알리는 행위
    - 오프라인(주민센터 방문) 또는 온라인(정부24 사이트)를 통해 신고 가능
    - 새로운 거주지에 전입한 날부터 14일 이내에 신고 필요

2) 효력 발생 시점
    - 전입신고일 다음날 0시부터 전입신고의 효력[대항력] 발생

3) 대항력
    - 이미 발생한 효력[당초 임대차계약]에 대해 나보다 후순위로 발생한 제3자[바뀐 집주인]에게 주장 가능
    - 선순위 임차인의 임차 주택이 경공매에 넘어간 경우 낙찰자 등에게 잔여임대차기간 및 임차보증금 등 권리를 주장 가능

✏️ 주의 사항

1) 임차인 측면 : 조속한 전입신고를 통해 보증금 및 임대차 기간을 보호받을 수 있도록 조치
2) 임대인/투자자 측면 : 임대차계약 종료 시 기존 임차인이 퇴거신고를 통해 소유한 주택에서 다른 곳으로 거주지를 옮겼는지 여부 확인 필요

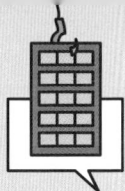

| 사례 11 |

전세 계약 날, 전입신고만 하고 확정일자는 받지 않았는데요
- 확정일자, 우선변제

사연 물건(상기 물건은 다음 사연과 정확히 일치하지 않을 수 있습니다)

현 사연의 경우 임차인이 전입신고는 하였으나, 별도 확정일자는 받지 않았다. 다행히 전입신고일은 타 권리 대비 선순위이다. 나아가 배분요구(사례 03 참조)까지 하였다.

공매물건에 대한 전반 내용이 수록되어 있는 압류재산 공매재산명세 중 일부를 보면 다음의 내용에 대한 정보를 알 수 있다. 예시의 날짜로 정리해 보면 다음과 같다.

1) 전입신고 : 2월 2일 (단, 선순위임)
2) 확정일자 : 없음
3) 배분요구 채권액(원) : XX,000,000

확정일자를 받지 않은 이유에 대해서는 잘 모르겠다. 어떠한 경우는 향후 경공매에 넘어갔을 시 입찰자들에게 혼선을 주기위해 일부러 확정일자를 받지 않는 경우도 있다. 하지만 이때는 보통 배분요구 또한 하지 않는다(사례 14 참조). 현 임차인은 배분요구까지 한 걸 보면 확정일자 받는 걸 깜빡하였거나, 몰랐던 경우에 해당하는 것 같다.

점유관계	성명	계약일자	전입신고일자 (사업자등록 신청일자)	확정일자	보증금	차임	임차부분	비고
	OOO	미상	2.2	미상	미상	미상	미상	

▣ 임차인 배분 요구 및 채권신고 현황

임대차구분	성명	계약일자	전입신고일자 (사업자등록 신청일자)	확정일자	보증금	차임	임차부분	배분요구 일자	채권신고 일자	비고
신고된 내역이 없습니다.										

▣ 배분요구 및 채권신고 현황

번호	권리관계	성명	압류/설정 (등기)일자	법정기일 (납부기한)	설정금액(원)	배분요구 채권액(원)	배분요구일
1	임차인	(임차인)			0	XX,000,000	

현 사연의 공매재산명세

이처럼 선순위 임차인이 전입신고만 하고 확정일자를 받지 않은 경우 어떠한 상황이 발생하는지 알아보도록 하자.

'사례 10'에서 임차인이 선순위로 전입신고를 한 경우 경공매로 집주인이 바뀌어도 남은 임차 기간을 보장받고, 보증금을 반환받을 수 있는 권리가 있다고 했는데, 이를 '대항력'이라 부른다. 과거에는 선순위가 아닌 후순위 임차인은 우선해서 돈을 받을 수 있는 권리가 없어 보증금 전체를 날릴 수밖에 없었다.

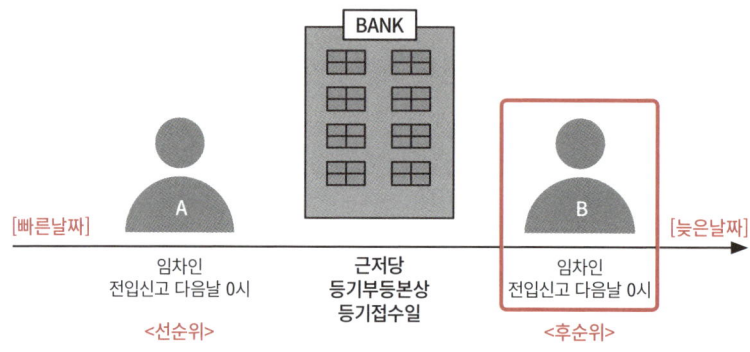

선순위와 후순위 비교

후순위이면 돈을 받지 못하고 아예 소멸되어 버리기 때문이다.

예로 임차인의 집이 공매에 넘어가 1000에 낙찰이 되었다. 이때 1순위인 압류등기가 600을 먼저 받아 간다. 나눠줄 수 있는 돈이 400이 남았는데 전입신고만 한 임차인은 순위 개념이 없기에 2순위로 받지 못하고 소멸되어 버린다. 그리고 3순위가 400을 받아 간다.

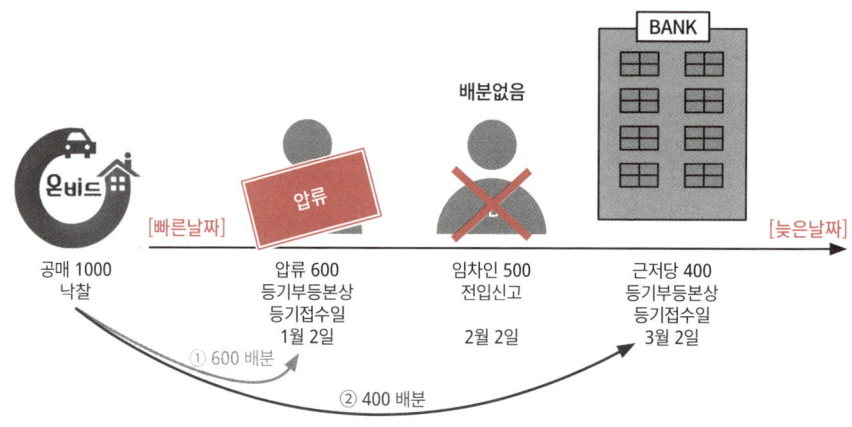

전입신고만 한 임차인 배분 예

이에 1989년 주택임대차보호법을 개정하여 확정일자 제도가 도입되었다. 임차인이 전입신고와 더불어 확정일자를 받으면, 임차인이 후순위이더라도 전입/확정일자 대비 늦은 권리보다 우선해서 받을 수 있는 권리[우선변제]를 주는 것이다.

다시 사연으로 돌아와, 공매에서 1000에 낙찰이 되었는데 1순위로 압류등기가 600을 받아 가고 400이 남았다. 이전 사연과 다르게 임차인은 전입신고와 더불어 확정일자를 받아 두었다.

이에 우선변제 받을 수 있는 효력이 발생하여, 남은 돈 400을 2순위로 받을 수 있다. 다만 보증금 500 중 받지 못한 100은 후순위이기에 누구에게도 주장할 수가 없다.

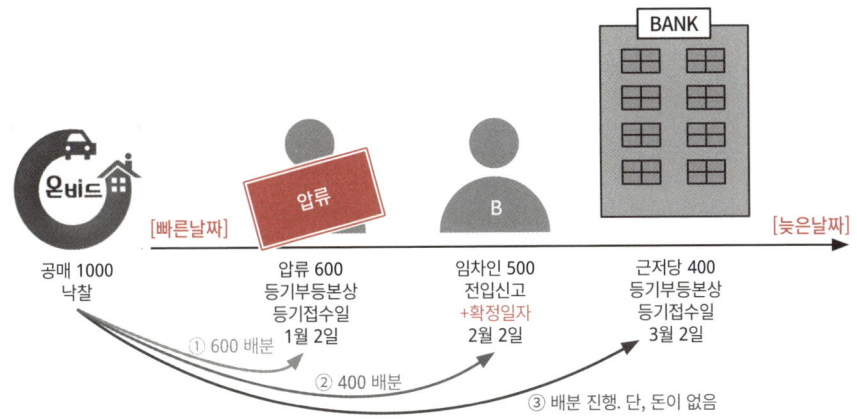

전입/확정일자가 있는 임차인 배분 예

현 사연의 경우는 전입신고는 선순위로 하였으나 확정일자가 없는 상황이다.

1) 전입신고 : 2월 2일 ▶ 선순위로 대항력 있음. 공매 낙찰자에게 보증금 주장 가능
2) 확정일자 : 없음 ▶ 우선변제 효력 없음

확정일자가 없기에 낙찰대금에서 순위에 따라 변제받을 수 있는 권리가 없다. 하지만 전입신고는 타 권리 대비 선순위로 받아 두었기에, 낙찰대금에서 받지 못한 보증금은 낙찰자에게 주장할 수 있다.

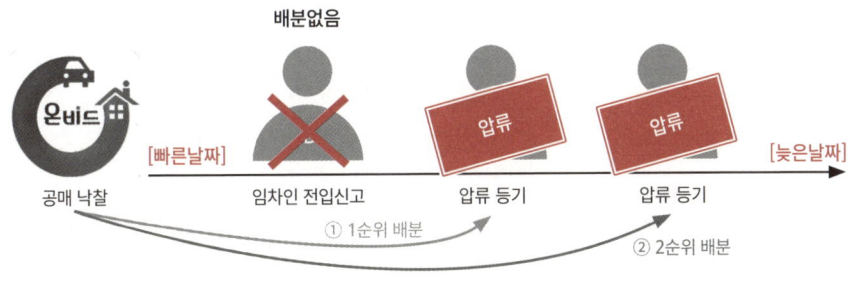

전입신고만 한 임차인의 배분 예

이러한 확정일자의 효력[우선변제]이 발생하기 위해서는 4가지가 동시에 충족되어야 한다.

1) 점유 (실제 거주하며 실질적으로 지배)
2) 전입신고
3) 확정일자
4) 배분요구

경공매에 넘어간 경우 임차인은 해당 집을 실질적으로 지배하고 있어야 하고, 전입신고와 확정일자를 모두 받아 두었어야 한다. 더불어 배분요구종기(사례 04 참조) 전 배분요구를 해야 경공매 낙찰대금으로부터 우선해서 보증금을 돌려받을 수 있다.

다음은 전입신고와 확정일자의 내용, 효력 및 요건 등에 대한 비교표이다.

구분			대항력 효력	우선변제 효력
내용			경공매 등으로 집주인이 바뀌어도 임차기간을 보장받고, 보증금을 반환받을 수 있는 권리	후순위 권리자보다 먼저 보증금을 변제받을 수 있는 권리
요건	점유		O	O
	전입신고		O	O
	확정일자		-	O
	배분요구		-	O
	소액임차인		-	-
효력 발생			전입신고 다음날 0시	전입신고 다음날 0시, 확정일자 당일 주간 중 늦은 시점
신고 온라인	오프라인		주민센터	주민센터, 법원 등기소
	정부24		인터넷등기소	인터넷등기소
비고			타 권리자보다 선순위여야 함	타 권리자보다 선순위여야 함

전입신고와 확정일자 차이

여기서 주의할 점은 우선변제 효력 발생 시점이다. 대항력 효력은 전입신고 다음날 0시부터 발생된다. 우선변제 효력은 확정일자를 전입신고와 같이 받았다면 전입신고 다음날 0시와 확정일자 당일 주간 중 늦은 시점이다.

1) 대항력 효력　　 : 전입신고 다음날 0시
2) 우선변제 효력　 : 전입신고 다음날 0시와 확정일자 당일 주간 중 늦은 시점

여기서 당일 주간은 9시~18시를 의미하며, 확정일자를 접수하는 주민센터 운영시간이다. 압류등기, 근저당등기 등의 효력 발생 시점 또한 등기접수일 9시~18시이다. 여기서 9시~18시 또한 등기소 운영시간이다. 이를 다음과 같이 CASE1, CASE2, CASE3를 통해 다시 정리해 보자.

구분	임차인(a)				타권리(b)		권리분석	
	전입신고[대항력]		확정일자[우선변제]		압류등기		임차인 대항력 (a)vs(d)	임차인 배분순위 (c)vs(d)
	신고일	효력(a)	신고일(b)	효력(c)	접수일	효력(d)		
CASE1	1월 4일		1월 4일		1월 4일			
CASE2	1월 3일		1월 4일		1월 4일			
CASE3	1월 3일		1월 3일		1월 4일			

전입/확정일자 CASE 정리

대항력은 전입신고 다음날 0시에 효력이 발생된다.

CASE1의 경우 1월 5일 0시에 효력이 발생한다. 등기부등본상 등재되어 있는 압류등기는 1월 4일 9시~18시에 효력이 발생한다. 둘을 비교해 보면 임차인이 늦기에 임차인은 후순위로 대항력이 없다.

CASE2의 대항력효력 1월 4일 0시는 압류등기 효력 1월 4일 9시~18시보다 빠르기에 대항력이 있다.

CASE3 또한 동일하게 계산을 하면 된다. 대항력에 대해 다시 한번 언급하면 타 권리 대비 먼저 전입신고를 한 경우 임차인의 잔여 임차 기간과 보증금을 보장받을 수 있다는 것이다.

구분	임차인				타권리		권리분석	
	전입신고[대항력]		확정일자[우선변제]		압류등기		임차인 대항력 (a)vs(d)	임차인 배분순위 (c)vs(d)
	신고일	효력(d)	신고일(b)	효력(c)	접수일	효력(d)		
CASE1	1월 4일	1월 5일 0시	1월 4일		1월 4일	1월 4일 9시~18시	X	
CASE2	1월 3일	1월 4일 0시	1월 4일		1월 4일	1월 4일 9시~18시	O	
CASE3	1월 3일	1월 4일 0시	1월 3일		1월 4일	1월 4일 9~18시	O	

대항력 효력 발생 시점 계산

다음으로 우선변제 효력 발생 시점이다. 전입신고 다음날 0시와 확정일자 당일 9시~18시 중 늦은 시점이다.

CASE1의 확정일자는 1월 4일이다. 우선변제 효력은 확정일자 효력 발생 시점 1월 4일 9시~18시와 전입신고 효력 발생 시점 1월 5일 0시 중 늦은 날인 1월 5일 0시부터 발생한다.

CASE2는 전입신고와 확정일자 효력 발생 시점을 비교하여 늦은 날인 1월 4일 9시~18시에 우선변제 효력이 발생한다.

CASE3는 확정일자 효력이 1월 3일 9시~18시, 대항력 효력이 1월 4일 0시이기에 늦은 날인 1월 4일 0시에 우선변제 효력이 발생한다.

구분	임차인				타권리		권리분석	
	전입신고[대항력]		확정일자[우선변제]		압류등기		임차인 대항력 (a)vs(d)	임차인 배분순위 (c)vs(d)
	신고일	효력(a)	신고일(b)	효력(c)	접수일	효력(d)		
CASE1	1월 4일	1월 5일 0시	1월 4일 9시~18시	1월 5일 0시	1월 4일	1월 4일 9시~18시	X	
CASE2	1월 3일	1월 4일 0시	1월 4일 9시~18시	1월 4일 9시~18시	1월 4일	1월 4일 9시~18시	O	
CASE3	1월 3일	1월 4일 0시	1월 3일 9시~18시	1월 4일 0시	1월 4일	1월 4일 9시~18시	O	

우선변제 효력 발생 시점 계산

이번은 경공매에 넘어간 경우 배분을 누가 먼저 받아 가는지 살펴보면 다음과 같다.

CASE1의 확정일자 효력 1월 5일 0시를 압류등기 효력 1월 4일 9시~18시와 비교해 보면 늦는다. 그렇기에 임차인은 배분순위에서 밀리게 된다. 전입/확정일자를 압류등기 접수일과 같은 날짜인 1월 4일에 받았으나, 대항력도 후순위이고 배분도 후순위가 되는 상황이 발생되었다. CASE1은 '사례 10'에서 설명한 내용이기도 하다.

CASE2,3도 마찬가지이다. 임차인의 확정일자 효력 시점(c)과 압류등기 효력 시점(d)을 비교해 보면, CASE2는 압류등기와 동순위이고 CASE3는 압류등기보다 빠른 상황이다.

이에 따라 전입/확정일자를 받아 두는 행위는 무조건 빨리 해야 한다. 타 권리가 나보다 선순위로 등기되어 내 보증금을 위협할 수 있기 때문이다. 상황이 허락할 시 임대차계약의 잔금납부 전에 전입/확정일자를 받아 두기도 한다.

구분	임차인				타권리		권리분석	
	전입신고[대항력]		확정일자[우선변제]		압류등기		임차인 대항력 (a)vs(d)	임차인 배분순위 (c)vs(d)
	신고일	효력(a)	신고일(b)	효력(c)	접수일	효력(d)		
CASE1	1월 4일	1월 5일 0시	1월 4일	1월 5일 0시	1월 4일	1월 4일 9시~18시	X	후순위
CASE2	1월 3일	1월 4일 0시	1월 4일	1월 4일 9시~18시	1월 4일	1월 4일 9시~18시	O	동순위
CASE3	1월 3일	1월 4일 0시	1월 3일	1월 4일 0시	1월 4일	1월 4일 9시~18시	O	선순위

임차인 배분순위 계산

추가로 대항력과 우선변제에 대해 요약해 보면 다음과 같다.

<근저당등기, 압류등기 등 타 권리 대비 선순위라는 가정 하에>

1) 대항력만 있고 우선변제 권리가 없는 경우
  - 전입신고 O, 확정일자 X

2) 대항력과 우선변제 권리 모두 있는 경우
  - 전입신고 O, 확정일자 O

3) 대항력과 우선변제 권리 모두 없는 경우
  - 전입신고 X, 확정일자 O
  - 우선변제는 성립되지 않음(전입신고가 없음)

파트 요약 및 주의 사항

✏️ 파트 요약

1) 확정일자
  - 주민센터, 법원 등기소 등으로부터 임대차계약서상 현재 날짜를 증명하기 위하여 확정일자의 번호와 도장을 찍는 것
  - 온라인(인터넷등기소 사이트)를 통해 신고 가능
  - 후순위 권리자보다 먼저 보증금을 변제받을 수 있는 권리[우선변제]가 발생
2) 효력 발생 시점
  - 전입신고 다음날 0시와 확정일자 받은 날 9시~18시 중 늦은 시점
3) 우선변제 요건
  - 점유, 전입신고, 확정일자, 배분요구

✏️ 주의 사항

1) 임차인 측면 : 타 권리 대비 전입/확정일자를 미리 받을 수 있도록 조치
2) 임대인/투자자 측면
    - 우선변제 효력이 있는 지와 발생 시점에 대해서 충분한 검토 필요
    - 선순위 임차인 권리분석 시 타 권리와 비교하여 임차인이 우선적으로 보증금을 받아갈 수 있는 지 확인 필요
    - 임차인이 선순위이나 변제받지 못한 보증금은 낙찰자가 부담해야 함

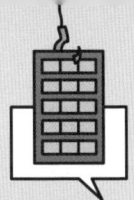

사례 12

부동산 중개사 사무소에서 공매에 넘어가도 소액임차인이라 다 받을 수 있다는데요? - 소액임차인, 최우선변제

사연 물건(상기 물건은 다음 사연과 정확히 일치하지 않을 수 있습니다)

A는 인천 미추홀구 내 빌라를 공매로 낙찰받았다. 임차인을 만나러 갈 시간이 없어 A는 출근 전 낙찰통지서만 해당 우편함에 넣어 놓고 임차인의 연락을 기다렸다. 해당 낙찰통지서 내에는 A가 낙찰받았고 이사관계 및 사용에 관해 협의하고자 연락을 달라는 내용이 담겨있다. 당연 A의 연락처 또한 남겨져 있다. 다행히 임차인[이하 'B']으로부터 연락이 와 통화를 시작한다.

B : 안녕하세요.
A : 안녕하세요.

(이런저런 질문이 오간다)

A : 후순위 임차인이신 건 아시죠?
B : 후순위이나 소액임차인이라 배분은 다 받을 것 같습니다.
A : ?

B : 더불어 배분을 받으면 집을 비워줘야 한다고 들었는데 계속 살고 싶네요.
A : (한숨과 함께) 네.

B는 등기부등본상 근저당이 선순위로 설정되어 있지만, 소액임차인이라 혹시 경공매에 집이 넘어가도 보증금은 다 돌려받을 수 있다고 안내를 받아 임대차계약을 작성한 것 같다.

임차인이 안내받은 내용은 반은 맞고 반은 틀리다. 이유가 무엇인지, 나아가 소액임차인은 어떤 것인지 알아보도록 하자.

다음은 전입신고, 확정일자 및 소액임차인에 대해서 비교해 놓은 표이다.

구분		대항력 효력	우선변제 효력	최우선변제 효력 (소액임차인)
내용		경공매 등으로 집주인이 바뀌어도 임차 기간을 보장받고, 보증금을 반환받을 수 있는 권리	후순위 권리자보다 먼저 보증금을 변제받을 수 있는 권리	보증금 중 일정액을 선순위 권리자보다 먼저 변제받을 권리 (매각대금 ½ 한도)
요건	점유	O	O	O
	전입신고	O	O	O
	확정일자	-	O	-
	배분요구	-	O	O
	소액임차인	-	-	O (담보물권[14] 등기접수일 기준금액 이하)
효력 발생		전입신고 다음날 0시	전입신고 다음날 0시, 확정일자 당일 9시~18시 중 늦은 시점	상기 요건을 갖출 것
신고 온라인	오프라인	주민센터	주민센터, 법원 등기소	(별도 신고 불필요)
	정부24	인터넷등기소	인터넷등기소	(별도 신고 불필요)
비고		타권리자보다 선순위여야 함	타권리자보다 선순위여야 함	순위의 개념이 아닌 기준금액이 중요

대항력, 우선변제 및 최우선변제 비교

소액임차인이란 임차인의 보증금이 법에서 정하는 기준금액 이하인 경우를 말한다. 주택임대차보호법에서 사회적 약자를 보호하기 위해 보증금이 소액인 경우 임차 주택이 경공매에 넘어갈 시 보증금 중 일정액을 다른 선순위 권리자보다 우선하여 변제[최우선변제]받을 수 있도록 하였다.

다음과 같은 소액임차인의 요건을 만족할 시 최우선변제를 받을 수 있다.

[14] 담보물권 : 일정한 물건을 빚에 대한 보증으로 제공하는 목적의 물권. 예: 저당, 근저당, 전세권, 담보가등기 등

1) 점유+전입신고
  - 공매공고 등기 전까지 갖출 것
  - 배분요구종기까지 유지
  - 선순위 등 순위는 중요치 않음
2) 배분요구
3) 보증금이 기준금액 이내 (단, 근저당 등 담보물권 등기접수일 기준금액 이하)

여기서 기준금액은 근저당 등 담보물권 등기접수일 기준금액 이하이다. 이는 예시를 통해 다시 설명할 예정이다. 해당 기준금액은 인터넷등기소 사이트에서 찾아볼 수 있다. 사이트 메인화면 우측 하단의 '소액임차인의 범위 안내'를 클릭한다.

인터넷등기소 상 소액임차인의 범위 안내

서울, 경기, 인천, 강원 등 지역별로 기준금액이 상이하며, 현 사연의 인천 지역 소액임차인 범위를 살펴보자.

● 인천광역시

※ 1. 이 자료는 검색의 편의를 위해 주택임대차보호법, 상가건물임대차보호법 및 수도권정비계획법의 내용을 정리한 것입니다. 참고자료로만 활용하시기 바랍니다.
2. 법령의 개정(법제처 국가법령정보센터에서 확인 가능) 및 행정구역 변경(해당 자치단체 홈페이지에서 확인 가능)에 따라 그 내용이 변경될 수 있음을 주의하시기 바랍니다.
(법제처 국가법령정보센터 바로가기)

1. 주택임대차보호법

① 기준시점	② 지역	③ 임차인 보증금 범위	④ 보증금 중 일정액의 범위
1990. 2. 19.~	인천직할시	2,000만원 이하	700만원
1995. 3. 1.~	인천직할시 (강화군, 옹진군, 김포군 검단면 포함1))	2,000만원 이하	700만원
1995. 10. 19.~	인천광역시	3,000만원 이하	1,200만원
	강화군, 옹진군	2,000만원 이하	800만원

(중략)

	인천광역시 중 「수도권정비계획법」에 따른 「과밀억제권역」지역	8,000만원 이하	2,700만원
2016. 3. 31.~	인천광역시 중 「수도권정비계획법」에 따른 「과밀억제권역」에 포함되지 않은지역 (강화군, 옹진군 제외)	6,000만원 이하	2,000만원
	강화군, 옹진군	5,000만원 이하	1,700만원
2018. 9. 18.~	인천광역시 중 「수도권정비계획법」에 따른 「과밀억제권역」지역	1억원 이하	3,400만원
	인천광역시 중 「수도권정비계획법」에 따른 「과밀억제권역」에 포함되지 않은지역 (강화군, 옹진군 제외)	6,000만원 이하	2,000만원
	강화군, 옹진군	5,000만원 이하	1,700만원

주택, 소액임차인의 범위 안내

소액임차인인지 여부를 따지기 위해 '소액임차인의 범위 안내' 표와 비교하여

1) 임차 주택 등기부등본상 근저당 등 담보물권 등기접수일을 '①기준시점'에서 찾고
2) 임차 주택 지역을 '②지역'과 비교한 후
3) 임차인의 보증금이 '③임차인 보증금 범위' 내 들어오면
4) '④보증금 중 일정액의 범위' 내에서 최우선으로 변제받을 수 있다는 것이다.

현 사연을 공식 등에 대입하여 소액임차인에 해당되는지 확인해 보자.

1) 점유+전입신고
  - 공매공고 등기 전까지 갖출 것 : 충족 (입찰 7일 전 공개되는 공매재산명세상 표기)
  - 배분요구종기까지 유지   : 충족 (입찰 7일 전 공개되는 공매재산명세상 표기)
  - 선순위 등 순위는 중요치 않음 : 순위상관없음 (후순위. 근저당 17.03월 대비 전입신고 17.06월)
2) 배분요구 : 충족 (19.06)

■ 임차인 배분 요구 및 채권신고 현황

임대차구분	성명	계약일자	전입신고일자(사업자등록신청일자)	확정일자	보증금	차임	임차부분	배분요구일자	채권신고일자	비고
임차인	OOO	미상	17.06	17.06	2천만원	0	미상	19.06	19.06	

■ 배분요구 및 채권신고 현황

번호	권리관계	성명	압류/설정(등기)일자	법정기일(납부기한)	설정금액(원)채권액(원)	배분요구채권액(원)	배분요구일
1	임차인	OOO			0	2천만원	19.06
2	근저당권	OO은행	17.03		X천만원		19.06

현 사연의 공매재산명세상 배분요구현황

3) 보증금이 기준금액 이내 : 충족 (기준금액 8천만 원 > 보증금 2천만 원)
  - ①기준시점 : 근저당 등기접수일 17.03월이 포함되는 구간 검색 (16.03.31~)
  - ②지역 : 임차 주택은 인천 미추홀구에 위치하여 인천 내 과밀억제권역
  - ③임차인 보증금 범위 : 임차인 보증금 2천만 원은 기준금액 8천만 원 내 들어옴
  - ④보증금 중 일정액의 범위 : 2.7천만 원까지 최우선으로 변제받을 수 있음

근저당 등기접수일 17.03 ‖	임차 주택의 지역 인천 미추홀구 ‖	임차인 보증금 2천만 원 ‖	임차인 보증금 2천만 원 ‖
① 기준시점	② 지 역	③ 임차인 보증금 범위	④ 보증금 중 일정액의 범위
2016. 3. 31.~	인천광역시 중 「수도권정비계획법」에 따른 「과밀억제권역」 지역	8,000만원 이하	2,700만원
	인천광역시 중 「수도권정비계획법」에 따른 「과밀억제권역」에 포함되지 않은 지역 (강화군, 옹진군 제외)	6,000만원 이하	2,000만원
	강화군, 옹진군	5,000만원 이하	1,700만원

인천 주택, 소액임차인의 범위 안내

현 내용이 맞다면 임차인은 후순위이나 소액임차인으로 공매 낙찰대금으로부터 최우선으로 보증금 전액을 돌려받았어야 한다. 허나 그렇지 못하였다. 이유로는 주택가액(대지의 가액 포함)의 1/2에 해당하는 금액까지만 우선변제받을 수 있는 별도 조항(주택임대차보호법 제8조)이 있기 때문이다.

---

4) 다음 중 작은 금액 내까지 최우선변제
  - 낙찰가액 1/2   : 1.5천만 원 (낙찰가액 3천만 원)
  - ④보증금 중 일정액의 범위   : 2.7천만 원

이에 임차인은 1.5천만 원가량 보증금을 돌려받았을 것이다. 그렇기에 선순위 근저당 등 담보물권이 설정된 집에 소액임차인으로 들어가게 될 경우에는 다음 내용 전반을 면밀히 따져봐야 한다.

---

1) 점유+전입신고
  - 공매공고 등기 전까지 갖출 것
  - 배분요구종기까지 유지
  - 선순위 등 순위는 중요치 않음
2) 배분요구
3) 보증금이 기준금액 이내 (단, 근저당 등 담보물권 등기접수일 기준금액 이하)
4) 낙찰된 주택가액(대지 포함)의 ½ 범위 내에서 최우선변제

소액임차인의 최우선변제는 다른 말로 방공제(또는 방빼기)라고도 불린다. 이는 빌라 등을 경공매로 낙찰받고 은행에서 잔금대출을 받을 때 흔히 들을 수 있다.

은행에서는 대출 시 대출가능비율(LTV)을 따져 대출가능금액을 산정한 후 최우선변제액(소액임차인의 범위 등 안내상 ④)만큼 공제한 후 대출을 해준다. 이유로는 대출과 함께 근저당 등기를 설정해 둔 후 후순위로 임차인이 전입신고하였는데, 해당 보증금이 사회적 약자로 경공매 낙찰대금에서 최우선으로 변제 받아가며 내 채권을 침해할 수 있기 때문이다.

간단히 예를 들어보면 다음과 같다. 소액임차인으로 최우선 변제받을 수 있는 금액이 30인 지역이 있다. 은행에서 집의 시세가 100인 빌라에 70을 대출해 준 후 경공매에 넘어갔다고 가정하자. 이때 은행은 70을 돌려받아야 하는데 소액임차인이 최우선해서 30을 받아 갔기에 남은 낙찰대금 40만 돌려받을 수 있다. 내 채권이 훼손된 상황이다.

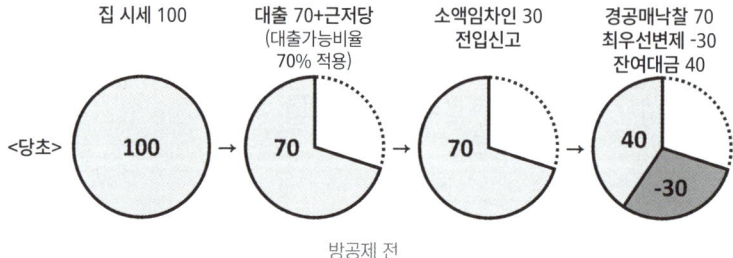

이에 대출 시점부터 소액임차인의 최우선변제액만큼 공제(방공제)한 후 돈이 나가면, 경공매에 넘어가도 후순위로 전입신고한 소액임차인 때문에 내 채권(근저당)이 침해받지 않게 된다.

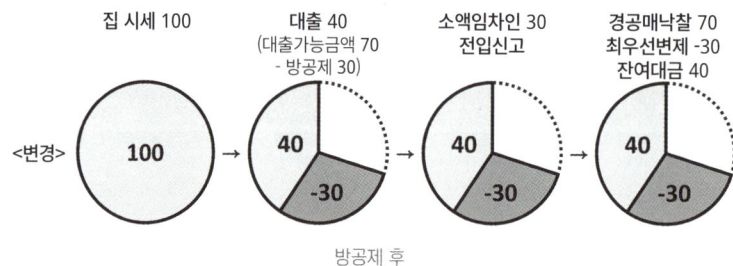

이러한 소액임차인 범위는 2~3년 주기로 상향 조정된다. 이에 지역별, 기간별 소액임차인의 범위를 잘 따져보고 접근할 필요가 있다.

파트 요약 및 주의 사항

✎ **파트 요약**

1) 소액임차인
   - 보증금이 법에서 정하는 기준금액 이하인 임차인
2) 효력 발생 시점
   - 사회적 약자를 보호하기 위해 보증금이 소액인 경우 임차 주택이 경공매에 넘어갈 시 보증금 중 일정액을 다른 선순위 권리자보다 우선하여 변제[최우선변제] 받을 수 있도록 함
3) 최우선변제 요건
   - 점유+전입신고 (단, 공매공고 등기 전까지 갖출 것. 배분요구종기까지 유지)
   - 배분요구
   - 보증금이 기준금액 이내 (단, 근저당 등 담보물권 등기접수일 기준금액 이하)

✏️ 주의 사항

1) 임차인 측면
    - 주택 임차 시 내 보증금이 소액임차인 기준금액 범위 내에 들어오는지 확인
    - 주변 경공매 낙찰 사례들을 살펴보고 내 보증금이 낙찰가액의 ½ 범위 내 인지 체크
2) 임대인/투자자 측면 :
    - 소액임차인 범위가 2~3년 주기로 상향 조정
    - 잔금대출 시 방공제 금액이 커져 투자자가 부담해야 할 자금 부담이 커질 우려 존재

여기서 잠깐! 전용면적, 공급면적 및 계약면적의 차이

주택의 면적 관련하여 간단히 알아보자. 실제 공매물건(아파트)의 상세 내용 예시를 다음과 같이 봐보자.

처분방식 / 자산구분	매각 / 압류재산(캠코)
용도	아파트
면적	대 56.7379㎡, 건물 84.166㎡
감정평가금액	XXX,000,000원
입찰방식	일반경쟁(최고가방식) / 총액
입찰기간 (회차/차수)	20XX-XX-XX X0:00~20XX-XX-XX XX:00 (0XX/001)
유찰횟수	X회
배분요구종기	20XX-XX-XX
최초공고일자	20XX-XX-XX

공매물건 면적 예시

내용 중 면적 칸이 있고, 대 56.7379㎡, 건물 84.166㎡라고 표기되어 있다. 여기서 건물 면적은 '전용면적'이고, 이는 방/거실/욕실 등 아파트 현관문을 열고 들어가면 마주할 수 있는 공간의 합계면적이다.
참고로 전용면적 84.166㎡는 과거 표기법에 따르면 32평[공급면적] 아파트이다.
여기서 '공급면적'이라는 개념이 나오는데, 전용면적과의 차이점은 다음의 표를 통해 알 수 있다.

	계약면적		
	공급면적		기타공용면적
서비스면적	전용면적	주거공용면적	
발코니	방, 거실, 욕실 (등기부등본상 면적)	계단, 복도 등	놀이터, 주차장 등
실사용 면적			

면적별 세부 내용

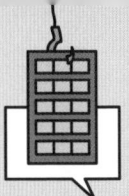

사례 13

확정일자를 받을까? 전세권 설정을 할까?

- 전세권

사연 물건(상기 물건은 다음 사연과 정확히 일치하지 않을 수 있습니다)

현 임차인의 경우 임차 주택에 전입/확정일자를 받아 둔 이후 전세권 등기까지 완료하였다. 또한 타 권리 대비 선순위로, 선순위 임차권 지위와 선순위 전세권 지위를 겸유하고 있다. 이후 해당 주택이 공매에 넘어가 낙찰된 상황이다.

1) 임차인
   - 전입/확정일자[임차권] : 19.11일 신고 → 선순위 임차권
   - 전세권 : 20.02일 등기접수 → 선순위 전세권
2) 타 권리[압류] : 21.02일 등기접수

여기서 '전세권'이란 단어가 흔히들 이야기하는 전세와 같은 개념이 아닌지 혼란이 온다. 그리고 임차권이라는 개념 또한 생소하다.

【 을 구 】		(소유권 이외의 권리에 관한 사항)	
순위번호	등 기 목 적	접 수	등 기 원 인	권리자 및 기타사항
3	전세권설정	20.02월	20.01월 설정계약	전세금 금　　　　원 범 위 건물의 전부 존속기간 19.11월 부터 21.11월 까지 전세권자　OOO　－＊＊＊＊＊＊＊

등기부등본상 전세권 예

이에 임차권/전세권의 차이와 전입/확정일자 외에 전세권 등기까지 하는 이유에 대해서 알아보도록 하자.

다음은 임차권과 전세권의 비교표이다.

구분		임차권(채권)	전세권(물권)
방법		임대차계약을 통해 해당 부동산을 사용/수익할 수 있는 권리. 일반적인 '전세'가 여기에 해당	전세금을 지급하고 해당 부동산을 사용/수익한 후, 그 부동산을 반환하고 보증금을 되돌려 받을 권리
공시 여부		등기부에 기재되지 않음	등기부에 기재
대항력	발생	인도(점유)+전입신고	실거주불필요+전세권 등기
	(효력)	(전입신고 다음날 0시)	(전세권 등기접수 일자)
우선변제	발생	전입신고+확정일자	전세권 등기
	(효력)	(대항력 및 확정일자 효력일 중 늦은 날)	(전세권 등기접수 일자)
최우선변제		소액임차인 조건 만족 시 해당	미해당
수수료		소액(1,000원 내외)	거액(전세금 0.2% 등)
임대인동의		불필요	필요

임차권과 전세권 비교

먼저 임차권이란 임대차계약을 통해 임차 주택을 사용/수익할 수 있는 권리[채권]이다. 다만 당초 집주인[임대인] 외 변경된 집주인[제3자]에게는 기존 잔여 임차 기간 및 보증금을 주장할 수 없어, 집을 점유함과 동시에 전입신고를 해야 제3자에게도 기존 권리를 주장[대항력]할 수 있다. 나아가 경공매 절차에서 임차인이 보증금을 후순위 권리 대비 먼저 배분[우선변제]받기 위해서는 확정일자를 임대차 계약서에 받아 두어야 한다.

허나 전세권은 등기부등본상 전세권 등기를 한 경우 해당일로부터 대항력과 우선변제 효력이 발생한다. 별도로 전입/확정일자를 받아 둘 필요가 없다. 단, 전세권 설정을 위해 사전 집주인의 동의를 얻어야 한다는 단점이 있다. 더불어 등기 비용 또한 만만치 않다. 전세금이 3억 원인 경우 전세권 설정 비용은 60만 원 이상 소요된다.

임차권의 경우 소액임차인 대상에 해당할 시, 권리의 발생 순위에 상관없이 경공매에서 최우선해서 보증금을 돌려받을 수 있다. 단, 전세권의 경우 어떤 경우이든 소액임차인으로서 최우선변제 대상이 되지 않는다.

구분	임차권(채권)	전세권(물권)
보증금을 돌려받지 못한 경우	(보증금반환청구)소송을 통해 승소 판결을 받아 경매신청	소송 없이 (임의)경매신청 가능
전대차	임대인동의 필요	임대인동의 불필요
비용청구 (to 임대인)	필요비상환청구 가능 유익비상환청구 가능	필요비상환청구 불가능 유익비상환청구 가능

임차권과 전세권 비교

임대차계약이 만기가 되었는데 보증금을 돌려주지 않는 경우, 임차권의 경우 소송을 통해 승소판결[집행권원]을 받아 경매 낙찰대금으로부터 보증금을 회수해야 한다. 소송과는 별개로 임차권 등기, 해당 부동산에 처분금지가처분 등의 조치가 필요하다. 허나 전세권의 경우 소송절차 없이 바로 경매 신청이 가능(민법 318조 참조)하다.

여기서 임차권 등기에 대해 간단히 알아보자. 임대차 기간이 만료되었는데 집주인으로부터 보증금을 받지 못한 상황 속에 이사를 나간다면[전출] 대항력을 잃게 되어 보증금을 보호받지 못한다. 이때 임차인이 할 수 있는 것이 임차권 등기이다. 주택임대차보호법은 임차인이 보증금을 돌려받지 못한 경우 기존 전입신고[대항력]와 확정일자[우선변제] 효력을 유지하면서 자유롭게 이사 나갈 수 있도록 마련한 제도이다.

집주인의 동의 없이 임차인이 단독으로 법원에 임차권등기명령 신청을 통해 설정할 수 있다.

등기부등본상 주택임차권 등기 예

더불어 임차권은 임차인이 집주인의 동의 없이 남에게 재-임대[전대]하는 행위가 불가하나, 전세권은 집주인의 동의 없이 다른 사람에게 집을 임대할 수 있다.

민법

제306조(전세권의 양도, 임대 등) 전세권자는 전세권을 타인에게 양도 또는 담보로 제공할 수 있고 그 존속기간 내에서 그 목적물을 타인에게 전전세 또는 임대할 수 있다. 그러나 설정행위로 이를 금지한 때에는 그러하지 아니하다.

제308조(전전세 등의 경우의 책임) 전세권의 목적물을 전전세 또는 임대한 경우에는 전세권자는 전전세 또는 임대하지 아니하였으면 면할 수 있는 불가항력으로 인한 손해에 대하여 그 책임을 부담한다.

제309조(전세권자의 유지, 수선의무) 전세권자는 목적물의 현상을 유지하고 그 통상의 관리에 속한 수선을 하여야 한다.

제318조(전세권자의 경매청구권) 전세권 설정자가 전세금의 반환을 지체한 때에는 전세권자는 민사집행법의 정한 바에 의하여 전세권의 목적물의 경매를 청구할 수 있다.

나아가 임차권과는 다르게 전세권은 보일러 수리 등 목적물의 현상을 유지하고, 통상적인 관리 의무에 속하는 수선비용[필요비]에 대해 전세권자가 부담(민법 제309조 참조)해야 한다.

구분	필요비	유익비
내용	물건의 보존을 위해 지출한 비용과 같이 물건 자체에 기여하기 위한 비용	물건을 개량하기 위해 지출한 비용과 같이 물건의 가치를 증대시키는 비용
청구 시기	지출 즉시	임대차 종료 시 6개월 이내
예시	보일러 수리 등 소규모 수선비용	발코니 확장, 중문 설치, 이중창 설치 등

비용청구 (to 임대인)	임차권	청구 가능	청구 가능
	전세권	청구 불가능	청구 가능

필요비와 유익비 비교

마지막으로 임차 주택이 경공매에 넘어갔을 시 임차권/전세권은 다음과 같은 차이를 보인다.

구분		임차권(채권)	전세권(물권)
배분요구		배분요구를 해야 배분받을 수 있음	배분요구 없이 순위에 의해 배분받을 수 있음
임차인 보증금	선순위	낙찰자가 부담[인수]	낙찰자가 부담[인수] 배분요구 또는 경매 신청 시 낙찰자가 미부담[소멸]
	후순위	낙찰자가 미부담[소멸]	낙찰자가 미부담[소멸]
배분 효력		토지+건물	건물 (집합건물은 토지+건물에 효력)

경공매에 넘어간 경우 임차권과 전세권 비교

먼저 임차권은 임차 주택이 경공매에 넘어갈 시 배분요구(사례 04 참조)를 해야 낙찰대금으로부터 보증금을 변제받을 수 있다. 하지만 전세권은 물권이기에 배분요구를 하지 않아도 보증금을 변제받을 수 있다.

선순위 임차권/전세권 모두 배분요구를 하지 않아도 낙찰대금으로부터 돌려받지 못한 보증금을 낙찰자가 부담하게 된다. 허나 배분요구 또는 경매를 신청한 선순위 전세권의 경우는 보증금 다 돌려받지 못해도 낙찰자가 해당 보증금을 부담할 필요 없이 소멸된다. 당연 후순위 임차권/전세권의 보증금은 낙찰자가 신경 쓸 필요 없이 모두 소멸된다.

나아가 임차권/전세권 모두 임차 주택이 경공매에 넘어갈 시 토지/건물에 효력이 미친다. 다만 전세권은 집합건물(아파트, 다세대, 오피스텔 등)이 아닌 경우에는 건물에만 효력이 미친다. 다시 말해 단독주택(단독주택, 다중주택, 다가구주택 등)에서 토지와 건물 모두에 전세권을 설정한 경우가 아니라면, 경공매에 낙찰대금 중 건물 매각 대금으로부터 보증금을 변제받는다.

구분		임차 주택이 집합건물인 경우	임차 주택이 집합건물이 아닌 경우
예시		공동주택(아파트, 연립주택, 다세대), 오피스텔 등	단독주택(단독주택, 다중주택, 다가구)
등기부등본		집합건물 등기부등본	토지 + 건물 등기부등본
배분 효력	임차권	토지+건물 (건물 전유부분의 종된 권리인 대지권(토지)까지 효력이 미침)	토지+건물
	전세권		일반적으로는 건물

전세권의 효력이 미치는 범위 비교

아무래도 낙찰대금 중 건물에서만 변제받는다면 보증금 전체를 받을 확률이 낮아진다. 이에 전세권의 경우 토지/건물의 전체 낙찰대금으로부터 배분받기 위해서는 건물 포함 토지에도 전세권을 설정해 두어야 한다. 심지어 배분요구를 한 선순위 전세권은 보증금을 다 돌려받지 못해도 소멸된다. 이러한 부분에서는 임차권이 유리하다. 집합건물이든 아니든 전입/확정일자만 받아두면 토지/건물 전체 낙찰대금으로부터 보증금을 변제받을 수 있다. 선순위일 경우 다 돌려받지 못한 보증금은 낙찰자가 인수해야 한다.

예를 들어 임차인 보증금 100이 있는 단독주택/공동주택이 경공매로부터 각각 150에 낙찰되었다. 임차인 모두는 선순위이며, 보증금을 돌려받기 위해 배분/배당요구를 하였다. 이때 임차인이 인차권자인지 전세권자인지에 따라 결과가 달라진다.

1) 임차권자
   - 단독/공동주택 : 건물+토지 매각대금 150으로부터 보증금 100을 변제받음 (전체 회수)
2) 전세권자
   - 단독주택 : 건물 매각대금 75로부터 보증금 100을 변제받음 (일부만 회수 + 소멸)
   - 공동주택 : 건물+토지 매각대금 150으로부터 보증금 100을 변제받음 (전체 회수)

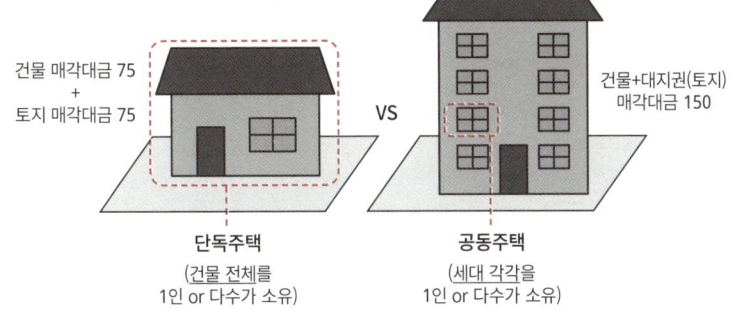

임차권자와 전세권자의 단독/공동주택별 배분 비교

이러한 전세권이 필요할 때도 있다.

1) 전입신고가 불가한 경우
 - 업무용 오피스텔 등 전입신고를 하지 않는 조건으로 임대차계약 체결 시
 - 임차인의 사정으로 전입신고가 불가할 시

2) 임차인이 법인인 경우
 - 주택임대차보호법의 보호 대상은 자연인[사람]으로, 법인은 이에 속하지 않음
 - 회사(중소기업 제외) 명의로 임대차계약 시 보증금을 보호받기 위해 전세권 설정

이에 임차권과 전세권의 특성을 알고, 상황에 맞게 활용하면 된다.

다시 사연으로 돌아와 보자. 현 임차인의 경우는 임차권 지위와 전세권 지위를 겸유하고 있다. 아마도 전입/확정일자만으로는 안심이 되지 않아 전세권 등기까지 한 것 같다. 이때 임차인은 전세권과 임차권 중 유리한 지위를 선택할 수 있다. 이 경우 임차인과 투자지 측면에서 주의할 점이 무엇인지 예를 통해 알아보자.

다음과 같이 A는 임차 주택에 전세권을 설정해둔 후 압류등기가 설정되자 전입/확정일자까지 받아 두었다. 이후 해당 부동산이 공매에 넘어간 상황이다. 이때 임차인은 전세권과 임차권의 두 가지 지위를 활용 가능하다. 허나 선택에 따라 결과가 달라진다.

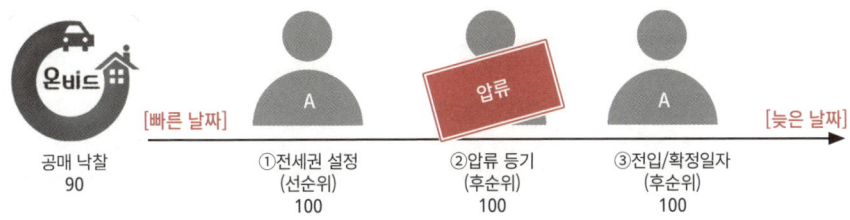

전세권과 임차권 두 지위를 가진 경우

1) 전세권자로 배분요구 100
- 전세권(선순위) : 선순위로 90을 우선변제받음
  (10을 받지 못하였으나, 배분요구를 하였기에 소멸. 낙찰자에게도 주장 불가)
- 임차권(후순위) : 후순위로 소멸

2) 임차권자로 배분요구 100
- 전세권(선순위) : 선순위로 90을 우선변제받음
  (배분요구를 하지 않아 소멸되지 않고, 받지 못한 10은 낙찰자에게 주장 가능)
- 임차권(후순위) : 후순위로 소멸

현 상황에서 임차인은 당연히 임차권자로 배분요구를 해야 한다. 선순위 전세권은 배분요구를 하는 순간 받을 돈을 다 변제받지 못하여도 소멸되기 때문이다. 이에 이중적 지위를 겸유하고 있는 임차인은 임차 주택이 경공매에 넘어간 경우 전세권과 임차권 중 잘 따져보고 행동해야 한다. 투자자 또한 선순위 전세권이 있을 시 소멸될지 인수될지 잘 판단하여 입찰하여야 한다. 그렇지 않으면 추가로 돈을 부담하는 상황이 생길 수도 있다.

파트 요약 및 주의 사항

✏️ 파트 요약 (전세권)

1) 정의
   - 전세금을 지급하고 해당 부동산을 사용/수익한 후, 그 부동산을 반환하고 보증금을 되돌려 받을 권리
2) 대항력, 우선변제 효력 발생 시점
   - 등기부등본상 전세권 설정 일자로부터 발생
3) 장점
   - 전입신고, 확정일자 불필요
   - 실거주 불필요
   - 집주인의 동의 없이 전대차 가능
   - 보증금을 돌려받지 못할 시 소송 없이 바로 임의경매신청 가능
   - 법인 명의로 임대차계약, 전입신고가 불가할 경우 활용
4) 단점
   - 전세권 설정 시 집주인의 동의 필요
   - 전세권 설정 비용이 소요
   - 해당 부동산의 유지 목적으로 지출되는 비용[필요비]는 전세권자가 부담
   - 최우선변제 대상 불가
   - 경공매에 임차 주택이 넘어갈 시 일반적으로 건물 매각 대금으로부터 변제받을 수 있음
   - 선순위 전세권자가 경매신청 또는 배분요구를 한 경우 보증금을 전액 변제받지 못해도 소멸

✏️ 주의 사항

1) 임차인 측면
    - 전세권보다는 전입/확정일자를 받는 것이 대부분 유리
    - 전입신고가 불가한 경우 등에서 전세권 활용을 고려
    - 임차권과 전세권 모두를 보유한 경우 잘 따져보고 유리한 지위를 활용해야 함
2) 임대인/투자자 측면 :
    - 선순위 전세권이 있는 경우, 소멸 혹은 인수 여부를 따져 입찰 필요

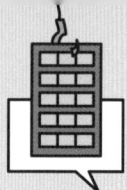

사례 14

배분요구절차만 알면 공매에 넘어간 내 전셋집을 싸게 낙찰받을 수 있다 - 배분요구

사연 물건(상기 물건은 다음 사연과 정확히 일치하지 않을 수 있습니다)

현 공매물건에는 선순위로 전입신고는 하였으나, 배분요구를 하지 않은 임차인이 있다. 그리고 최종 감정가 대비 19%에 낙찰되었다. 가령 감정가 6천만 원일 경우 11백만 원에 낙찰된 것이다.

각종 권리의 순위를 예로 보면 다음과 같다.

> 1) 임차인 : 18.01월 전입신고 (선순위)
> 2) 압류1 : 18.04월 등기접수
> 3) 압류2 : 18.05월 등기접수

이렇게 낮게 낙찰된 배경은 무엇인지, 이때 임차인의 지위로서 어떤 선택이 최선일지 알아보자.

먼저 공매재산명세를 보면 다음과 같다. 임차인의 전입신고 일자는 주민센터에서 전입세대 열람 내역을 떼어보면 알 수 있다. 그 외의 임차인에 대한 정보(확정일자, 보증금 등)는 다음의 경우가 아니면 알 수가 없다.

> 1) 공매 현장조사 시 임차인이 구두로 언급
> 2) 임차인이 보증금을 돌려받기 위해 배분요구

선순위이나 배분요구를 하지 않은 임차인의 공매재산명세 예

이때 임차인은 다른 권리 대비 선순위이나 배분요구를 하지 않아 우선변제받을 권리가 없다. 돌려받지 못한 보증금은 낙찰자가 내줘야(인수) 한다. 이때 해당 공매물건에 입찰을 하려는 자는 고민이 많아진다. 임차인의 보증금이 얼마인지 모르기 때문이다. 참고로 압류1,2는 후순위이기에 얼마를 배분받든 소멸된다. 낙찰자가 부담할 필요 없다는 이야기이다. (다소 생소한 선순위, 후순위, 인수, 소멸 등은 다음 챕터에서도 상세히 다룰 예정이다.)

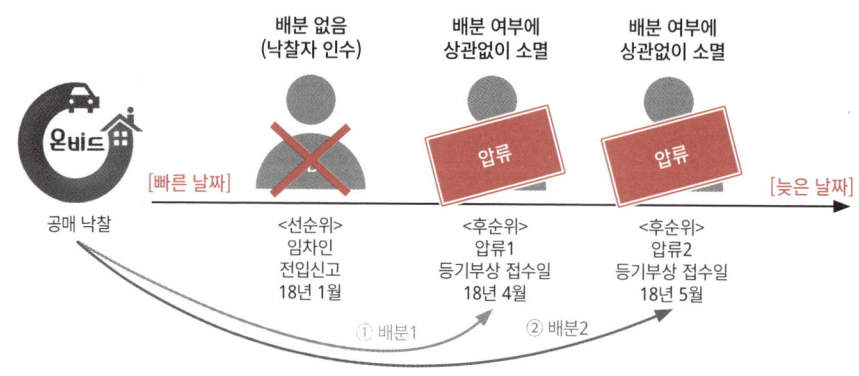

선순위이나 배분요구를 하지 않은 임차인의 배분 예

예시를 통해 알아보면, 시세 6천만 원짜리 현 부동산에 압류 2개가 등기되어 있고 각 3천만씩 변제받아야 한다. 더불어 투자자는 4천만 원에 입찰하여 최종 낙찰받았다. 허나 전입신고 외 배분요구를 하지 않아 임차인의 보증금은 모르는 상황 속에 입찰하였다. 이때 임차 보증금에 따라 낙찰자가 얼마를 추가로 부담할지 알아보면 다음과 같다.

1) 임차 보증금이 4천만 원인 경우 - 예: 전세 4천
 - 1순위 배분 : 압류1, 3천만 원 (잔여 낙찰대금 1천만 원)
 - 2순위 배분 : 압류2, 1천만 원 (잔여 낙찰대금 없음. 전체를 변제받지 못해도 후순위로 소멸)
 - 기타 : 선순위 임차 보증금 4천만 원 낙찰자 추가 부담
  → 시세 6천 대비 8천만 원 투자 (= 낙찰대금 4천만 원 + 임차 보증금 4천만 원)

2) 임차 보증금이 2천만 원인 경우 - 예: 보증금 2천, 월세 15만 원
 - 1순위 : 1)번과 동일
 - 2순위 : 1)번과 동일
 - 기타 : 선순위 임차 보증금 2천만 원 낙찰자 추가 부담
  → 시세 6천 대비 6천만 원 투자 (= 낙찰대금 4천만 원 + 임차 보증금 2천만 원)

3) 임차 보증금이 1천만 원인 경우 - 예: 보증금 1천, 월세 30만 원
 - 1순위 : 1)번과 동일
 - 2순위 : 1)번과 동일
 - 기타 : 선순위 임차 보증금 1천만 원 낙찰자 추가 부담
  → 시세 6천 대비 5천만 원 투자 (= 낙찰대금 4천만 원 + 임차 보증금 1천만 원)

임차인이 4천만 원에 전세를 살 수도 있고, 보증금 1천만 원에 30만 원 월세를 살 수도 있다. 허나 이를 모르고 입찰한 경우, 1)과 같이 시세 대비 비싸게 살 수도 있고 3)과 같이 시세보다 낮게 살 수도 있다. 그렇기에 투자자 입장에서는 임차인이 배분요구를 하지 않은 물건을 입찰하는

경우에는 철저한 현장탐문 등 제대로 알아보고 임해야 한다.

반대로 임차인 입장에서 임차 주택을 싸게 낙찰받고 싶다면 배분요구를 하지 않는 것도 방법이다. 현 사연과 같이 투자자 입장에서는 보증금을 모르기에 입찰에 신중할 수밖에 없고, 이에 유찰 횟수가 늘어나고 최저입찰가가 내려가게 된다. 계속 유찰되어 임차인이 원하는 가격대에 오면 그때 입찰하는 것이다. 다만 이 경우 임차인 입장에서 다음과 같은 내용 또한 고려해 봐야 한다.

1) 무조건 임차인이 낙찰받는다는 보장은 없음
2) 임차인이 낙찰받지 못할 경우 보증금을 회수하기까지 시간이 더 소요될 우려
   - 선순위+전입/확정일자+배분요구 : 낙찰대금에서 보증금을 변제받음
   - 선순위+전입신고 : 낙찰자로부터 받아야 함
3) 다른 곳으로 이사해야 해서 보증금이 필요한 경우 활용하기에 부적절 등

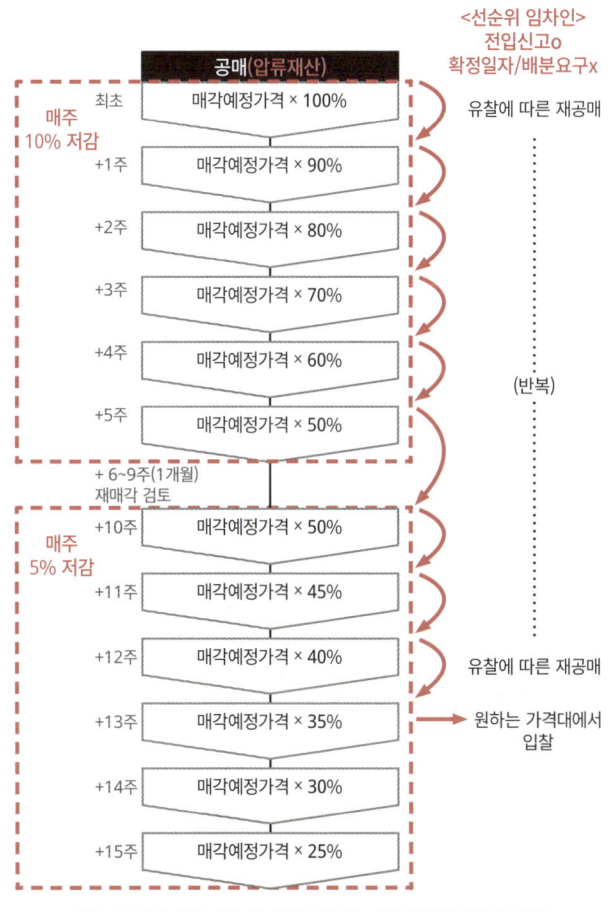

배분요구하지 않은 선순위 임차인이 있는 공매물건의 재공매 과정

파트 요약 및 주의 사항

📝 파트 요약

1) 배분(배당)요구
   - 임차인 등 채권자가 경공매로부터 보증금 등 채권을 변제받기 위해 요구하는 의사 표시
2) 채권신고 및 배분요구서 양식
   - 임차인의 경우 전입/확정일자, 임차보증금, 수령할 계좌 등 작성하여 제출
   - 배분요구를 하지 않는 경우, 입찰자는 보증금 액수 등에 대해 파악할 수 없음

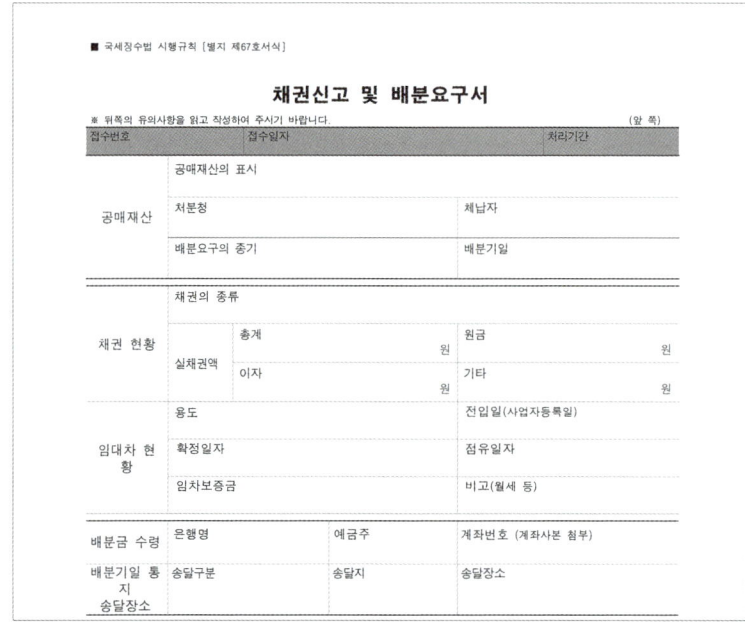

채권신고 및 배분요구서 양식

📝 주의 사항

1) 임차인 측면
   - 배분요구 절차를 활용하여 임차 주택을 저렴하게 낙찰받을 수 있는 가능성 또한 존재
   - 단, 각종 고려 사항 또한 존재하여 면밀히 따져보고 실행에 옮길 필요
2) 임대인/투자자 측면 :
   - 선순위로 전입신고만 하고 배분요구를 하지 않은 임차 주택 입찰 시에는 각별한 주의 필요

Action Plan: 임차인이라면 꼭 알아야 하는 주택임대차보호법 알아보기

구분	주택임대차보호법 (2022.01월 현재)
건물 용도	주거용 건물에 적용 　- 공부상 표시사항(근린생활시설 등)이 아닌 실제 용도(주거용)로 판단 　- 주거용과 비주거용 겸용 시 주된 용도가 주거용인 경우 적용 　- 미등기, 무허가 주택을 주거용으로 활용 시 또한 적용 　- 일시사용을 위한 임대차에서는 적용되지 않음
	주거용 판단시점은 임대차계약 체결 시
적용 대상	자연인 해당
	법인 미해당(단, 중소기업 등 예외법인은 해당)
대항력	이미 발생된 효력에 대해 나보다 후순위로 발생한 제3자에게 주장 가능 (선순위 임차인의 임차 주택이 경공매로 넘어간 경우 낙찰자에게 잔여 임대차 기간 및 임차보증금 등 권리를 주장 가능)
	점유(주택인도) + 전입신고(주민등록) = 대항요건 　- 점유는 직접점유 또는 간접점유 모두 인정 　- 본인 또는 동거가족 전입신고 시 대항력 인정 　- 다세대주택 전입신고 시 지번 + 동·호수 기재 시 대항력 인정 　- 다가구주택 전입신고 시 지번만 기재해도 대항력 인정 　- 집주인이 매도 후 재-임차 시 소유권이전등기 완료 다음날 대항력 발생
	주택인도 + 전입신고 다음날 0시
	주민센터 또는 정부24 사이트
우선변제	경공매 낙찰대금에서 후순위권리자 보다 우선하여 보증금을 변제받을 권리
	대항요건 + 확정일자 + 배분요구
	전입신고 다음날 0시와 확정일자 당일 9시~18시 중 늦은 시점
	주민센터 또는 인터넷등기소 사이트
최우선변제	보증금 중 일정액을 선순위 권리자보다 먼저 변제받을 권리 (매각대금 ½ 한도)
	대항요건 + 소액보증금 + 배분요구
	보증금이 기준금액 이내 (단, 근저당 등 담보물권 등기접수일 기준금액 이하) - 사례 12 참조

임차권 등기	임대차가 종료 후 보증금이 반환되지 아니한 경우 임차인 단독으로 관할 법원에 신청 가능
최단존속기간	2년 - 기간을 정하지 아니하거나 2년 미만으로 정한 임대차는 2년으로 봄 - 단, 임차인은 2년 미만으로 정한 기간이 유효함을 주장 가능
계약 갱신	- 임대인 : 기간만료 전 6개월~2개월 갱신 거절 통지 필요 - 임차인 : 기간만료 2개월 전 계약 갱신 거절 통지 필요
계약 갱신 요구권	1회에 한하여 행사 가능 (이 경우 갱신되는 임대차의 존속기간은 2년으로 봄)

계약 갱신 거절	- 임차인이 2기의 차임액에 해당하는 금액에 이르도록 차임을 연체한 사실이 있는 경우
	- 임차인이 거짓이나 그 밖의 부정한 방법으로 임차한 경우
	- 서로 합의하여 임대인이 임차인에게 상당한 보상을 제공한 경우
	- 임차인이 임대인의 동의 없이 목적 주택의 전부 또는 일부를 전대한 경우 등
	- 임차인이 임차 주택의 전부 또는 일부를 고의나 중대한 과실로 파손한 경우
	- 임차 주택의 전부 또는 일부가 멸실되어 임대차의 목적을 달성하지 못할 경우 - 임대인이 다음 각 목의 어느 하나에 해당하는 사유로 목적 주택의 전부 또는 대부분을 철거하거나 재건축하기 위하여 목적 주택의 점유를 회복할 필요가 있는 경우
	- 임대차계약 체결 당시 공사시기 및 소요기간 등을 포함한 철거 또는 재건축 계획을 임차인에게 구체적으로 고지하고 그 계획에 따르는 경우
	  a. 건물이 노후·훼손 또는 일부 멸실되는 등 안전사고의 우려가 있는 경우
	  b. 다른 법령에 따라 철거 또는 재건축이 이루어지는 경우
	- 임대인(임대인의 직계존속·직계비속을 포함한다)이 목적 주택에 실제 거주하려는 경우
	- 그 밖에 임차인이 임차인으로서의 의무를 현저히 위반하거나 임대차를 계속하기 어려운 중대한 사유가 있는 경우

묵시적 갱신	- 임대인 : 2년 확보 - 임차인 : 정해진 기간 없으며, 언제든지 해지 통고 가능 a. 임대인에게 통지가 도달한 뒤 3개월 후 소멸
임대료 인상	연 5% 이내

심화편 마무리
부동산 거래 시 챙겨봐야 할 서류를 한 번에 해결하기

1. 일사편리[15] 사이트 접속 > 부동산종합증명서 클릭

2. 로그인

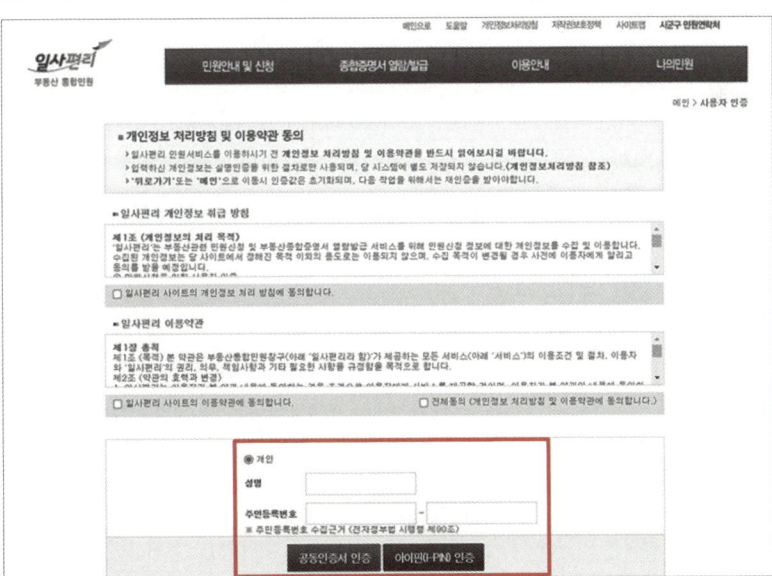

15　일사편리 : https://kras.go.kr:444

3. 원하는 주소 검색 > 열람(무료) 또는 발급(1,000원) 클릭

4. 열람 완료(6-1) : 토지 등의 표시, 소유자 현황, 등기 특정권리사항

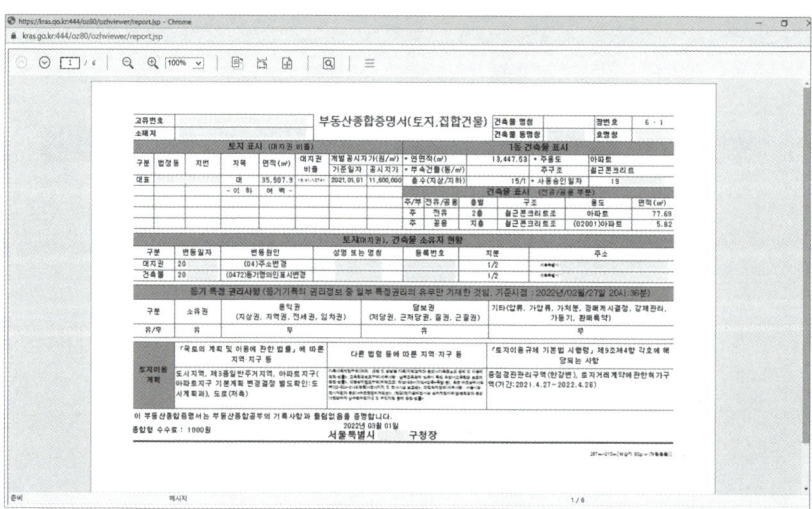

4. 열람 완료(6-2) : 건축물 표시, 층별 현황, 토지/건축물 공유 현황

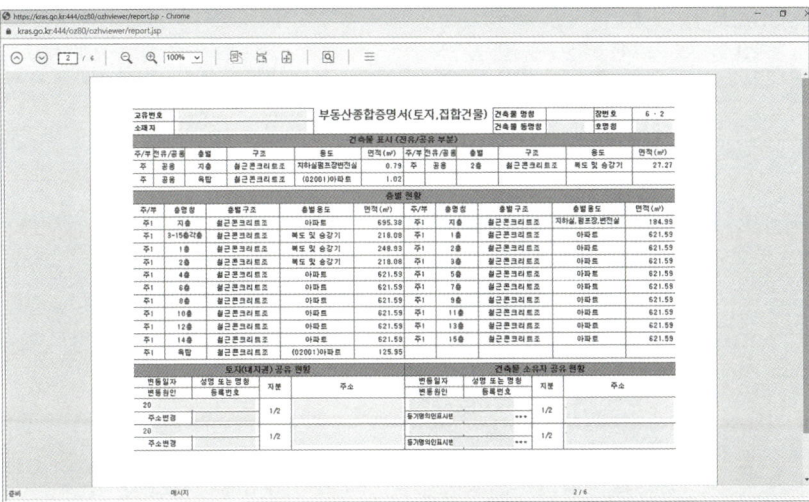

4. 열람 완료(6-3) : 토지/건축물 소유자 연혁, 공동주택가격

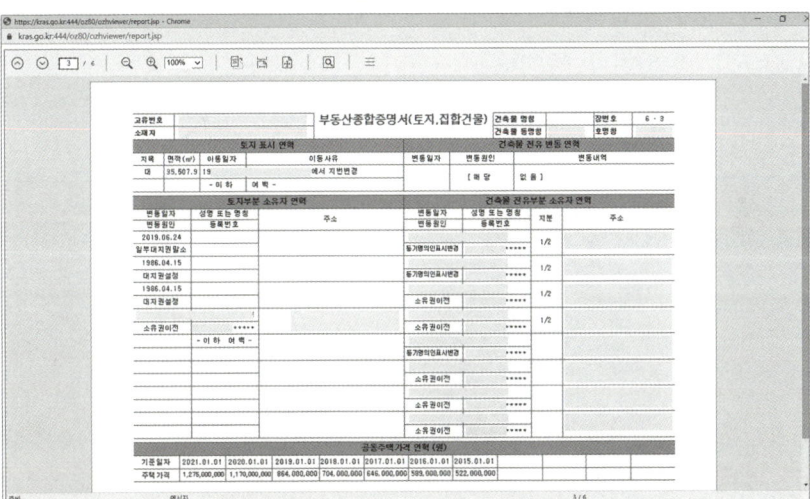

4. 열람 완료(6-4) : 토지이용계획 확인도면, 지적(임야)도1

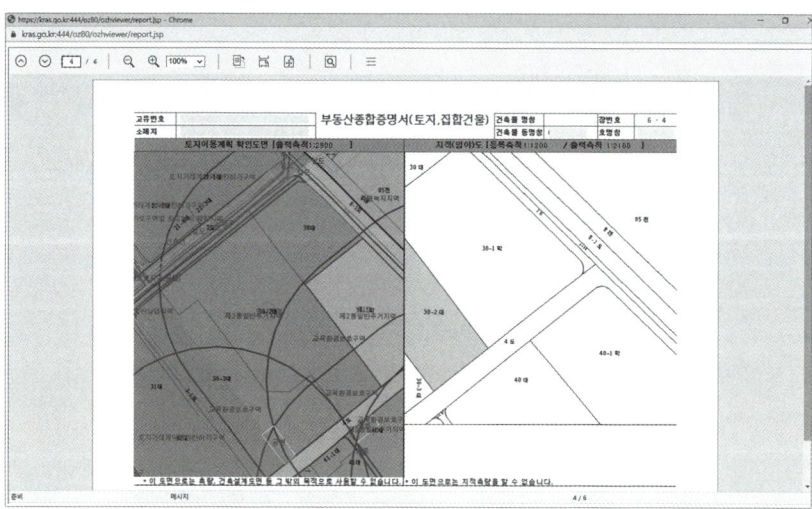

4. 열람 완료(6-5) : 지적(임야)도2 등

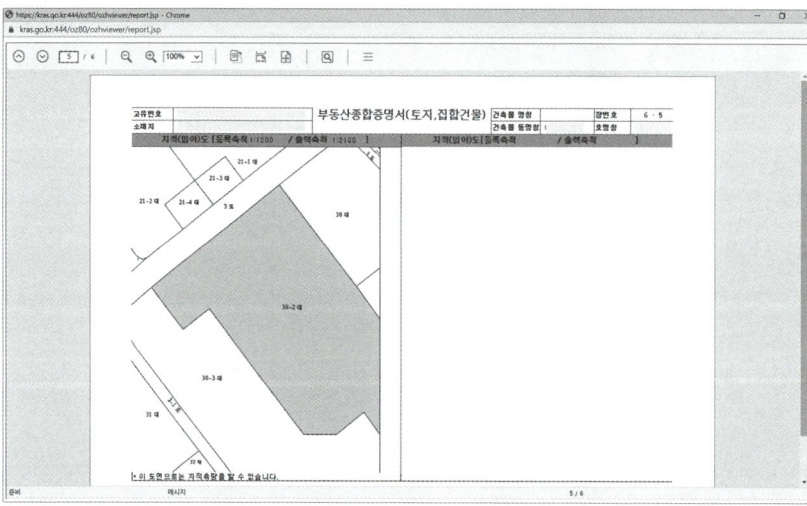

투/자/편

공매로 교양이 쌓일수록 이익도 쌓인다

C/H/A/P/T/E/R 06

속고 싶지 않다면
반드시 알아야 할 키워드, 권리분석

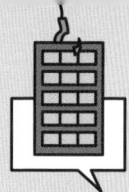

사례 15

서류만 봐도 깨끗한 물건인지, 복잡한 물건인지 알 수 있다
- 권리분석

사연 물건(상기 물건은 다음 사연과 정확히 일치하지 않을 수 있습니다)

현 사연의 경우 해당 부동산은 거주 중인 집주인이 체납하여 공매에 넘어갔다.

임차인이 있으면 권리분석이 다소 복잡해질 수 있으나, 현 물건의 경우 집주인이 살고 있어 권리분석이 단순하다. 앞선 사례 10, 사례 11, 사례 12에서 설명한 전입신고[대항력]/확정일자[우선변제]는 임차인에게만 해당되는데, 소유주가 집에 살고 있는 경우 해당 집주인은 임차인이 아니기에 대항력이라는 개념 자체가 없기에 그렇다. 경공매 잔금을 납부한 낙찰자는 점유자에 대한 별도 권리분석 없이 명도에만 집중하면 된다.

점유관계	성명	계약일자	전입신고일자 (사업자등록 신청일자)	확정일자	보증금	차임	임차부분	비고
체납자		미상		미상	미상	미상	미상	

현 사연의 공매재산명세 내용

공매재산명세의 점유관계상 체납자 또는 소유주라 명기되어 있는 이러한 물건은 다른 큰 하자만 없다면 주변 시세에 맞춰 입찰만 하면 된다.

 1) 시세 대비 입찰가가 같거나 높음 : 낙찰 가능성 커짐, 차익이 적음
 2) 시세 대비 입찰가가 낮음 : 차익이 큼, 낙찰 가능성 낮아짐

경공매 투자 시 다음의 서류분석(권리분석)과 현장분석 절차가 수반되어야 하나, 대부분 현 사연과 같이 그리 복잡하지 않다. 다만 그러한 물건들은 입찰 경쟁률이 높아 비싸게 응찰할 수밖에 없고, 이익 실현에 대한 기대치는 낮아진다.

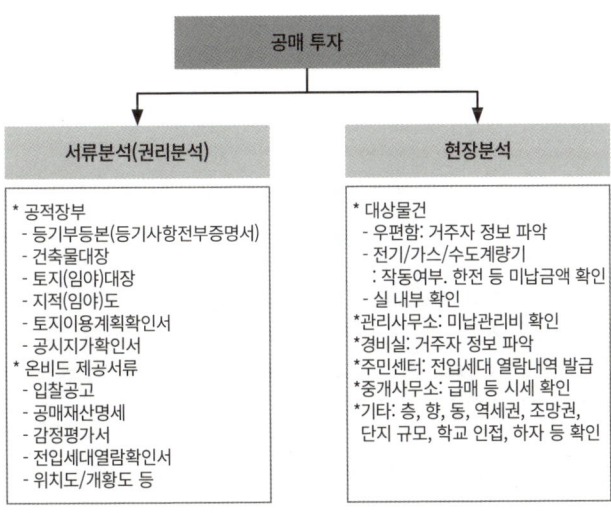

공매 투자 시 확인 사항 예

차익이 클 수 있으나 권리분석이 복잡한 특수권리(유치권, 가등기, 법정지상권, 선순위 임차인 등) 또

한 존재한다. 그러나 처음부터 다가가기에는 무리가 있다. 투자 초기에는 돈을 버는 것보다 잃지 않는 투자가 중요하며, 이러한 물건은 충분한 공부, 경험 및 시행착오를 겪은 후 접해도 늦지 않다. 투자는 평생 같이할 동반자이기 때문이다.

물론 권리분석이 단순해 보여도 혹 어떤 숨겨진 위험이 있을지 모른다. 이에 권리분석을 제대로 아는 누군가에겐 공매 투자는 꽃길이지만, 제대로 알지 못하면 공매 투자는 가시밭길로 변하게 된다. 그 이유에 대해 살펴보자.

먼저 '권리분석'이란 경공매 투자 시 낙찰자로서 낙찰대금 외에 추가로 부담할 금액이 있는지[인수] 파악하는 것이다. 인수할 금액이 늘어나면 당연히 낙찰자의 비용 부담이 늘어난다. 이에 따라 권리분석에 실패하여 맞닥뜨린 '권리 하자'는 돌이키기 힘들다.

1) 물건 하자
  - 예: 누수
  - 일정 돈을 주고 수리
2) 권리 하자
  - 예: 공매 입찰 간 권리분석 실패로 임차인 보증금 1억 원 추가 인수
  - '입찰보증금 수천만 원 몰수' 또는 '입찰대금 외 1억 원 추가 부담' 중 선택 필요

1억 원을 추가로 부담해야 하는 상황이 발생하면 대부분은 입찰보증금 수천만 원을 포기할 것이다. 생각만 해도 끔찍하다. 그렇기에 권리분석은 너무나 중요하다.

권리분석의 순서는 다음과 같다.

1) 말소기준권리 파악 : 말소기준권리 이후는 소멸, 전은 인수
2) 임차인 분석 : 선순위, 배분요구 및 소액임차인 여부
3) 배분요구 및 채권신고 현황 분석
4) 배분순서 파악
5) 기타 권리(유치권, 법정지상권, 분묘기지권 등) 파악
   (1, 2번은 순서가 변경되어도 무방)

'말소기준권리(사례 16에서 설명 예정)'라는 인수/소멸의 기준점을 두고 앞선 권리는 낙찰자가 부담하고[인수], 이후의 권리는 낙찰자가 부담할 필요 없이 소멸된다. 혹시나 유치권처럼 말소기준권리 기준일에 상관없이 낙찰자가 인수해야 하는 권리 또한 존재한다. 권리분석은 이러한 걸 파악해 나가는 과정인 것이다.

예를 들어보자. 시세가 200인 집이 공매에 넘어가 200에 낙찰되었다. 해당 집에 임차인은 전입신고일자가 선순위[대항력 존재]로 임차인이 인수해야 하나, 확정일자가 없다[우선변제 불가]. 이에 낙찰대금 200은 임차인은 건너뛰고 압류 1, 2에게만 나눠진다. 보증금 100은 낙찰자가 추가로 부담해야 하기에, 낙찰자는 시세 200인 집을 최종 300(낙찰대금 200+보증금 100)에 사게 된다. 손해를 보게 된 것이다. 이것이 앞서 설명한 '권리 하자'이다.

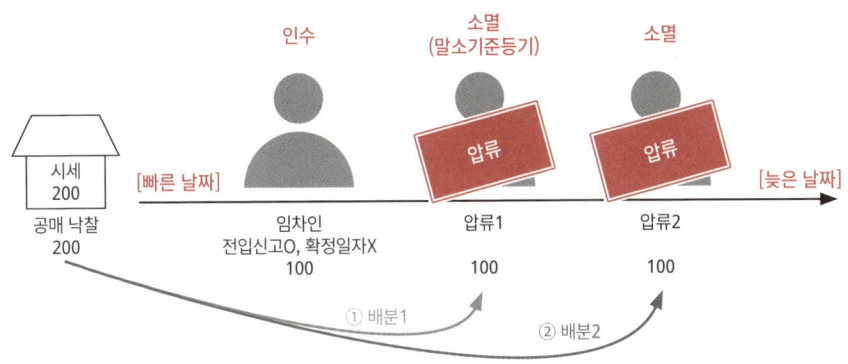

확정일자가 없는 선순위 임차인의 배분 예

참고로 앞선 물건은 100 이하로 입찰해야 한다. 100을 초과할 시 시세보다 비싸게 주고 산 꼴이다.

시세 200 대비
1) 입찰가 200: 최종 투자금 300 = 낙찰대금 200 + 보증금 100
2) 입찰가 100 : 최종 투자금 200 = 낙찰대금 100 + 보증금 100
3) 입찰가 50   : 최종 투자금 150 = 낙찰대금 50 + 보증금 100

권리분석의 중요성에 대해 다뤄보았고, 다음 사례에서 권리분석의 첫 단계이자 인수/소멸의 기준이 되는 말소기준권리에 대해 알아보자.

파트 요약 및 주의 사항

✏️ 파트 요약
1) 권리분석
    - 경공매 투자 시 낙찰자로서 낙찰대금 외에 추가로 부담할 금액이 있는지[인수] 파악하는 것
        예: 임차 보증금 등
2) 권리분석 순서
    - 말소기준권리 파악 : 말소기준권리 이후는 소멸, 전은 인수
    - 임차인 분석 : 선순위, 배분요구 및 소액임차인 여부
    - 배분요구 및 채권신고 현황 분석
    - 배분순서 파악
    - 기타 권리(유치권, 법정지상권, 분묘기지권 등) 파악

✏️ 주의 사항
1) 임대인/투자자 측면 : 경공매 투자의 기본이 되는 말소기준권리 파악이 중요. 특히 낙찰자가 인수해야 할 선순위 권리는 낙찰대금에서 채권을 전체 배분받을 수 있는지 여부를 확인해 추가 투자금액 규모를 파악해야 함

| 여기서 잠깐! | 전? 이전? 후? 이후?

앞서 권리분석 순서의 첫 번째를 아래와 같이 설명하였다.

> 1) 말소기준권리 <u>이후</u>는 소멸, <u>전</u>은 인수

여기서 '이후'와 '전'은 의미가 다르기도 하지만, '이'라는 단어의 포함 여부 또한 다르다. 여기서 이(以)는 다음과 같은 의미를 지닌다.

以 써 이
1) ~써, ~로, <u>~를 가지고</u>, ~를 근거(根據)로
2) ~에 따라, ~에 의해서, ~대로
3) ~때문에, ~까닭에, ~로 인하여

여기서 '~를 가지고'라는 뜻이 있으며, '~이 포함되어'로 또한 해석될 수 있다. 예로 설명해 보면 다음과 같다.
1) 1월 5일 이전 : ~2019년 1월 5일
2) 1월 5일 전　 : ~2019년 1월 4일
3) 1월 5일 이후 : 2019년 1월 5일~
4) 1월 5일 후　 : 2019년 1월 6일~

다시 말해 '1월 5일 이전'은 1월 5일을 포함하여 앞선 날들을 의미하며, '1월 5일 전'은 1월 5일을 제외한 1월 4일부터 앞선 날들을 의미한다.
이에 '말소기준권리 이후는 소멸'은 말소기준권리를 포함하여 소멸된다는 의미이다. 참고로 말소기준권리는 사례 16에서 자세히 다룰 예정이다.

사례 16

권리분석에 실패하여 임차인 보증금 1.3억 원을 추가로 내줘야 한다?(1) - 말소기준권리, 소멸/인수주의

사연 물건(상기 물건은 다음 사연과 정확히 일치하지 않을 수 있습니다)

이 사연의 경우 4차례나 낙찰되었다가 잔금을 미납하여 '재공매'가 이뤄졌다. 입찰 때는 파악하지 못했던 함정에 빠져 입찰보증금을 포기한 것이다. 이러한 이유로 입찰공고에서부터 공매가 마무리되기까지 2년 이상 소요되었다. 최종 낙찰된 건 입찰 조건(세금 관련)이 변경되었기에 그렇지, 그마저 없었다면 현재까지 유찰이 거듭되었을 것이다.

회차/차수	개찰일자	최저가(감정비율)	결과	낙찰가	비고
042/001	2018.11.XX(11:00)	184,000,000(100%)	유찰		
043/001	2018.11.XX(11:00)	165,600,000(90%)	유찰		
044/001	2018.11.XX(11:00)	147,200,000(80%)	유찰		
045/001	2018.11.XX(11:00)	128,800,000(70%)	취소		
046/001	2018.11.XX(11:00)	110,400,000(60%)	취소		
047/001	2018.12.XX(11:00)	92,000,000(50%)	취소		
051/001	2019.01.XX(11:00)	128,800,000(70%)	낙찰	140,112,000	잔금미납
001/001	2019.01.XX(11:00)	110,400,000(60%)	취소		
002/001	2019.01.XX(11:00)	92,000,000(50%)	취소		
014/001	2019.04.XX(11:00)	128,800,000(70%)	낙찰	138,000,000	잔금미납
015/001	2019.04.XX(11:00)	110,400,000(60%)	취소		
016/001	2019.05.XX(11:00)	92,000,000(50%)	취소		
031/001	2019.08.XX(11:00)	128,800,000(70%)	유찰		
032/001	2019.08.XX(11:00)	110,400,000(60%)	유찰		
033/001	2019.08.XX(11:00)	92,000,000(50%)	낙찰	104,900,000	잔금미납
048/001	2019.12.XX(11:00)	92,000,000(50%)	낙찰	141,110,000	잔금미납
015/001	2020.04.XX(11:00)	92,000,000(50%)	취소		
024/001	2020.07.XX(11:00)	92,000,000(50%)	유찰		
034/001	2020.09.XX(11:00)	92,000,000(50%)	낙찰	153,230,000	종료

현 사연의 입찰 진행 결과

시세가 1.5억 원인데 4차례 잔금을 미납하여 몰수된 입찰보증금만 5천만 원에 달한다.

1) 회차 051/001 : 최저가 1.28억 원 입찰보증금 10% 몰수 (1.28천만 원)
2) 회차 014/001 : 최저가 1.28억 원 입찰보증금 10% 몰수 (1.28천만 원)
3) 회차 033/001 : 최저가 0.92억 원 입찰보증금 10% 몰수 (9.2백만 원)
4) 회차 048/001 : 최저가 0.92억 원 입찰보증금 10% 몰수 (9.2백만 원)
5) 몰수 입찰보증금 합계 : 4.75천만 원

한국자산관리공사 또한 이러한 부분이 우려되었는지 공매재산명세에 다음과 같은 주의 사항을 기재해 두었다.

> **주의 사항**
> 1. 대항력 있는 임차권 등기는 임차보증금이 전액 배분되는 경우에 한하여 임차권 등기가 말소되므로 사전조사 후 입찰 바람
> 2. 본 건 점유자의 주민등록 등재 사실에 의하여 대항력 있는 임차인이 있을 수 있으므로 사전조사 후 입찰 바람

현 사연의 입찰공고 주의 사항

필자 또한 다른 물건에서 권리분석 및 현장분석에서 놓친 바가 있어 입찰 후 잔금 납부를 포기한 적이 있다. 입찰보증금으로 몰수된 금액은 크든 작든 가슴이 쓰라리다. 이번 사연에서는 어떠한 이유로 이러한 함정에 빠지게 되었는지 사례 16, 17로 나눠 알아보자.

권리분석의 첫 단계는 '말소기준권리'를 찾는 것이다. 일단 단어가 생소하여 알아보면 다음과 같다.

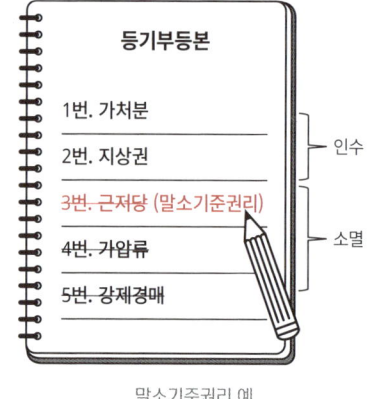

말소기준권리 예

1) 정의 파악 (단어가 길면 끊어서 읽기)
  - 말소기준권리(또는 말소기준등기)
    = 말소+기준+권리
    = 말소[소멸]의 기준이 되는 권리 (특별한 이익을 누릴 수 있는 법률상의 힘)
    = 등기부등본상 아래 중 등기접수 일자가 가장 빠른 권리
      - ① 저당권, ② 근저당권,
      - ③ 압류, ④ 가압류,
      - ⑤ 담보가등기,
      - ⑥ 경매기입등기,
      - ⑦ 특정요건을 갖춘 전세권
        (전체에 설정된 전세권이 경매신청을 하거나, 배당요구를 한 경우)

2) 적용 대상
  - 공매 또는 경매에서만 사용

3) 효력 유무
  - 말소기준권리 이후는 소멸[낙찰자 부담 X], 전은 인수[낙찰자 부담 O]

여기서 중요한 점은 인수/소멸의 기준이 되는 말소기준권리 포함 이후의 권리들은 소멸되고, 말

소기준권리보다 앞서는 권리들은 인수된다는 것이다.

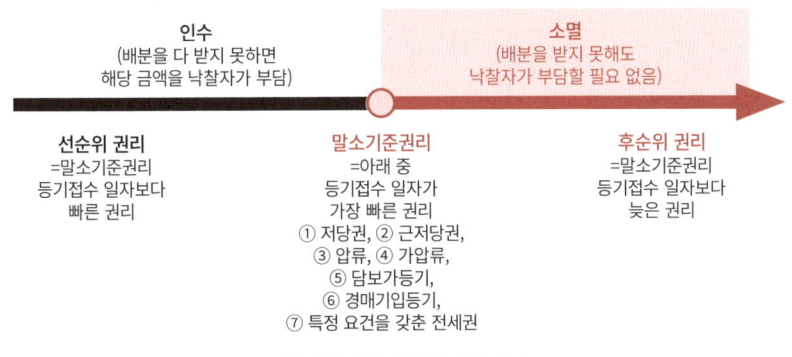

선순위(인수)와 후순위(소멸) 비교

이번 사연을 통해 말소기준권리를 세부적으로 알아보자.

다음은 공매재산명세(사례 03 참조) 중 일부이다. 등기부등본상 임차권 등기(사례 13 참조)가 되어 있는 것으로 보아 임차인이 퇴거하는 시점에 보증금을 돌려받지 못한 것으로 보인다.

1) 2016.09 : 전입신고
2) 2018.09 : 퇴거 시점(전입 후 2년 경과)이 도래하였으나 보증금 회수 차질
3) 2018.09 : 해당 부동산에 임차권 등기 후 퇴거
   - 전입신고 및 확정일자 효력을 유지한 채 집을 이사 갈 수 있음

■ 임차인 배분요구 및 채권신고 현황

구분	성명	계약일자	전입신고일자	확정일사	보증금	배분요구 일자	채권신고 일자
임차권	이OO	미상	2016-09	2016-07	1.3억 원	2018-09	2018-09

■ 배분요구 및 채권신고 현황

번호	권리관계	성명	압류/설정 (등기)일자	법정기일(납부기한)	설정금액(원)	배분요구 채권액(원)	배분요구일
1	임차권	이OO	2018-09	-	1.3억 원	-	2018-09
2	교부청구	OO시청	-	2018-07 ~ 2018-09	-	20만 원	2018-09
3	가압류	김OO	2018-01	-	20억 원	-	요구 없음
4	가압류	주식회사 OO	2016-12	-	40억 원	15억 원	2018-10

| 5 | 압류
(위임기관) | OO세무서 | 2017-03 | 2016-03 ~ 2018-07 | - | 140억 원 | 2017-03 |

권리분석의 첫 단계는 말소기준권리를 찾는 것이다.

1) 말소기준권리 파악 : 말소기준권리 이후는 소멸, 전은 인수
2) 임차인 분석 : 선순위, 배분요구 및 소액임차인 여부
3) 배분요구 및 채권신고 현황 분석
4) 배분순서 파악
5) 기타 권리(유치권, 법정지상권, 분묘기지권 등) 파악

먼저 등기부등본상 모든 권리를 시간순으로 나열한다. 임차인이 있는 경우 전입신고일자를 포함하여 정리해 본다.

1) 2016.09 : 임차인 전입신고일
2) 2016.12 : 가압류 (가압류권자 주식회사OO)
3) 2017.03 : 압류 (압류권자 OO세무서)
4) 2018.01 : 가압류 (가압류권자 김OO)

'말소기준권리'는 아래 권리 중 등기접수 일자가 가장 **빠른** 권리이다.
　① 저당권 ② 근저당권 ③ 압류 ④ 가압류 ⑤ 담보가등기 ⑥ 경매기입등기
　⑦ 특정 요건을 갖춘 전세권 (전체에 설정된 전세권이 경매신청을 하거나, 배당요구를 한 경우)

현 사연에서 이에 해당하는 말소기준권리는 2016-12월에 설정된 가압류이다. 말소기준권리를 포함하여 이후는 소멸된다. 낙찰자는 해당 권리자가 낙찰대금에서 돈을 받아 가든 받지 못하든 (이를 배분이라 함) 신경 쓸 필요가 없다.

1) 2016.09 : 임차인 전입신고일　　　　　- 선순위 (인수)
2) 2016.12 : 가압류 (가압류권자 주식회사OO)　- 말소기준권리 (소멸)
3) 2017.03 : 압류 (압류권자 OO세무서)　　- 후순위 (소멸)
4) 2018.01 : 가압류 (가압류권자 김OO)　　- 후순위 (소멸)

권리분석의 다음 단계는 임차인 유무이다. 현 사연은 임차인이 존재하는데, 주의해서 봐야 할 '선순위 임차인'이다. 해당 임차인의 보증금은 낙찰자가 인수해야 할 대상으로, 임차인이 있으면서 해당 전입신고 일자가 말소기준권리 등기접수 일자보다 앞선 경우[선순위] 권리분석 시 주의 깊게 살펴봐야 한다.

참고로 해당 임차인은 아래 표 중 빨간 글씨에 해당한다. 전입신고 일자가 선순위에 확정일자 신고 포함 배분요구까지 완료했기 때문이다. 선순위 전입/확정일자 포함 배분요구까지 완료했다면 낙찰대금으로부터 가장 먼저 받아 갈 것인데 왜 이렇게 잔금을 4차례나 미납했는지 다음 사례에서 알아보자.

구분	대항력 (점유+전입신고)	우선변제 (확정일자)	배분요구	낙찰대금 배분
선순위 (인수)	O	O	O	O (우선 배당받음. 받지 못한 보증금은 낙찰자 부담)
	O	O	X	X (받지 못한 보증금은 낙찰자 부담)
	O	X	상관없음	X (받지 못한 보증금은 낙찰자 부담)
후순위 (소멸)	O	O	O	O (우선 배당받음. 단, 받지 못한 보증금은 소멸)
	O	O	X	X
	O	X	상관없음	X
소액임차인	O	상관없음	O	최우선변제 (단, 소액보증금 기준에 해당할 시)

경공매물건 내 임차인 비교

파트 요약 및 주의 사항

✎ 파트 요약
1) 말소기준권리
   - 말소[소멸]의 기준이 되는 권리
   - 등기부등본상 아래 중 등기접수 일자가 가장 빠른 권리
     ① 저당권 ② 근저당권 ③ 압류 ④ 가압류 ⑤ 담보가등기 ⑥ 경매기입등기,
     ⑦ 특정 요건을 갖춘 전세권 (전체에 설정된 전세권이 경매신청을 하거나, 배당요구를 한 경우)
   - 말소기준권리 전은 인수[낙찰자가 부담], 이후는 소멸

✎ 주의 사항
1) 임대인/투자자 측면 : 선순위 임차인이 있는 공매물건 투자 시 임차인이 보증금을 다 배분받는지가 권리분석의 핵심

여기서 잠깐! 말소기준권리 이후인데 소멸되지 않는 권리

말소기준권리 이후는 소멸하고 전은 인수라 하였는데, 여기에 적용되지 않는 권리 또한 존재한다. 대표적인 예가 유치권, 법정지상권, 분묘기지권 등이다. 이는 권리분석이 복잡한 특수권리(유치권, 가등기, 법정지상권, 선순위 임차인 등)들로, 풀어내면 차익이 클 수 있으나 그만큼 리스크가 크다.

이러한 권리들이 존재하는 특수권리들은 충분한 경험과 시행착오를 겪은 후 접해도 늦지 않다. 투자 초기에는 잃지 않는 투자가 중요하기 때문이다.

1. 순위에 따라 부담 여부 다름			2. 순위에 상관없이 부담	
말소기준권리 대비 선순위	말소기준권리 7가지	말소기준권리 대비 후순위	등기부등본 기재 O	등기부등본 기재 X
(인수)	(소멸)	(소멸)	(인수)	(인수)
지상권 지역권 가등기 가처분 전세권(배분요구X) 선순위 임차인 선순위 임차권	①저당권 ②근저당권 ③압류 ④가압류 ⑤담보가등기 ⑥경매기입등기 ⑦전체에 설정된 전세권 (단, 경매신청 또는 배분요구O)	지상권 지역권 가등기 가처분 전세권 후순위 임차인 후순위 임차권 저당권 근저당권 압류 가압류 담보가등기	지상건물철거 및 토지인도청구권보전을 위한 건물의 처분금지가처분 예고등기	유치권[16] 법정지상권[17] 분묘기지권[18]

말소기준권리와 상관없이 부담하는 권리

---

[16] 유치권 : 타인의 물건 또는 유가증권을 점유한 자가 그 물건이나 유가증권에 관하여 생긴 채권이 변제기에 있는 경우에 변제를 받을 때까지 그 물건 또는 유가증권을 유치할 권리

[17] 법정지상권 : 토지와 건물이 동일인에 속하는 상태에서 건물에만 제한물권이 설정되었다가 나중에 토지와 건물의 소유자가 달라진 경우 건물 소유자를 보호하기 위하여 법률로 인정하는 지상권

[18] 분묘기지권 : 타인의 토지 위에 분묘를 소유하기 위해 분묘 기지부분 토지 사용에 대한 관습으로 인정되는 지상권 유사의 물권

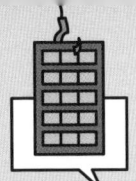

사례 17

권리분석에 실패하여 임차인 보증금 1.3억 원을 추가로 내줘야 한다?(2) - 배분

이번 사연은 사례 16에 이어서 설명할 것이다. 다만 1년 이상 유찰을 거듭하던 물건이 당초 대비 입찰 조건이 변경되었고, 해당 사유로 2년 만에 최종 낙찰되어 사건이 종결되었다. 2년 동안 4회에 걸쳐 입찰자가 낙찰받은 후 잔금을 미납하여 몰수된 입찰보증금은 약 5천만 원에 달한다. 이런 골치 아팠던 물건이 어떤 점이 변경되어 최종 낙찰까지 되었는지와 이러한 함정에 빠지지 않으려면 어떠한 걸 체크해야 하는지 알아보자.

다음은 변경되기 전 공매재산명세 내용이다.

■ 임차인 배분요구 및 채권신고 현황

구분	성명	계약일자	전입신고일자	확정일자	보증금	배분요구 일자	채권신고 일자
임차권	이OO	미상	2016-09	2016-07	1.3억 원	2018-09	2018-09

■ 배분요구 및 채권신고 현황

번호	권리관계	성명	압류/설정 (등기)일자	법정기일 (납부기한)	설정금액 (원)	배분요구 채권액(원)	배분 요구일
1	임차권	이OO	2018-09	-	1.3억 원	-	2018-09
2	교부청구[19]	OO시청	-	2018-07 ~ 2018-09	-	20만 원	2018-09
3	가압류	김OO	2018-01	-	20억 원	-	요구 없음
4	가압류	주식회사OO	2016-12	-	40억 원	15억 원	2018-10
5	압류 (위임기관[20])	OO세무서	2017-03	2016-03 ~ 2018-07	-	140억 원	2017-03

다음은 추후 변경된 입찰 조건을 발췌한 것이다.

■ 배분요구 및 채권신고 현황

번호	권리관계	성명	압류/설정 (등기)일자	법정기일 (납부기한)	설정금액 (원)	배분요구 채권액(원)	배분 요구일
5	압류 (위임기관)	OO세무서	2017-03	2017-03 ~ 2018-07	-	60억 원	2017-03

당초 조건에서는 여러 차례 유찰되고, 변경된 조건에서는 낙찰되는 이유에는 '배분'에 있다.

---

[19] 교부청구 : 과세관청이 체납자의 재산을 압류 등 하기 전에 다른 기관에서 체납처분·강제집행(경공매)을 하는 경우, 체납자 재산의 환가(낙찰)대금에 대해 배분(배당)받기 위해 달라고 요청하는 것
[20] 위임기관 : 공매를 신청한 기관 = 처분청

배분은 사례 03에서 설명한 바와 같이 경공매 절차의 마지막 단계로 낙찰대금을 돈을 받을 사람[채권자]에게 나눠주는 것이다. 말 그대로 빚잔치[21]이다.

1) 배분(공매) : 한국자산관리공사에서 '공매' 낙찰대금을 채권자들에게 분배하는 행위
2) 배당(경매) : 법원에서 '경매' 낙찰대금을 채권자들에게 분배하는 행위

이때 낙찰대금은 무작위로 나눠지는 것이 아니라, 법으로 정한 기준에 의해서 나눠진다. 예로 등기접수 일자, 임차인 우선변제 효력 발생 시점 등 날짜순이다. 허나 어떠한 건 날짜 기준이 아니라 무조건 일정 순위로 받아가는 경우도 있다. 대표적인 예가 소액임차인[최우선변제]의 보증금이다.

배분순서

1) 집행비용
2) 필요비, 유익비
3) 최우선변제 (소액임차인, 3개월 임금, 3년 퇴직금)
4) 세금 중 당해세
5) 담보물권보다 빠른 세금 (당해세 외)
6) 우선변제 효력을 갖춘 임차인
   담보물권 (저당, 근저당, 전세권, 담보가등기 등)
7) 임금채권
8) 담보물권보다 늦은 세금 (당해세 외)
9) 공과금 (건강보험 등 4대 보험)
10) 일반채권

이를 왜 알아야 하는지 나아가 왜 중요한지 이번 사연을 통해 살펴보자.

먼저 임차인이 있는 물건의 말소기준권리를 찾기 위해 임차인 전입신고일과 타 권리들의 등기접수 일자를 비교해 보면 다음과 같다.

1) 2016.09.01 : 임차인 전입신고일   - 선순위 (인수)
2) 2016.12.03 : 가압류 (가압류권자 주식회사OO)   - 말소기준권리 (소멸)
3) 2017.03.17 : 압류 (압류권자 OO세무서)   - 후순위 (소멸)
4) 2018.01.09 : 가압류 (가압류권자 김OO)   - 후순위 (소멸)

21   빚잔치 : 부도나 파산 따위로 빚을 갚을 능력이 없을 때, 돈을 받을 사람에게 남아 있는 재산을 대신 내놓고 빚을 청산하는 일

다음으로 임차인의 배분 우선순위를 따져보기 위해서는 전입신고와 확정일자, 둘을 비교해 봐야 한다. 둘의 효력 발생 시점 중 늦은 시점이 우선변제 효력 발생 시점이다.

1) 전입신고 다음날 0시　　: 2016.09.02 0시 (전입신고 2016.09.01)
2) 확정일자 당일　　　　　: 2016.07.07
3) 우선변제 효력 발생　　　: 2016.09.02 (1, 2번 중 늦은 시점)

이에 따른 낙찰대금의 배분순위는 말소기준권리를 따져볼 때 순위와 동일하다고 판단해도 무방하다. 물론 다음과 같이 10순위 일반채권에 해당하는 가압류가 다른 채권 대비 앞에 위치하는 경우 배분계산(안분 후 흡수배당 등)은 꽤나 복잡하다. 허나 이 책에서는 기본기를 닦는 것이 목적이므로 생략하도록 하겠다.

1) 2016.09.02 : 임차인 우선변제 효력 발생　　　- 배분 1순위 (선순위, 인수, 1.3억 원)
2) 2016.12.03 : 가압류 (가압류권자 주식회사OO)　- 배분 2순위 (말소기준권리, 소멸, 15억 원)
3) 2017.03.17 : 압류 (압류권자 OO세무서)　　　- 배분 3순위 (후순위, 소멸, 140억 원)
4) 2018.01.09 : 가압류 (가압류권자 김OO)　　　- 배분 4순위 (후순위, 소멸, 배분요구 없음)

시세 1.5억 원인 집을 1.4억 원에 입찰하면, 선순위로 낙찰자가 인수 대상인 임차인(보증금)이 1순위로 1.3억 원을 받아 간다. 임차인은 보증금 전액을 받아 갈 수 있기에 낙찰자는 별도로 인수할 금액이 없고, 나머지 후순위 권리는 모두 소멸되기에 배분받지 못하든 신경 쓸 필요가 없다. 시세도 오르고 있는 상황이기에 낙찰만 받으면 일정 수익을 바라볼 수 있다.

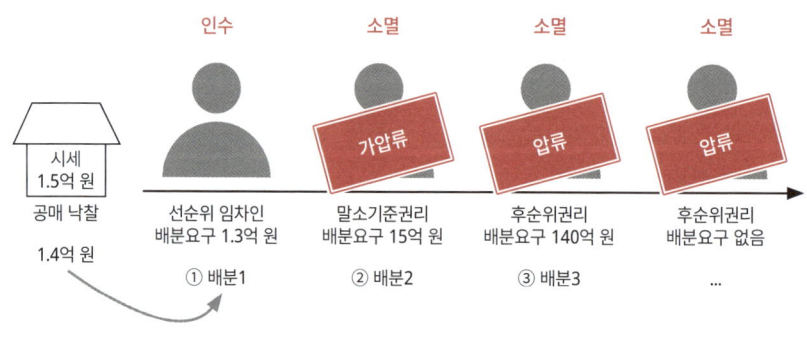

현 사연의 배분 예상

허나 현 사연에서는 4번이나 낙찰받은 입찰자가 잔금을 내지 않고 입찰보증금을 몰수당했다. 어떠한 이유가 있었을 것이다. 그 이유는 배분 순서에 있다. 여기서 중요한 건 세금과 공과금은 배분 순서를 정함에 있어 등기접수 일자가 아닌 '법정기일'과 '납부기한'을 쓴다는 것이다. 이에 대해 자세히 알아보자.

배분순서
1) 집행비용 - 비용변제
2) 필요비, 유익비 - 비용변제
3) 최우선변제 (소액임차인, 3개월 임금, 3년 퇴직금) - 1, 2 제외 최우선변제
4) 세금 중 당해세 - 세금 중 우선변제
5) 담보물권보다 빠른 세금 (당해세 외) - 우선변제 (법정기일)
6) 우선변제 효력을 갖춘 임차인 - 우선변제 (우선변제 효력 발생 시점)
   담보물권 (저당, 근저당, 전세권, 담보가등기 등) - 우선변제 (등기접수 일자)
7) 임금채권 - 우선변제
8) 담보물권보다 늦은 세금 (당해세 외) - 우선변제 (법정기일)
9) 공과금 (건강보험 등 4대 보험) - 우선변제 (납부기한)
10) 일반채권 - 일반변제(일반채권자들은 동순위로 안분배당)

먼저 집행비용은 감정평가비용, 송달료, 현황조사 비용 등 공매를 진행하기 위해 먼저 집행한 비용이다. 한국자산관리공사에서 선집행한 비용으로 1순위로 배분받을 수 있다.

다음으로 필요비, 유익비이다. 해당 내용은 사례 13에서 다룬 적이 있다. 이러한 비용을 임차인이 지출한 후 받지 못한 경우 비용 상환청구를 통해 2순위로 배분받을 수 있다.

구분	필요비	유익비
내용	물건의 보존을 위해 지출한 비용과 같이 물건 자체에 기여하기 위한 비용	물건을 개량하기 위해 지출한 비용과 같이 물건의 가치를 증대시키는 비용
청구 시기	지출 즉시	임대차 종료 시 6개월 이내
예시	보일러 수리 등 소규모 수선비용	발코니 확장, 중문설치, 이중창 설치 등

필요비와 유익비 비교

3순위 최우선변제의 경우 소액임차인(사례 12 참조) 포함 3개월 임금, 3년 치 퇴직금 등이 여기에 속한다. 사회적 약자를 보호하기 위해 타 권리 대비 늦어도 우선순위로 배분받을 수 있다.

4순위는 당해세이다. 세금(조세채권) 중 다음에 해당하는 세금으로, 당해 부동산 자체에 부과되는 조세 및 가산금이다. 국가 예산의 원활한 확보를 위해 우선징수권을 법적으로 보장하여 4순위로 배분받을 수 있다. 종합부동산세, 재산세 등 당해세에 해당되면 임차인보다 빠르게 배분

받아 가기에, 해당 세금의 배분요구액이 큰 경우 당해세 여부를 필수로 따져봐야 한다. 허나 압류한 세무서/지자체 또는 한국자산관리공사 문의를 통해 알아봐도, 개인 정보 등의 사유로 파악이 쉽지 않다.

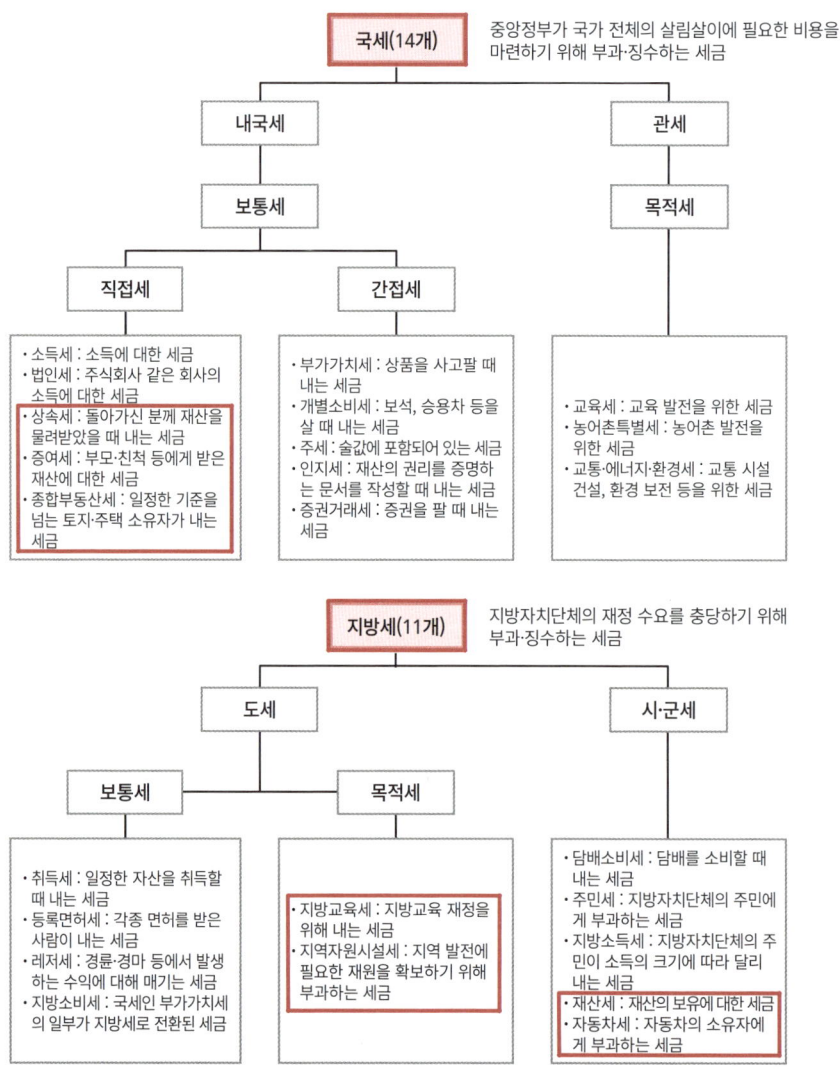

세금의 종류 중 당해세

다음으로 주의할 것은 배분 5순위, 6순위, 8순위, 9순위에 해당하는 세금, 공과금, 우선변제 효력을 갖춘 임차인, 담보물권 간 순위이다. 앞서 다룬 집행비용, 필요비/유익비, 최우선변제, 당해세는 날짜에 상관없이 대상에 해당하면 배분순위가 정해진다. 허나 이번 세금, 공과금, 대항력 및 확정일자를 갖춘 임차인, 담보물권 간의 배분순위의 경우 단순히 등기접수 일자만 보면 안 된다. 다음과 같이 살펴보자.

먼저 세금은 국가 혹은 지자체가 필요한 예산을 위해 거둔다. 종류는 사례 02의 '<여기서 잠깐!> 세금의 종류'에서 다루었다.

구분	내용	종류	부과	납부(온라인)
국세	'국가' 살림살이에 필요한 비용 마련	법인세 등 14개	세무서 (예: 의정부세무서)	국세청
지방세	'지자체' 재정 수요 충당	취득세 등 11개	지자체 (예: 시군구청 내 세무과)	위택스 또는 이택스

국세와 지방세 비교

세금을 체납하였을 때 국세는 세무서에서, 지방세는 지자체 세무과 등에서 체납자가 소유한 부동산 등에 압류를 설정한다. 이에 따라 등기부등본상 압류권자를 보면 국세인지 지방세인지 알 수 있다. 사례 공매재산명세상 5번 압류기관은 'OO세무서'로, 국세를 체납한 것이다.

해당 부동산이 공매에서 낙찰되면 '법정기일'을 기준으로 배분순서가 정해진다. 법정기일은 공매재산명세상에 다음과 같이 별도로 명기되어있다.

■ 배분요구 및 채권신고 현황

번호	권리관계	성명	압류/설정 (등기)일자	법정기일 (납부기한)	설정금액 (원)	배분요구 채권액(원)	배분 요구일
1	임차권	이OO	2018-09	-	1.3억 원	-	2018-09
2	교부청구	OO시청	-	2018-07 ~ 2018-09	-	20만 원	2018-09
3	가압류	김OO	2018-01	-	20억 원	-	요구 없음
4	가압류	주식회사OO	2016-12	-	40억 원	15억 원	2018-10
5	압류 (위임기관)	OO세무서	2017-03	2016-03 ~ 2018-07	-	140억 원	2017-03

여기서 법정기일이라 함은 다음과 같다. 일반적으로 납세고지서 발송일로 이해하면 쉽다.

1) 세액에 대한 신고일
2) 납세고지서 발송일
3) 납세의무 확정일 등

다음의 자동차세 고지서를 살펴보자. 참고로 자동차세는 지방세이다. 고지서 발송일은 2008.06.10으로 해당일이 법정기일이 된다.

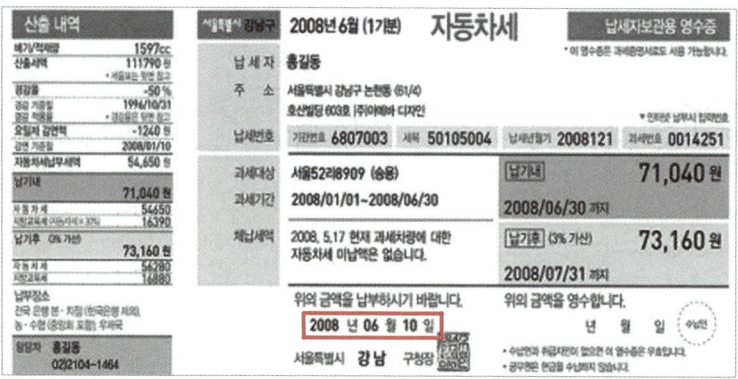

세금 납세고지서상 법정기일 예

다음으로 공과금은 4대 보험을 말한다. 해당 4대 보험을 미납 시 또한 관리 기관에서 체납자가 소유한 부동산 등에 압류를 설정한다. 해당 부동산이 공매에서 낙찰되면 '납부기한'을 기준으로 배분순서가 정해진다.

1) 국민연금 : 국민연금공단 관리/부과
2) 건강보험 : 국민건강보험공단 관리/부과
3) 고용보험 : 고용노동부 관리/부과
4) 산재보험 : 근로복지공단 관리/부과

여기서 납부기한이라 함은 공공단체 등에 공과금 따위를 내기로 약속되어 있는 날짜이다. 다음의 예시와 같이 고지서에 납부기한이 명기되어 있고, 공매재산명세를 보면 해당 날짜를 알 수 있다.

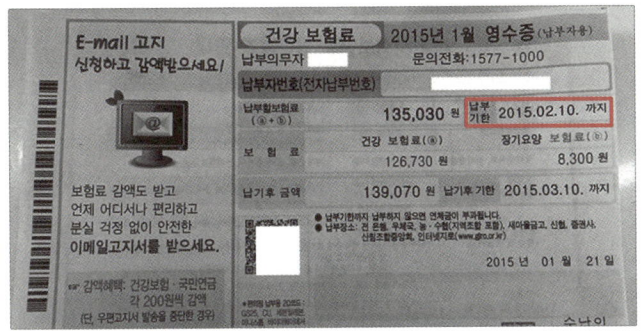

4대 보험 고지서상 납부기한 예

허나 이번 사연의 경우 공매재산명세의 권리관계 및 성명에서 4대 보험 관련 기관은 보이지 않는다. 다른 예시 이미지를 통해 4대 보험 압류 및 납부기한을 살펴보자.

건강보험 체납에 따라 압류가 설정된 후 최종 공매까지 넘어간 물건의 공매재산명세이다. 압류권자는 '국민건강보험공단 OO지역본부'이다. 압류등기는 2017.11월이고, 납부기한은 2017.01~2018.08이다. 체납한 건강보험액은 자그마치 250억 원이다. 유사한 공과금을 공매재산명세에서 발견한 경우, 납부기한이 타 권리 대비 배분순위가 어떻게 되는지 각별히 따져보고 입찰해야 한다.

등기부등본 내 4대 보험 압류 예

다음으로 우선변제 효력을 갖춘 임차인이다. 우선변제 효력은 대항력(점유+전입신고) 및 확정일자를 갖췄을 때 발생한다. 참고로 전입신고와 확정일자의 차이는 다음과 같다.

1) 점유+전입신고 (대항력 요건)
- 후순위 권리자에게 보증금과 잔여 임차 기간 주장 가능
- 경공매에서 말소기준권리 대비 선순위일 경우 낙찰자 인수 대상
- 효력 = 전입신고 다음날 0시

2) 대항력+확정일자 (우선변제 요건)
- 경공매에서 후순위 권리자 대비 먼저 배분(배당)받을 수 있음
- 효력 = 전입신고 다음날 0시와 확정일자 당일 9~18시 중 늦은 시점

말소기준권리를 따질 때는 전입신고만, 배분을 따질 때는 전입/확정일자 모두를 봐야 한다.

다음은 담보물권으로, 풀어보면 담보+물권이다. 담보는 빌려준 돈에 대한 보증으로 내어준 부동산 등이며, 빌려준 돈을 갚지 않을 시 돈을 빌려준 사람[채권자]은 해당 담보(부동산 등)를 매각하여 우선해서 변제받는다. 이때 해당 부동산 등에 설정하는 권리로서, 저당, 근저당, 전세권, 담보가등기 등이 이에 해당된다.

세금, 공과금, 우선변제 효력을 갖춘 임차인, 담보물권에 대해서 살펴보았다. 앞서 해당 배분순위 산정이 중요하다 하였다. 이를 정리하면 다음과 같다. 다만 말소기준권리 분석 시와 헷갈릴 수 있어 비교해 보았다.

구분	말소기준권리 판단 기준	배분순서 산정 기준
세금 (국세, 지방세)	압류 등기접수 일자	법정기일
공과금 (4대 보험)	압류 등기접수 일자	납부기한
우선변제 효력을 갖춘 임차인	대항력 효력 발생 시점 (전입신고 다음날 0시)	우선변제 효력 발생 시점 (전입신고 다음날 0시, 확정일자 당일 9~18시 중 늦은 시점)
담보물권 (저당, 근저당 등)	해당 물권 등기접수 일자	해당 물권 등기접수 일자

말소기준권리 판단 기준 vs 배분순위 산정 기준

다시 사연으로 돌아와 보자.

앞서 낙찰대금에서 배분 1순위는 '선순위 임차인'이라고 판단하였다. 허나 실제 배분은 배분 3순위로 생각했던 압류가 1순위로 먼저 받아 간다. 해당 이유는 압류의 원인이 되는 세금의 '법정기일' 때문이다. 압류는 말소기준권리를 따질 시 '압류 등기접수 일자'를 활용한다. 허나 압류의 배분에서는 '법정기일'을 활용한다.

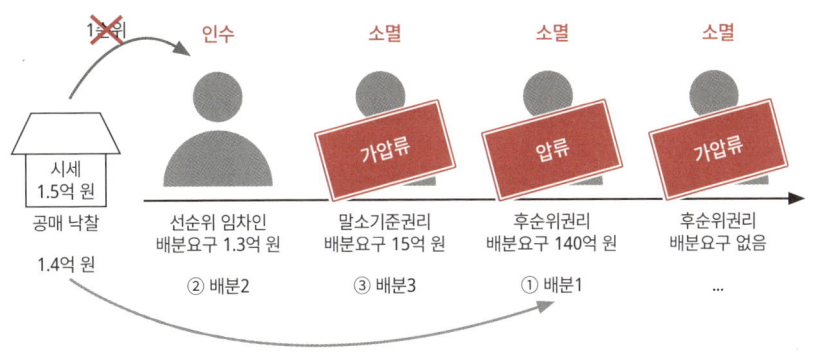

공매재산명세를 다시 살펴보자.

■ 임차인 배분요구 및 채권신고 현황

구분	성명	계약일자	전입신고일자	확정일자	보증금	배분요구 일자	채권신고 일자
임차권	이OO	미상	2016-09	2016-07	1.3억 원	2018-09	2018-09

■ 배분요구 및 채권신고 현황

번호	권리관계	성명	압류/설정 (등기)일자	법정기일 (납부기한)	설정금액 (원)	배분요구 채권액(원)	배분 요구일
1	임차권	이OO	2018-09	-	1.3억 원	-	2018-09
2	교부청구	OO시청	-	2018-07 ~ 2018-09	-	20만 원	2018-09
3	가압류	김OO	2018-01	-	20억 원	-	요구 없음
4	가압류	주식회사OO	2016-12	-	40억 원	15억 원	2018-10
5	압류 (위임기관)	OO세무서	2017-03	2016-03 ~ 2018-07	-	140억 원	2017-03

5번 압류의 등기접수 일자는 2017. 03월이다. 허나 법정기일을 보면 2016. 03월이다. 이를 가지고 다시 순위를 정리해 보면 다음과 같다. 당초 배분 3순위로 생각했던 해당 압류의 법정기일(2016.03)이 임차인의 우선변제 효력 발생 시점(2016.09) 대비 빠른 탓에 배분 1순위로 올라선다.

1) 2016.03 : 압류 (압류권자 OO세무서)   - 배분 1순위 (후순위, 소멸, 140억 원)
2) 2016.09 : 임차인 우선변제 효력 발생   - 배분 2순위 (선순위, 인수, 1.3억 원)
3) 2016.12 : 가압류 (가압류권자 주식회사OO)   - 배분 3순위 (말소기준권리, 소멸, 15억 원)
4) 2018.01 : 가압류 (가압류권자 김OO)   - 배분 4순위 (후순위, 소멸, 배분요구 없음)

해당 압류가 배분요구한 금액이 140억 원이다. 낙찰대금 1.4억 원의 대부분을 해당 압류가 받아간다. 물론 해당 압류는 말소기준권리보다 후순위로 소멸 대상이기에 받지 못한 금액은 낙찰자가 신경 쓸 필요 없다. 문제는 선순위 임차인이다. 대항력이 있기에 받지 못한 보증금 1.3억 원은 낙찰자가 인수해야 한다. 낙찰자는 1.4억 원에 낙찰받았지만 추가부담금(보증금) 1.3억 원까지 포함하면 최종 2.7억 원에 집을 산 상황이다. 시세가 1.5억 원인 집을 2.7억 원에 사야 하니 당연히 잔금 납부를 포기하고 입찰 보증금을 몰수당한 것이다.

유찰을 거듭하던 현 사연이 입찰 중간에 입찰 조건이 변경되었고, 이후 낙찰되었다고 하였다. 어떠한 이유로 낙찰되었는지 배분순서와 함께 따져보자.

■ 배분요구 및 채권신고 현황

번호	권리관계	성명	압류/설정 (등기)일자	법정기일 (납부기한)	설정금액 (원)	배분요구 채권액(원)	배분 요구일
당초	압류 (위임기관)	OO세무서	2017-03	2016-03 ~ 2018-07	-	140억 원	2017-03
변경	압류 (위임기관)	OO세무서	2017-03	2017-03 ~ 2018-07	-	60억 원	2017-03

5번 압류가 다음과 같이 변경되었다.

1) 법정기일 : 당초 2016-03 > 변경 2017-03
1) 채권요구 : 당초 140억 원 > 변경 60억 원

여기서 중요한 건 법정기일 날짜의 변경이다. 이를 토대로 배분순위를 다시 따져보면 다음과 같다.

1) 2016.09 : 임차인 우선변제 효력 발생 - 배분 1순위 (선순위, 인수, 1.3억 원)
2) 2016.12 : 가압류 (가압류권자 주식회사OO) - 배분 2순위 (말소기준권리, 소멸, 15억 원)
3) 2017.03 : 압류 (압류권자 OO세무서) - 배분 3순위 (후순위, 소멸, 60억 원)
4) 2018.01 : 가압류 (가압류권자 김OO) - 배분 4순위 (후순위, 소멸, 배분요구 없음)

입찰 조건이 변경되기 전 OO세무서에서 진행한 압류는 배분 1순위였다. 허나 후에 법정기일이 당초 2016.03에서 2017.03으로 변경되면서 배분 3순위로 뒤바뀐 것이다. 이에 따라 낙찰대금 1.4억 원에 대해 임차인이 배분 1순위로 보증금을 전액 받아 가면서 낙찰자가 별도 인수할 권리가 없어진 것이다. 그렇기에 유찰을 거듭하던 물건이 조건이 변경된 후 이렇게 낙찰된 것이다.

그렇기에 경공매 입찰 시 세금 또는 공과금의 배분요구 금액이 크면서, 법정기일과 납부기한이 타 권리 대비 빠른 경우는 각별한 주의가 필요하다.

파트 요약 및 주의 사항

파트 요약
1) 배분/배당 : 낙찰대금을 채권자들에게 나눠주는 행위
   - 공매 : 배분, 한국자산관리공사에서 '공매' 낙찰대금을 채권자들에게 분배
   - 경매 : 배당, 법원에서 '경매' 낙찰대금을 채권자들에게 분배
2) 배분순서
   - 1순위 : 집행비용
   - 2순위 : 필요비, 유익비
   - 3순위 : 최우선변제 (소액임차인, 3개월 임금, 3년 퇴직금)
   - 4순위 : 세금 중 당해세
   - 5순위 : 담보물권보다 빠른 세금 (당해세 외)
   - 6순위 : 우선변제 효력을 갖춘 임차인
            담보물권 (저당, 근저당, 전세권, 담보가등기 등)
   - 7순위 : 임금채권
   - 8순위 : 담보물권보다 늦은 세금 (당해세 외)
   - 9순위 : 공과금 (건강보험 등 4대 보험)
   - 10순위 : 일반채권

주의 사항
1) 임대인/투자자 측면 : 공매는 세금/공과금 체납 사유로 진행됨. 세금/공과금 배분 시 등기접수 일자가 아닌 법정기일/납부기한을 활용하기에 권리분석 시 주의 필요

여기서 잠깐! 공매재산명세 내 법정기일, 납부기한 표시 방식

공매재산명세를 보면 법정기일, 납부기한이 물결 표시로 되어있는 걸 볼 수 있다.

■ **배분요구 및 채권신고 현황**

번호	권리관계	성명	압류/설정 (등기)일자	법정기일 (납부기한)	설정 금액 (원)	배분요구 채권액(원)	배분 요구일
1	압류	OO세무서	2017-10	2017-06 ~ 2018-01	-	5억 원	2018-09
2	압류	국민건강보험공단	2017-03	2016-11 ~ 2019-06	-	10억 원	2018-10

예시 A와 B로 설명해보면 다음과 같다.

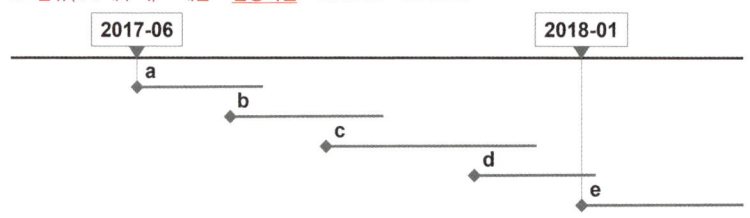

세금 압류 예

일단 A는 OO세무서에서 압류한 것으로, 국세 체납에 따른 압류이다. 세금의 배분순위는 법정기일을 봐야 한다. 해당 법정기일은 공매재산명세상 2017-6~2018-01으로 명기가 되어있다. 그 이유는 OO세무서 압류에는 여러 건의 세금 체납이 존재하기에 그렇다. 그걸 다 표기할 수 없으니, 편의상 가장 빠른 법정기일과 가장 늦은 법정기일을 물결로 표시해둔 것이다. 보수적으로 배분순위를 따져 보려면 물결 표시 앞에 있는 날짜를 기준으로 하는 게 낫다.

  법정기일 기준 : 2017-6~2018-01

다음의 B는 국민건강보험공단에서 압류한 것으로, 공과금 미납에 따른 압류이다. 공과금의 배분순위는 납부기한을 봐야 한다.
해당 납부기한 또한 공매재산명세상 2016-11~2019-06으로 명기되어 있고, 여러 공과금 미납 건을 한데 모아 표기해 둔 것이다.
마찬가지로 보수적으로 배분순위를 따져 보려면 물결 표시 앞에 위치한 날짜를 기준으로 하는 게 낫다.

  납부기한 기준 : 2016-11~2019-06

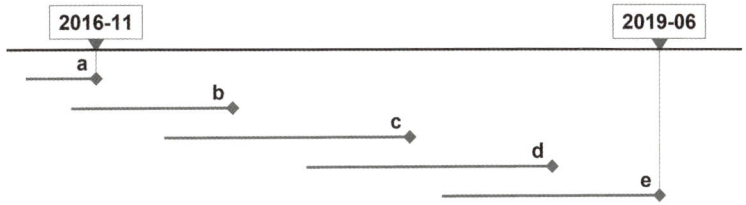

4대 보험 압류 예

이렇게 한 압류상 여러 건의 세금 체납이 뭉쳐져 있는 이유는 세금의 종류가 생각보다 많기에 그렇다. 참고로 다음 표는 한 지자체의 월별 지방세 항목이다.

예로 한 사람이 상황이 여의치 않아 세금을 체납하게 되었다. 이 경우 하나의 세금만 미납하는 것이 아니라 여러 건을 오랜 기간 납부치 않았을 것이다. 이때 해당 지자체는 쌓인 체납 내역을 모아 압류를 할 수 있다. 이후 공매에 넘어가면 해당 정보를 공매재산명세상 다 표현할 수 없어, 편의상 가장 빠른 법정기일과 가장 늦은 법정기일을 물결로 표시해둔 것이다.

구분	납부 내용
1월	- 정기분 등록면허세(납부기간 : 1.16.~1.31.) - 자동차세 연납(납부기간 : 1.16.~1.31.)
3월	- 자동차세 연납(납부기간 : 3.16.~3.31.)
4월	- 12월 결산법인 법인세분 지방소득세 신고납부(4.30일한)
5월	- 종합소득세분 지방소득세 신고납부(소득세와 동시)
6월	- 제1기분 자동차세(납부기간 : 6.16.~6.30.) - 자동차세 연납(납부기간 : 6.16.~6.30.)
7월	- 재산세[주택분(1/2), 건축물분] (납부기간 : 7.16~7.31)
8월	- 주민세(개인분) (납부기간 : 8.16.~8.31.) - 주민세(사업소분) 신고납부(8.16.~8.31)
9월	- 재산세[주택분(1/2), 토지분] (납부기간 : 9.16.~9.30.) - 자동차세 연납(납부기간 : 9.16.~9.30.)
12월	- 제2기분 자동차세 납부 (납부기간 : 12.16.~12.31.)
매월	- 지방소득세(특별징수분) : 매월 10일한 - 주민세(종업원분) : 매월 10일한 - 레저세 : 매월 10일한

	- 지역자원시설세 : 매월 말일한
	- 담배소비세 : 매월 말일한
	- 자동차세(자동차주행에 따른 자동차세) : 매월 말일한
수시	- 신고납부하는 세금 미납부 시 수시부과분 납부
	- 중고차 매매 시 자동차세 수시부과분 납부
	- 등록면허세 수시 자진 납부(각종 인가, 허가, 면허, 등록 등)

지방세 예

4대 보험(공과금) 또한 대부분 매월 부과된다. 이 또한 여러 건이 미납된 경우 관리 기관에서는 해당 금액을 모아 압류를 할 수 있다. 이후 공매에 넘어가면 해당 정보를 공매재산명세에 다 표현할 수 없어 물결로 표시해둔 것이다.

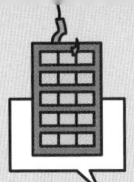

사례 18

배분요구만 알아도 점유자가 속 썩일지 아닐지 알 수 있다
- 배분요구, 명도 및 명도확인서

사연 물건(상기 물건은 다음 사연과 정확히 일치하지 않을 수 있습니다)

현 사연 속 물건을 살펴보니 파주시 내 잘 가꾸어진 택지에 위치한 아파트이며, 초등학교를 끼고 있어 어린 자녀를 둔 부모가 살기에 좋아 보인다. 해당 아파트는 집주인의 세금 체납 사유로 공매에 넘어갔다. 전세로 거주 중인 임차인은 전입/확정일자를 다 받아 두었고, 배분요구까지 완료하였다. 최종 당시 시세와 유사하게 낙찰되면서 공매 절차는 마무리되었다.

현 공매물건의 서류를 살펴봐도 선순위 가등기, 유치권, 토지별도등기 등 권리상 하자가 될 만한 문젯거리는 없어 보인다. 현장 또한 지어진 지 오래되지 않았기에 내부 또한 크게 문제없을 것으로 생각된다. 오로지 낙찰받았을 때 주의할 건 선순위 임차인이다. 말소기준권리보다 앞서 낙찰자가 인수해야 하고, 선순위 전세보증금을 다 내주지 않으면 강제로 내보낼 수도 없다.

배분순위를 따져보니 임차인은 낙찰대금에서 보증금 2억 원을 가장 먼저 배분받는다. 임차인을 만나 집만 언제 내어 줄지 협의하면 되는 물건이다. 허나 여기서 임차인과 해당 사항을 논의하러 갈 때 낙찰자는 걱정할 필요가 없다. 임차인이 배분요구를 했기에 그렇다.

낙찰자의 걱정 여부와 배분요구가 무슨 상관이 있는지는 명도확인서 때문에 그렇다.

명도확인서

명도확인서는 '명도 + 확인서'이다. 명도란 타인이 살고 있는 집을 낙찰자가 온전히 받아오는 것이다. 명도확인서는 결국 집을 비우고 확인받은 증서이다.

임차인은 보증금을 돌려받기 위해 1차적으로 배분요구를 해야 한다. 최종 낙찰이 되면 한국자산관리공사에 낙찰자의 명도확인서를 제출해야 (배분순위에 의거) 보증금을 돌려받을 수 있다. 심지어 낙찰자의 인감증명 또한 첨부해야 한다.

이런 인감증명까지 필요하니 당연 배분요구한 임차인은 집을 비워주는 데 협조적일 것이다. 돈을 받기 위해 낙찰자로부터 각종 서류를 받아야 하기에 그렇다.

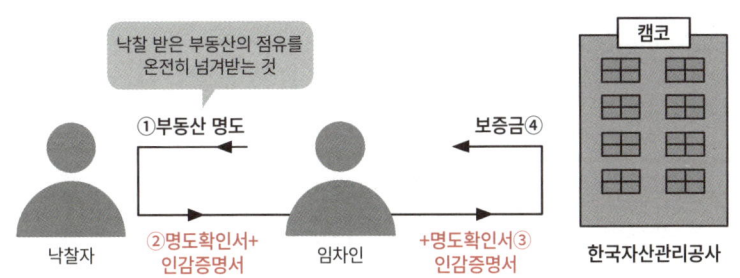

보증금(배분) 지급 절차

이는 명도확인서 하단에도 쓰여 있다.

명도확인서 주의 사항

임차인은 명도확인서를 제출하여야만 배분금을 수령할 수 있으며(명도일자가 경과되지 않은 경우는 배분금을 수령할 수 없음), 배분기일로부터 30일이 경과하여 배분금을 위임기관에 인계한 경우라도 배분금을 수령하고자 하는 경우는 위 명도확인서를 임대차 계약서와 함께 당사에 제출하여야 배분금을 수령할 수 있다.

물론 그 반대 케이스 또한 존재한다. 임차인이 배분요구를 하지 않는 경우이다.

특히나 선순위 임차인이 배분요구를 하지 않은 케이스가 가장 문제이다. 선순위로 대항력이 있어 보증금을 낙찰자가 인수해야 하는데, 배분요구를 하지 않아 보증금을 알 수 없어(사례 14 참조) 아주 난감하다. 이런 경우 임차인의 의도 또한 알 수 없다. 보증금을 받겠다는 건지 말겠다는 건지 판단이 안 되어 유찰을 거듭하고 최저입찰가는 계속 내려간다.

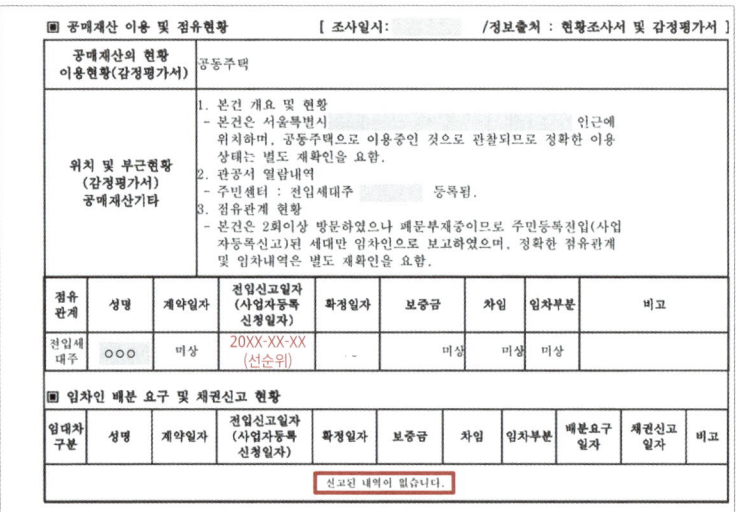

선순위 임차인이 배분요구하지 않은 사례

그래서 배분요구 여부만 알아도 임차인의 명도 난이도를 판단해 볼 수 있다. 일단 배분요구를 한 경우 낙찰자의 명도확인서가 필요하니 명도에 협조적일 것으로 판단 가능하다. 반대로 비협조적으로 예상될 시 임차인을 내보내기 위해 일정 명도 비용(이사비 등)을 감안해야 한다.

참고로 명도확인서가 필요한 경우 온비드 사이트 자료실에서 내려받을 수 있다.

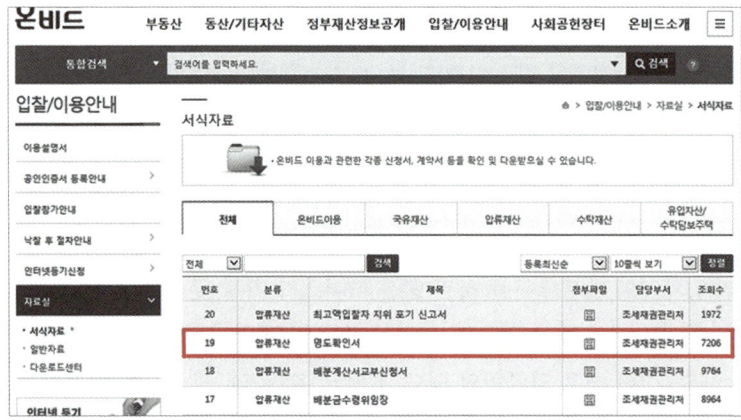

온비드 사이트 내 명도확인서 양식 위치

파트 요약 및 주의 사항

✏️ 파트 요약
1) 배분요구
   - 낙찰자 인수 대상인 선순위 임차인 관련
     배분요구를 하지 않은 경우 보증금 등을 알 수 없음. 명도가 쉽지 않을 것으로 판단
     배분요구를 한 경우 낙찰대금에서 보증금을 받겠다는 의도로 명도에 협조적일 것으로 예상
2) 명도확인서
   - 집을 비우고 확인받은 증서
   - 낙찰대금에서 보증금을 돌려받고자 하는 경우 임차인은 한국자산관리공사에 낙찰자의 서명이 된 명도확인서를 제출 필요. 명도에 협조적일 수밖에 없음

✏️ 주의 사항
1) 임차인 측면 : 배분요구 여부에 따라 향후 공매 진행 방향이 달라질 수 있음. 임차 주택을 낙찰받길 희망하는 경우 배분요구에 대해서 고민해 볼 필요
2) 임대인/투자자 측면 : 선순위 임차인이 있는 공매물건 투자 시 임차인이 보증금을 다 배분받는지가 권리분석의 핵심

실제 공매물건 권리분석해보기

사례 18의 권리분석을 해보자. 권리분석은 서류를 통해 이뤄지고, 이때 살펴볼 서류는 다음과 같다.

1) 공적장부
   - 등기부등본(등기사항전부증명서)
   - 건축물대장
   - 토지(임야)대장
   - 지적(임야)도
   - 토지이용계획확인서
   - 공시지가확인서

2) 온비드 제공 서류
   - 입찰공고
   - 공매재산명세
   - 감정평가서
   - 전입세대열람확인서 등

살펴봐야 할 가장 중요한 서류 중 하나인 공매재산명세를 먼저 살펴보자.

■ 공매재산 이용 및 점유 현황 [조사일시: 20XX-XX-XX / 정보 출처: 현황조사서 및 감정평가서]

공매재산의 현황 이용 현황 (감정평가서)	아파트
위치 및 부근 현황 (감정평가서) 공매재산기타	○ 본건 개요 및 현황 - 본건 경기도 파주시 OO동 소재, 현황 아파트로 이용 중임 ○ 관공서 열람내역 - OO동 주민센터 : 전입세대주 OOO 등록됨 ○ 점유관계 현황 - 본건 방문 시 거주자 OOO(유선)대면하여 방문 취지 및 배분요구 안내함 - OOO 면담 결과 본건 거주지 내 다른 세대(거주자)는 없으며, 보증금 2억 원에 임차하여 사용 중이라고 구두 진술함 - 임차인의 임차금액은 구두진술에 의하여 등록하였으므로, 정확한 임차내역은 별도 재확인을 요함

점유관계	성명	계약일자	전입신고일자 (사업자등록 신청일자)	확정일자	보증금	차임	임차부분	비고
전입 세대주	OOO	미상	2016-02-02	미상	2억 원	미상	미상	전입세대 열람 및 구두진술에 의함

■ 임차인 배분요구 및 채권신고 현황

구분	성명	계약일자	전입신고일자	확정일자	보증금	배분요구 일자	채권신고 일자
임차인	OOO	미상	2016-02-02	2016-01-10	2억 원	2019-02-01	2019-02-01

■ 배분요구 및 채권신고 현황

번호	권리관계	성명	압류/설정 (등기)일자	법정기일 (납부기한)	설정금액 (원)	배분요구 채권액(원)	배분 요구일
1	임차인	OOO				2억 원	2019-02-01
2	압류	국민건강보험공단 OO지사	2019-03-01	2018-09-01~ 2019-10-10		2천	2019-03-02
3	교부청구[22]	OO군청		2018-06-21~ 2019-09-20		1천	2019-01-04
4	물건지 지방자치단체	OO시청		2019-07-09~ 2019-09-20		1백만	-
5	위임기관[23] (압류)	OO세무서	2018-05-02	2017-03-02~ 2019-01-01		3억 원	2019-01-03

*채권신고 및 배분요구현황은 배분요구서를 기준으로 작성하였으며 신고된 채권액은 변동될 수 있습니다.
*배분요구일자 미등록 건에 대해서는 담당자를 통해 배분요구 여부를 반드시 확인하여 주시기 바랍니다.

22 교부청구 : 과세관청이 체납자의 재산을 압류 등 하기 전에 다른 기관에서 체납처분·강제집행(경공매)을 하는 경우, 체납자 재산의 환가(낙찰)대금에 대해 배분(배당)받기 위해 달라고 요청하는 것
23 위임기관 : 공매를 신청한 기관 = 처분청

■ 공매재산에 대하여 등기된 권리 또는 가처분으로서 매각으로 그 효력을 잃지 아니하는 것

■ 매각에 따라 설정된 것으로 보게 되는 지상권의 개요

■ 기타 유의 사항

대항력 있는 임차인 (본건은 권리신고한 임차인의 서류에 의하여 대항력 있는 임차인이 있을 수 있으므로 사전 조사 후 입찰 바람)

공매재산의 이용 및 점유 현황, 임차인 및 타 권리자들의 배분요구 현황, 기타 유의 사항 등을 알 수 있다. 이를 바탕으로 권리분석을 해보자.

참고로 권리분석의 순서는 다음과 같다.

1) 말소기준권리 파악 : 말소기준권리 이후는 소멸, 전은 인수
2) 임차인 분석 : 선순위, 배분요구 및 소액임차인 여부
3) 배분요구 및 채권신고 현황 분석
4) 배분순서 파악
5) 기타 권리(유치권, 법정지상권, 분묘기지권 등) 파악
(1, 2번은 순서가 변경되어도 무방)

---

1) 임차인 분석
   - 대항력 효력 발생 시점 (말소기준권리 따질 시 활용)
     = 전입신고 다음날 0시
     = 2016-02-03 0시
   - 우선변제 효력 발생 시점 (배분순서 따질 시 활용)
     = 대항력 효력 발생 시점(2016-02-03 0시)과 확정일자 접수일(2016-01-10) 중 늦은 시점
     = 2016-02-03 0시
   - 배분요구
     = 2019-02-01

= 보증금을 받기 위해 낙찰자의 명도확인서 필요. 명도에 우호적일 것으로 판단
- 소액임차인 여부 (사례 12 참조)
  (점유+전입신고+배분요구 조건이 충족할 시)
  = 보증금이 기준금액 이내 (단, 근저당 등 담보물권[24] 등기접수일 기준금액 이하)
  = 등기부등본상 담보물권이 없기에 최신 소액임차인 기준 활용
  = 소액임차인 기준금액 7천만 원 < 임차인 보증금 2억 원
  = 소액임차인 아님

기준시점	지역	임차인 보증금 범위	보증금 중 일정액의 범위
2021.5.11.~	①「수도권정비계획법」에 따른「과밀억제권역」, 용인시, 화성시 및 김포시	1억 원 3천만 원 이하	4,300만 원
	② 안산시, 광주시, 파주시, 이천시 및 평택시	7,000만 원 이하	2,300만 원
	위 ①및 ②를 제외한 경기도 전역	6,000만 원 이하	2,000만 원

2) 말소기준권리 파악
- 2016-02-03 : 임차인 대항력 효력 발생 시점   - 선순위, 인수
- 2018-05-02 : OO세무서 압류등기   - 말소기준권리, 소멸
- 2019-03-01 : 국민건강보험공단 압류등기   - 후순위, 소멸

3) 배분요구 및 채권신고 현황 분석
- 임차인 2억 원, 배분요구O   - 배분O, 우선변제 효력 발생 시점
- 압류 국민국민건강보험공단 2천, 배분요구O   - 배분O, 납부기한(공과금)
- 교부청구 OO군청 1천, 배분요구O   - 배분O, 법정기일(지방세)
- 물건지 지방자치단체 OO시청 1백만, 배분요구X   - 배분X
- 위임기관 OO세무서 개인납세과 3억 원, 배분요구O - 배분O, 법정기일(국세)

4) 배분순서 파악 (예: 낙찰대금 2.5억 원)
- (1) 집행비용   - 200~400만 원 수준
- (2) 필요비, 유익비   - 없음
- (3) 최우선변제 (소액임차인, 3개월 임금, 3년 퇴직금) - 없음
- (4) 세금 중 당해세   - 없음
- (5) 2016-02-03 : 임차인 우선변제 효력 발생 시점 - 2억 원, 선순위, 인수
- (6) 2017-03-02 : OO세무서 압류등기 법정기일   - 3억 원, 말소기준권리, 소멸

[24] 담보물권 : 일정한 물건을 빚에 대한 보증으로 제공하는 목적의 물권. 예: 저당, 근저당, 전세권, 담보가등기 등

- (7) 2018-06-21 : OO군청 교부청구 법정기일   - 1천
- (8) 2018-09-01 : 국민건강보험공단 압류등기 납부기한   - 2천, 후순위, 소멸

5) 기타권리(유치권, 법정지상권, 분묘기지권 등) 파악
- 별도 없음

임차인은 (집행비용 외) 타 권리 대비 선순위로 낙찰대금에서 보증금 2억 원을 먼저 배분받는다. 낙찰자가 인수할 대상이나 보증금을 다 돌려받으므로 이제는 신경 쓸 필요가 없어졌다. 남은 낙찰대금 약 5천만 원으로 OO세무서 압류등기까지 배분된다. 말소기준권리 포함 타 권리들은 후순위로 소멸되기에 낙찰자는 신경 쓸 필요 없다. 물론 위의 '4) 배분순서 파악'에서 법정기일에 따른 배분순위 산정 포함 압류선착주의 흡수배당, 교부청구한 조세채권자 등의 동순위로 안분배당 등 배분계산은 꽤나 복잡하다. 허나 이 책에서는 기본기를 닦는 것이 목적이므로 생략하도록 하겠다.

참고로 위의 '4) 배분순서 파악'에서 (4) 당해세는 당해 부동산 자체에 부과되는 조세 및 가산금이다. 국가 예산의 원활한 확보를 위해 우선징수권을 법적으로 보장하여 4순위로 무조건 배분받을 수 있다. 종합부동산세, 재산세, 상속/증여세 등이 이에 해당한다.

그렇기에 세금 체납 금액이 큰 경우, 당해세 여부를 압류기관(세무서, 지자체 등) 등을 통해 알아봐야 하나 개인 정보로 파악이 쉽지 않다. 지금까지는 등기부등본상 압류권자를 통해 당해세 여부를 간접적으로 파악 가능하였다. 예로 압류권자가 'OO세무서 재산세과'인 경우 당해세로 추정할 수 있고, '개인납세과(부가세, 소득세 등)'인 경우 당해세가 아니다.

순위번호	등기목적	접수	등기원인	권리자 및 기타사항
8	압류	2018년 5월 일 제 호	2018년 5월 일 압류(개인납세과-)	권리자 국 처분청 세무서
8-1	공매공고	2019년 일 제 호	2019년 일 공매공고(한국자산관리공사	

타 등기부등본상 압류권자 예

허나 세무서 조직개편[체납을 관리하는 별도부서 신설]으로 인해 이런 방식으로는 파악하기 난해해진 상황이다.

C/H/A/P/T/E/R 07

버는 것보다 잃지 않는 게 더 중요하다, 함정 피하기

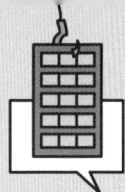

사례 19

분양대금을 시행사 계좌에 입금했는데요? 문제 되나요?

- 시행사, 신탁사, 시공사 차이

사연 물건 (상기 물건은 다음 사연과 정확히 일치하지 않을 수 있습니다)

오산과 동탄 신도시 인근에 조성되는 타운하우스 단지 수분양자들이 공매 위기에 처해 피해를 호소하고 있다.

시행사는 오산 OO동 XXX 일원에 XX 세대 규모의 타운하우스를 조성 중이다. 하지만 준공일이 훌쩍 지난 현재 일부 가구만 공사를 마쳤다. 나머지는 일정 공정만 완료됐고, 일부는 착공조차 하지 못했다.

수분양자는 시행사와 계약서를 쓰고 영수증까지 끊으면서 분양대금을 내왔는데, 시행사에 귀책을 물으면 될 일을 정당하게 돈을 주고 들어온 본인들에게 피해를 묻는 이유가 답답하다.

사업비를 대출해 준 OO은행 또한 이달 초 유치권 행사에 나섰다.

신탁사는 관리형토지신탁 계약으로 신탁사를 통해 개발사업을 진행할 경우 신탁사 계좌로 분양대금을 주고받아야 하는데, 그렇지 않았다고 주장한다. 이러한 시행사로부터 대출금 상환이 지연되자 자금을 회수하기 위해 공매 진행은 불가피한 상황이라고 언급했다.

현 사연에서 누구의 입장이 맞는지는 이해관계자가 아니기에 정확히 알 수 없다. 허나 필자가 해당 사연에서 중요하게 본 내용은 다음과 같다.

> 수분양자는 시행사와 계약서를 쓰고 영수증까지 끊으면서 분양대금을 내왔는데, 시행사에 귀책을 물으면 될 일을 정당하게 돈을 주고 들어온 본인들에게 피해를 묻는 이유가 답답하다.

수분양자 입장에서 분양계약을 시행사와 직접 하고, 분양대금 또한 신탁사 계좌가 아닌 시행사 계좌에 입금했다는 점이 정말 위험했던 것이다. 해당 이유를 살펴보도록 하자.

참조 차 타 입주자 모집 공고 예를 보면 다음과 같다. 하단에 시행사, 신탁사, 시공사, 분양대행사 등이 언급되어 있다.

구분	광고게재문구			
부동산개발업 등록업자	주식회사	(등록번호 :	등록일자 :	)
주된영업소의 소재지				
허가명칭	신축공사			
허가기관				
건축허가번호 및 연월일				
공급대상물의 소재지				
지목	대지			
건축용도	공장시설 및 지원시설			
공사착공				
준공예정				
입주예정				
거래규제에 관한사항	산업집적활성화 및 공장설립에 관한 법률			
시행사				
신탁사	신탁			
시공사				
자금관리	신탁			
분양대행사				

입주자 모집 공고 예

이렇게 다양한 회사가 언급되는 이유는 각자가 맡은 역할이 있기에 그렇다.

1) 시행사
- 부동산 개발사업의 실질적인 주체
- 토지 매입, 인허가, 자금 조달 등 전반을 담당
- 분양사업의 경우 보통 시행사가 신탁사에 사업시행자 지위를 넘겨(위탁) 사업을 관리

2) 신탁사
  - 신탁사가 사업시행자 지위를 넘겨받아(수탁) 사업을 관리
  - 사업시행자 지위 이전 효과
    (1) 분양사고 방지
      : 신탁회사 명의로 분양계약을 체결하므로 이중계약, 분양대금 유용 등 분양사고 방지
    (2) 제3자에 의한 권리침해 방지
      : 사업 부지 및 분양대금에 대한 제3자의 권리침해 방지
3) 시공사
  - 도급계약을 통해 건물을 책임준공
4) 분양대행사
  - 홍보, 마케팅 등 분양 전반 업무를 담당
5) 기타(금융사)
  - 사업을 위한 필요 자금을 대출

각 회사별 역할 구도를 정리해 보면 다음과 같다.

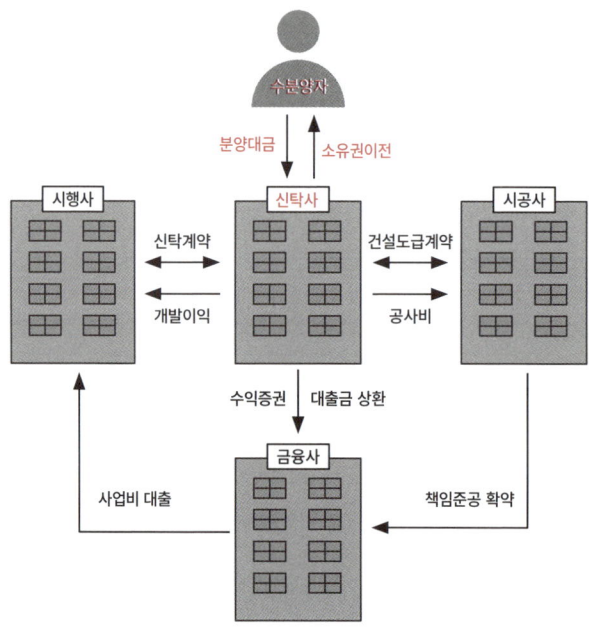

각 회사별 역할 구도 예

여기서 가장 중요한 건 구도적으로 중심에 위치한 신탁사이다. 현 사연과 같이 분양사업에서 신탁사는 사업시행자 지위를 넘겨받아 사업을 관리한다. 이때 신탁사는 아래와 같은 역할을 수행한다.

1) 일부 시행사는 영세하여 부도 등 예기치 못한 상황이 발생할 수 있음. 이때 신탁에 맡겨진 해당 분양사업은 독립 재산으로 별도 관리되어 마지막까지 안정적으로 추진
2) 신탁사 명의로 분양계약을 체결하고 계좌를 관리하기에 이중 계약, 분양대금 유용 등 분양사고를 예방
3) 사업 관계자 간 이해관계를 조율함으로써 준공/입주 지연 등을 예방

분양사업의 수분양자, 사업 이해관계자 등이 예기치 못한 사건/사고로부터 피해를 당하지 않도록 법적으로 신탁 제도를 두었다. 이에 계약, 자금 관리 등은 신탁사 명의로 진행된다. 허나 현 사연의 수분양자는 시행사와 계약서를 쓰고 심지어 분양대금까지 시행사 계좌로 입금하였다. 이는 고양이에게 생선을 맡긴 상황으로, 만약 해당 돈에 대해 시행사가 독한 맘을 먹고 위법 행위(도주, 횡령 등)를 저지른다면 수분양자는 돈을 돌려받기 힘들 것이다.

각 시행 주체의 역할만 이해하고 있었다면, 시행사 계좌에 분양대금을 넣어 달라는 요청에 반문할 수 있었을 텐데 그렇지 못한 부분이 아쉬운 상황이다.

파트 요약 및 주의 사항

파트 요약
1) 개발사업 각 주체 간 역할
   - 시행사 : 부동산 개발사업의 실질적인 주체
   - 신탁사 : 신탁사가 사업시행자 지위를 넘겨받아(수탁) 사업을 관리
       (1) 분양사고 방지
       (2) 제3자에 의한 권리 침해 방지
   - 시공사 : 도급계약을 통해 건물을 책임준공
   - 분양대행사 : 홍보, 마케팅 등 분양 전반 업무를 담당
   - 기타(금융사) : 사업을 위한 필요 자금을 대출

주의 사항
1) 임대인/투자자 측면 : 분양받은 물건(아파트 등)의 분양대금은 지정 신탁사 계좌에 필수적으로 입금

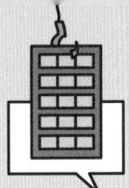

사례 20

공매물건을 낙찰받았는데 토지에 문제가 있다?

- 토지별도등기, 대지권미등기

사연 물건(상기 물건은 다음 사연과 정확히 일치하지 않을 수 있습니다)

현 사연의 경우 서류에 전반적으로 별다른 내용은 없다. 다만 한 가지 특이 사항으로 공매재산 명세상 다음과 같은 유의 사항이 적혀 있다.

> 토지별도등기(토지에 관하여 별도등기가 존재하므로 제한권리 등에 관하여는 매수인 책임하에 사전 조사 후 입찰 바람)

구분소유 중인 집합건물이기에 먼저 집합건물 등기부등본을 열어보니 해당 문구가 적혀 있다.

- 별도 등기 있음. 1토지(을구 1번, 2번, 3번 근저당권 설정 등기, 을구 4번 지상권 설정 등기)

【 표 제 부 】	(전유부분의 건물의 표시)		
표시번호	접 수	건 물 번 호	건 물 내 역	등기원인 및 기타사항
1 (전 1)			철근콘크리트조 판매시설(공구매장) 28.66㎡	도면편철장 제1책51장
				부동산등기법시행규칙부칙 제3조 제1항의 규정에 의하여 ▨▨▨▨ 일 전산이기

(대지권의 표시)			
표시번호	대지권종류	대지권비율	등기원인 및 기타사항
1 (전 1)	1 소유권대지권	4096분의 15.50	대지권
			부동산등기법시행규칙부칙 제3조 제1항의 규정에 의하여 ▨▨▨▨ 일 전산이기
2			별도등기 있음 1토지(을구 1번, 2번, 3번 근저당권 설정 등기, 을구 4번 지상권 설정 등기) 일 등기

현 사연의 등기부등본상 별도등기 예

여기서 토지별도등기는 말그대로 토지 등기부등본에 별도의 권리가 존재한다는 것이다. 그렇기에 권리분석에 주의를 필요로 하는 특수권리(유치권, 가등기, 법정지상권, 선순위 임차인 등)에 해당한다. 제대로 분석해낸다면 차익이 클 수 있지만 그만큼 손해를 볼 확률 또한 높은 물건이다. 이러한 '토지별도등기'가 무엇인지 살펴보도록 하자.

토지별도등기를 이해하기 위해서는 먼저 집합건물 등기부등본을 이해해야 한다. 등기부등본은 크게 아래 두 가지로 이뤄진다.

1) 토지 등기부등본
2) 건물 등기부등본

허나 대표 구분소유 건물인 아파트가 등장하면서 상황이 복잡해진다. 구 가락시영 아파트를 재건축하여 2018년 준공되었으며, 송파구 가락동에 위치한 헬리오시티 아파트를 예로 들어보자. 해당 아파트는 10만 평가량의 토지를 약 9,500세대가 공유하며 살고 있다. 이때 토지/건물 등기부등본만 존재한다고 가정해 보면, 토지 등기부등본상 9,500세대의 소유주를 다 명기하거나 또는 토지/건물 등기부등본을 각각 9,500세대분을 만들어 관리해야 한다. 이러한 번거로움을 덜고자 대지권 제도가 담긴 집합건물법[집합건물의 소유 및 관리에 관한 법률]을 만든다.

집합건물의 소유 및 관리에 관한 법률

✎ 제3절 대지사용권
✎ 제20조(전유부분과 대지사용권의 일체성)
① 구분소유자의 대지사용권은 그가 가지는 전유부분의 처분에 따른다.
② <u>구분소유자는 그가 가지는 전유부분과 분리하여 대지사용권을 처분할 수 없다.</u> 다만, 규약으로써 달리 정한 경우에는 그러하지 아니하다.
③ 제2항 본문의 분리처분금지는 그 취지를 등기하지 아니하면 선의(善意)로 물권을 취득한 제3자에게 대항하지 못한다.
④ 제2항 단서의 경우에는 제3조 제3항을 준용한다.

여기서 대지사용권[부동산등기법에서는 '대지권'이라 함, 이하 '대지권']이란 집합건물의 각 구분소유자가 건물의 전유부분과 더불어 규정된 비율에 따라 나눠 갖고 있는 대지의 비율과 해당 권리이다. 9,500세대의 아파트가 한 토지 위에 지어져 있으나, 해당 토지를 9,500세대로 자를 수 없어 대지권 비율로 집합건물 등기부등본에 명시해둔 것이다.

- 예: 대지권 비율 : 100,000㎡분의 20㎡

집합건물 등기부등본이 만들어지는 순간 토지의 일정 비율이 담긴 대지권이 명기되며 건물의 전유부분과 일체화된다. 그렇기에 해당 대지권은 건물의 전유부분과 분리해서 처분이 불가하다(집합건물법 제20조 제2항).

이러한 집합건물 등기부등본이 만들어지는 과정을 아파트를 예로 살펴보자.

일반적으로 개발 회사(시행사, 시공사, 신탁사 등)가 아래와 같은 과정을 거쳐 최종 수분양자에게 소유권을 이전해준다. 집합건물 등기부등본은 아파트 등 집합건물이 준공된 후 만들어진다(하단 8번).

1) 토지 또는 토지/건물을 매입
2) 은행, 필요자금 대출
3) 은행, 토지 또는 토지/건물 등기부등본상 근저당 등기 설정
4) 기존 건물 철거
5) 아파트 착공 및 분양
6) 건물 준공
7) 분양대금으로 대출 상환 후 토지 또는 토지/건물 등기부등본상 근저당 등기 말소
8) 대지권 등기가 포함된 집합건물 등기부등본 생성 및 소유권보존등기[15] (토지 등기부등본 폐쇄)
9) 수분양자에게 소유권이전등기

위의 과정이 순조롭게 진행된 게 우리가 일반적으로 보는 아파트의 집합건물 등기부등본이다. 허나 중간에 문제가 생길 수 있다. 가령 건물이 완공될 때까지 분양이 되지 않을 수 있다. 이 경우 당초 대출금을 갚지 못한다. 여기서 첫 번째 토지별도등기 사유가 발생한다. 집합건물 등기부등본 내 대지권을 설정하며 토지 등기부등본을 폐쇄해야 하는데, 대출금을 갚지 못해 토지 등기부등본에 근저당 등기가 남아있는 채로 소유권보존등기가 이뤄진다. 그리고 은행 등 돈을 받지 못한 채권자는 대출금 회수를 위해 경매에 넘긴다.

'토지 등기부등본상 근저당 등기 말소 > 집합건물 등기부등본 생성 > 건물 전유부+대지권 일체화 > 토지 등기부등본 폐쇄'의 과정으로 진행되어야 하는데, 대출금을 갚지 못해 집합건물임에도 토지 등기부등본상 근저당 등기가 지워지지 않고 별도로 등기가 남아있는 것이다.

위와 같은 토지별도등기 물건이 경공매에 나온 경우 입찰을 하려는 자는 해당 대출금을 은행에 갚고 토지 등기부등본에 남아있는 별도등기를 말소시킬 수도 있다. 이럴 경우 해당 대출금액을 잘 알아보고, 시세보다 그 금액만큼 싸게 낙찰받아야 실익이 있다.

두 번째로 토지별도등기가 앞서 설명한 바와 같이 은행에 대출금을 갚지 않아 발생할 수도 있지만, 은행에 대출금을 갚았는데도 불구하고 발생할 수도 있다. 실제는 돈을 다 갚았으나 토지 등기부등본상 근저당 등기 말소 행위를 하지 않은 경우이다. 근저당 등기를 설정한 은행에 전화해서 물어보는 등 세부 사정을 파악해 보는 과정이 필요하다.

토지별도등기와 더불어 대지권 관련 주의해야 할 것으로 '대지권미등기'가 있다. 말그대로 집합건물 등기부등본상 대지권이 등기되어있지 않는 것[미등기]인데, 예시를 통해 살펴보자.

---

15   소유권보존등기 : 미등기의 구분건물에 대해 처음으로 행해지는 소유권 등기를 말함. 사람의 신분증과 같이 부동산(아파트 등)의 소유권, 면적 등 각종 내용이 기재됨. 일반적으로 소유권보존등기는 시공사 명의, 소유권이전등기는 수분양자 명의로 이뤄진다.

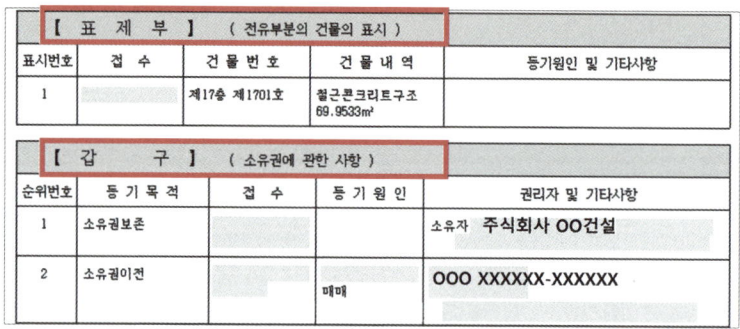

등기부등본상 대지권미등기 예

예시 집합건물 등기부등본만 봐서는 대지권미등기를 파악하기 어렵다. 허나 일반적인 등기부등본 구성과 비교해 보면 알 수 있다.

일반 집합건물 등기부등본	예시 집합건물 등기부등본
【 표 제 부 】(1동의 건물의 표시)	(좌동)
(대지권의 목적인 토지의 표시)	(좌동)
【 표 제 부 】(전유부분의 건물의 표시)	(좌동)
(대지권의 표시)	없음
【 갑 구 】(소유권에 관한 사항)	(좌동)
【 을 구 】(소유권 이외의 권리에 관한 사항)	(좌동)

'【 표 제 부 】(전유부분의 건물의 표시)' 뒤에 '(대지권의 표시)'가 없이 바로 【 갑 구 】(소유권에 관한 사항)'가 뒤따른다. 다시 말해 대지권에 대해서 등기되지 않은 것이다. 이유는 다양할 수 있다.

첫 번째, 아래의 절차 중 8번 대지권 등기 시 토지정리가 명확히 되지 않은 경우이다.

1) 토지 또는 토지/건물을 매입
2) 은행, 필요자금 대출
3) 은행, 토지 또는 토지/건물 등기부등본상 근저당 등기 설정
4) 기존 건물 철거
5) 아파트 착공 및 분양
6) 건물 준공
7) 분양대금으로 대출 상환 후 토지 또는 토지/건물 등기부등본상 근저당 등기 말소

8) 대지권 등기가 포함된 집합건물 등기부등본 생성 및 소유권보존등기 (토지 등기부등본 폐쇄)
9) 수분양자에게 소유권이전등기

이는 신도시 아파트에서 자주 볼 수 있다. 신도시 건립을 위해 LH 등 공공기관이 일정 위치에 농지 등 여러 토지를 대규모로 사들인 후 일정 블록(예: OO지구 a1블럭, c12블럭 등)으로 나눠 택지²⁵를 조성한다. 해당 블록 내에는 주택, 도로, 공원, 학교 등이 위치한다. 이때 불규칙한 여러 토지를 합쳐서 다시 나누는 게 쉬운 일이 아니다. 대부분 택지의 경우 수분양자가 입주한 후 여러 해가 지나 토지정리가 완료되고 대지권등기가 후속으로 진행된다. 이 경우의 대지권미등기는 문제없는 케이스이다.

두 번째, 건물 준공~소유권이전등기 간 실수로 대지권 등기를 하지 않은 경우이다.

세 번째, 당초 대출금을 갚지 않아 대지권 등기를 할 수 없는 경우 또한 존재한다.

사유를 알면 간단하지만 알아가는 과정이 만만하지 않다. 경공매물건에서 토지별도등기, 대지권미등기를 발견하면 특수권리인 만큼 해당 사유를 면밀히 파악하여 입찰해야 한다.

파트 요약 및 주의 사항

파트 요약
1) 토지별도등기
   - 건물을 짓기 전 토지에 근저당 등 제한물권이 있는 경우 토지와 건물의 권리관계가 일치하지 않아 토지 등기부등본을 폐쇄하지 못함. 이때 집합건물 등기부등본상 "토지에 별도의 등기 존재" 등 표시
2) 대지권미등기
   - 집합건물 등기부등본상 대지권 관련 명기가 없는 경우. 택지 등에서 토지정리가 미완료되어 대지권 등기가 진행되지 못한 경우는 문제없으나, 그 외의 경우는 주의 필요

주의 사항
1) 임대인/투자자 측면 : 토지별도등기, 대지권미등기 등 권리분석에 주의를 요하는 특수권리(유치권, 가등기, 법정지상권, 선순위 임차인 등)가 있는 부동산을 투자할 경우 주의

---

25 택지 : 「택지개발촉진법」에 따라 개발·공급되는 주택건설용지 및 공공시설용지
   - 주택건설용지 : 주택을 건설하는 용지
   - 공공시설용지 : 도로, 공원, 학교 등 기반시설과 상업·업무시설 등 시설을 설치하기 위한 토지

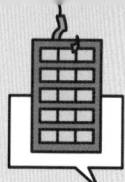

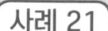

빌라 시세와 그에 얽힌 다양한 이해관계

- 업계약서, 재개발 해제 지역

사연 물건(상기 물건은 다음 사연과 정확히 일치하지 않을 수 있습니다)

현 사연은 인천 미추홀구 내 빌라이며, 최저입찰가 대비 50%대에 낙찰되었다. 필자 또한 관심을 가졌던 물건으로 결과를 복기해온 내용을 다뤄보고자 한다.

먼저 권리분석에서 큰 특이 사항은 없다.

1) 선순위 임차인 없음
2) 유치권 등 등기부등본상 기재되지 않은 별도 권리 없음

다만 최저입찰가 관련 짚어볼 사항이 있다. 일단 최초 매각금액[최저입찰가]을 결정하기 위해 감정평가를 진행한다. 쉽게 말해 얼마에 팔지를 정하기 위해 전문가[감정평가사]에게 의뢰하여 금액 평가를 받아보는 것이다. 사례 03에서 언급한 것처럼 감정평가 방법은 다음과 같이 3가지가 있다.

1) 원가방식 : 원가법, 적산법 등 비용성의 원리에 기초한 감정평가방식
2) 비교방식 : 거래사례비교법 등 시장성의 원리에 기초한 감정평가방식
3) 수익방식 : 수익환원법 등 수익성의 원리에 기초한 감정평가방식

일반적으로 주변 거래 사례와 비교하여 평가대상 부동산이 얼마의 가격을 받을 수 있을지 판단해 보는 '비교방식'이 가장 많이 쓰인다. 허나 빌라의 경우 아파트 대비 거래가 활발하지 않아 사례가 많지 않다. 비교군이 많지 않은데, 해당 사례의 조건이 현재와 다른 경우 최초 매각금액 산정에 착오를 줄 수 있다. 대표적인 예가 재개발 해제 지역 내 공매물건이다.

과거 실거래가는 재개발 기대 심리에 따라 투자 수요가 유입된 가격이고, 현재는 구역이 해제되어 거품이 걷어진 상황이다. 이에 따라 최초 매각금액이 부풀려져 있을 수 있고, 해당 금액 대비 50%에 낙찰받아도 시세 대비 비쌀 수 있다. 현 사연 또한 과거 정비구역 대상지였다가 해제된 이후 공매에 나온 케이스이다. 최초 매각금액 대비 50%대에 낙찰되었는데 입찰 당시 급매물건보다 비싼 상황이다.

이에 따라 빌라 투자 시 꼭 재개발 해제 지역 여부를 따져봐야 한다. 검색 방법은 의외로 간단하다. 해당 부동산이 속한 구청 홈페이지에 접속하여 '정비사업'을 검색해 보면 다음과 같은 게시판을 볼 수 있다.

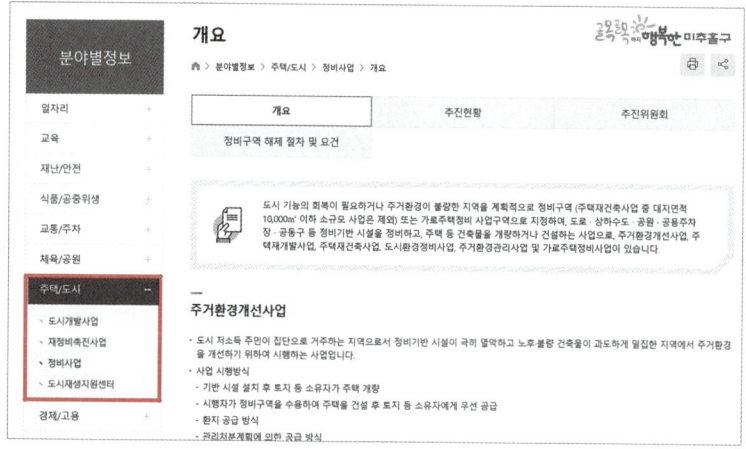

구청 홈페이지 내 정비사업 검색 예

해당 게시판 내 추진 현황을 클릭하면 다음과 같이 세부 사항을 열람할 수 있다. 해당 내용에서 관심 빌라가 속한 구역을 찾아본 후 추진 여부를 판단해 보면 된다.

사업유형		구역명	위치	정비구역 지정	추진위 승인	조합설립 인가	시공자 업체명	사업시행 인가	관리처분 계획인가	착공	현 추진사항	비고
재개발 정비사업	1	도화1구역	석바위로 5번길 일원	20XX.XX	20XX.XX	20XX.XX	OO건설	20XX.XX			사업시행계획 (변경)인가	관리처분계획 접수
	2	도화4구역	염전로 233번길 일원	20XX.XX	20XX.XX	20XX.XX	OO건설				사업시행인가	조합원 분양신청완료
	3	숭의3구역	수봉로 68번길 일원	20XX.XX	20XX.XX	20XX.XX	OO건설	20XX.XX	20XX.XX		관리처분인가	이주중
	4	숭의5구역	장천로 48번길 일원	20XX.XX	20XX.XX	20XX.XX	OO건설				조합설립	
	5	전도관구역	우각로 122번길 일원	20XX.XX	20XX.XX	20XX.XX	OO건설	20XX.XX	20XX.XX		관리처분인가	이주중
	6	여의구역	독정이로 88번길 일원	20XX.XX	20XX.XX	20XX.XX	OO건설	20XX.XX	20XX.XX	20XX.XX	공사착공	
	7	용현4구역	비룡길 23번길 일원	20XX.XX	20XX.XX	20XX.XX	OO건설				조합설립	정비계획변경 진행중
	8	주안3구역	한나루로 458번길 일원	20XX.XX	20XX.XX	20XX.XX	OO건설	20XX.XX	20XX.XX	20XX.XX	공사착공	
	9	주안4구역	주안대로 503번길 일원	20XX.XX	20XX.XX	20XX.XX	OO건설	20XX.XX	20XX.XX	20XX.XX	공사착공	
	10	주안10구역	경원대로 822번길 일원	20XX.XX	20XX.XX	20XX.XX	OO건설	20XX.XX	20XX.XX	20XX.XX	공사착공	
	11	학익1구역	매소홀로 401번길 일원	20XX.XX	20XX.XX	20XX.XX	OO건설	20XX.XX	20XX.XX	20XX.XX	공사착공	
	12	학익2구역	학익소로13번길 일원	20XX.XX	20XX.XX	20XX.XX	OO건설	20XX.XX	20XX.XX	20XX.XX	공사착공	
	13	학익3구역	소성로 103번길 일원	20XX.XX	20XX.XX	20XX.XX	OO건설	20XX.XX			사업시행인가	관리처분계획 수립중
	14	학익4구역	한나루로434번길 16 일원	20XX.XX	20XX.XX	20XX.XX	OO건설	20XX.XX	20XX.XX		관리처분인가	이주중

미추홀구 정비사업 세부 추진 현황

나아가 담당자 정보 또한 제공되어 궁금한 점이 있으면 문의를 해보면 된다.

정비사업 현황도 및 담당자 예

검색 간 위 사연과 반대로 재개발 해제 지역이 아닌 추진 예정 지역을 발견할 수도 있다. 이때는 적극적으로 입찰에 임하면 된다.

시세 판단 오류를 줄 수 있는 첫 번째 사유로 재개발 해제 지역을 들었다. 다음 사유로 업(Up)계약서가 있다. 특히나 지방 빌라에서 왕왕 작성된다.

1) 실매수가격보다 높게 계약서 작성
2) 해당 계약서를 근거로 담보 대출 실행
3) 자본금을 최소로 투입하여 빌라 매수 가능

매수자 입장에서 최소의 금액으로 빌라를 살 수 있는 이점이 있다. 하지만 실제 가격보다 부풀려져 실거래가가 등록되기에 시세 판단에 혼선을 줄 수 있다.

그렇기에 빌라 투자 시 손품, 발품을 통해 적정가격을 도출해 내는 과정이 중요하다. 해당 내용은 사례 22와 다음 챕터 <Action Plan>에서 추가적으로 다뤄보고자 한다.

파트 요약 및 주의 사항

✏️ **파트 요약**

1) 빌라 시세 파악에 혼선을 줄 수 있는 요인
    - 재개발 해제 지역의 경우 당초 개발 기대 심리에 따라 가격이 상승해온 것과 다르게 해제된 이후 실망매물들로 시세 변동이 클 우려
    - 기타 사유들로 업계약서 작성에 따른 실제 금액과의 괴리 발생

✏️ **주의 사항**

1) 임대인/투자자 측면 : 빌라의 경우 거래가 많지 않아 시세 파악이 어려울 수 있음. 면밀한 손품, 발품을 통해 적정 금액 판단 중요. 특히 부동산 중개사 사무소를 통해 급매 확인 필수

| Action Plan | 경공매 잔금 미납 사유 파악하기 |

앞선 사례들에서 입찰보증금을 포기하고 잔금을 납부하지 못하는 경우가 많다고 하였다. 필자 또한 여러 사유로 입찰보증금을 몇 차례 날린 경우가 있다.

NAVER 등 인터넷포털 사이트에서 '경매 보증금 몰수'를 검색해 보면 해당 건수와 규모가 얼마나 대단한지 알 수 있다. 경매에서 한 해 몰수되는 입찰보증금만 300억 원이 넘는다.

포털 사이트에서 '경매 보증금 몰수'를 검색한 화면

이에 대한 대표적인 잔금 미납 사례들은 다음과 같다.

1) 권리분석 실패
  - 대항력 있는 (선순위)임차인의 전세보증금을 인수해야 하는 경우
  - 등기부등본 혹은 그 외 인수되는 권리가 있음에도 나중에 해당 사실을 알게 된 경우
  - 농지 입찰 후 농지취득자격증명[26] 발급 불가

2) 대출 불가 등 자금 부족
  - 대출로 자금을 조달하는 데 차질이 발생하여 잔금을 마련하지 못한 경우

3) 시세 파악 오류
  - 시세 조사를 잘못하여 거래 가격 대비 지나치게 높게 받은 경우

4) 입찰 오류
  - 실수로 0을 하나 더 적어 입찰한 경우

---

26   농지취득자격증명 : 농지(지목상 전[밭], 답[논], 과수원)를 취득할 수 있는 자격이 있음을 증명하는 문서. 농지를 취득하는 자가 그 소유권에 관한 등기를 신청할 때에 첨부해야 함

이렇게 낙찰자가 잔금을 납부하지 않고 입찰보증금을 포기한 건 분명 이유가 있을 것이다.

특히나 공매는 경매와 다르게 낙찰자가 책임질 수 없는 중대한 하자를 원인으로 취소가 불가하다. 그렇기에 공매 입찰 시에는 보다 신중하게 검토가 필요하다.

구분	사유	결과
공통 (국세징수법 제88조)	- 압류 해제 - 한국자산관리공사의 공매 대행 해제	취소
	- 압류 또는 매각 유예 - 강제 징수에 대한 집행 정지 결정 - 그 밖에 공매 정지 필요가 있는 경우(대통령령)	정지
매각 결정~잔금 납부 (국세징수법 제86조)	- 낙찰자의 동의를 받아 체납액을 완납 시 - 낙찰자가 잔금 미납 시	취소

공매 취소 또는 정지 사유

C/H/A/P/T/E/R 08

두 아이의 아빠이자, 평범한 직장인도 공매로 투자한다

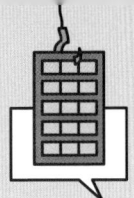

사례 22

공매 첫 낙찰 물건, 부산 반지하 빌라
- 빌라 투자 포인트

사연 물건(상기 물건은 다음 사연과 정확히 일치하지 않을 수 있습니다)

공매 공부를 시작하고 첫 번째 주거시설을 낙찰받은 사례가 바로 부산 지역의 한 빌라이다. 지하라 공부상 표기되어 있지만, 토지에 단차(건물의 전면이 낮고 후면이 높음)가 있어 실제는 1층인 빌라이다.

권리분석 시 큰 특이 사항은 없다.

1) 말소기준권리 파악 : 말소기준권리 이후는 소멸, 전은 인수
   - 선순위 근저당이 말소기준권리(소멸)이며, 후순위 압류는 소멸 예정
2) 임차인 분석 : 선순위, 배분요구 및 소액임차인 여부
   - 단, 소액임차인 여부는 파악 불가 (배분요구를 하지 않아 보증금 액수 등을 파악 불가)
3) 배분요구 및 채권신고 현황 분석 / 배분순서 파악
   - 임차인 포함 등기부등본상 모든 권리는 소멸(낙찰자가 부담할 필요 없음)
4) 기타 권리(유치권, 법정지상권, 분묘기지권 등) 파악
   - 별도 없음

다만 공매재산명세상 후순위 임차인이 심상치 않아 보인다. 해당 임차인 관련 공매재산명세에 기재된 내용은 다음과 같다.

◼ 공매재산 이용 및 점유 현황

공매재산의 현황 이용 현황 (감정평가서)	다세대							
위치 및 부근 현황 (감정평가서) 공매재산기타	가) 본건 현장 2회 이상 방문한 바, 폐문부재[27]이고 출입문에 공매대행 및 배분요구안내 통지서와 현황조사 방문안내 스티커를 부착하였으나 아무런 연락이 없으므로 주민등록 전입된 세대만 임차인으로 보고함 나) XXXX.XX.XX일자 OO동 주민센터 전입세대열람내역에 의하면 본건에는 OOO(전입일:2015.XX.XX)이 전입세대주로 등재되어 있으니 공매 입찰 전 점유관계 사실 확인 요함							
구분	성명	계약일자	전입신고일자	확정일자	보증금	차임	임차부분
전입 세대주	OOO	미상	2015-XX-XX	미상	미상	미상	미상

[27] 폐문부재 : 문이 잠겨 있고 집에 아무도 없이 부재중인 상태

▣ 임차인 배분요구 및 채권신고 현황

구분	성명	계약일자	전입신고일자	확정일자	보증금	배분요구 일자	채권신고 일자
신고된 내역이 없습니다.							

전입신고만 해 둔 임차인이 오랜 기간 집을 비워 둔 상태로 보인다. 현장을 가보니 우체통에 우편물이 가득 쌓여 있다. 해당 빌라 주변 분들에게 여쭤보니 짐도 없이 오랜 기간 내부를 비워 둔 상태라 한다. 명도가 다소 오래 걸릴 수도 있겠다는 생각이 든다.

후순위 임차인 명도 이슈 외 권리분석상 큰 이슈가 없기에 얼마에 낙찰받을지가 관건이다. 주변 시세를 파악한 후 아래 범위 내에서 입찰하여 낙찰까지 받게 되었다.

- 전세가 ≥ 입찰가 + 인테리어 비용 + 명도비용 + 취득세 등 기타 비용

낙찰은 받고 명도를 해야 하는데 역시 임차인은 연락되지 않는다. 아래와 같은 안내문을 문에 붙이고 와도 묵묵부답이다.

때마침 다른 업무로 주민센터를 방문하니 '거주불명등록'에 대해 알려준다. '거주불명등록의뢰서'를 작성하여 제출하면 아래의 절차를 순차적으로 진행한다.

1) 거주 사실이 불분명한 경우, 관계 관청에서 일정 기간 해당 사실관계를 파악
2) 해당 관계자에게 거주 여부를 사실대로 신고할 것을 요청
3) 대응이 없거나 허위로 신고되어 있을 시 전입신고를 말소

최종 전입신고를 말소하기까지 한 달 정도 소요되었고, 이후 잘 수리하여 매도까지 완료하였다.

가장 익숙한 투자 대상이나 투자의 첫발을 떼기가 부담스럽다. 이에 그간 빌라를 투자하며 경험한 노하우를 다음과 같이 다뤄보고자 한다.

빌라 투자 노하우
1) 빌라
2) 입지 : 교통, 교육, 편의시설 등
3) 시세
4) 임장
5) 기타 : 명도, 잔금대출, 위반건축물 등

✏️ **<빌라>**

일단 빌라는 공동주택이고 아파트, 연립주택, 다세대 중 연립주택, 다세대를 빌라라고 한다.

물건 면적상 건물 35.4㎡라 쓰여 있다. 이는 계단, 복도, 주차장 등이 제외된 전용면적으로 방, 거실, 욕실 등 면적의 합이다. 전용면적에는 발코니 면적 또한 제외되어 있다. '사례 07 여기서 잠깐!'에서 다룬 바와 같이 발코니는 서비스 면적이다. 보통 빌라는 면적이 그리 크지 않기에 서비스로 주어지는 발코니 면적까지의 실사용 면적이 중요하고, 이 면적이 얼마나 되는지가 향후 빌라의 가격을 결정하는 데 큰 역할을 한다.

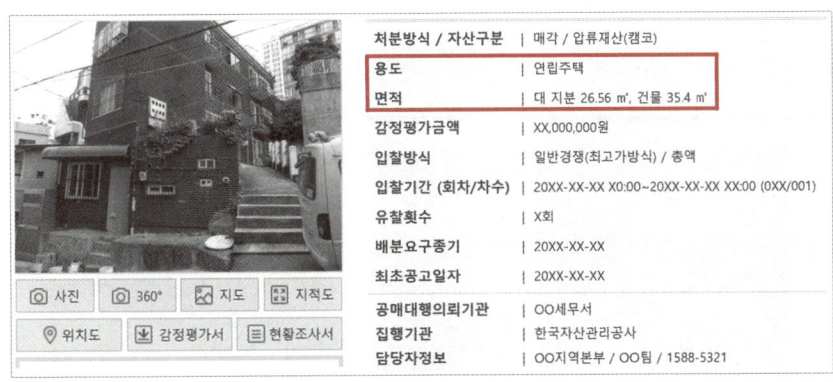

입찰공고상 전용면적 표기 예

나아가 2룸 이상의 빌라에 입찰하는 걸 추천한다. 퇴근 후 삶의 질 또한 중요시 여겨져 혼자 살아도 원룸보다는 2룸 혹은 3룸 주거시설(빌라, 오피스텔, 아파트 등)을 선호하는 경향이 짙다.

노후화된 지역으로 재개발이 필요한 지역이라면 대지권(사례 21 참조) 비율이 높은 물건이 좋다. 그만큼 토지를 많이 보유하고 있는 것이다. 이 경우 향후 재개발될 시 내 자산이 높게 평가되어 내야 할 분담금이 그만큼 줄어든다. 현 사연의 경우 대지권은 26.56㎡로 8평가량의 꽤 넓은 면적의 토지를 보유하고 있다. 일반적인 전용면적 10평 내외의 빌라의 경우 3~5평가량의 대지권을 보유한다.

✏️ <입지>

입지적으로는 역으로부터 300m 이내 혹은 도보로 5분 거리 이내의 역세권 빌라를 추천한다. 아무래도 역과 가까우면 임대를 놓거나 나중에 매도하기에 훨씬 수월하다.

당연히 주변에 초등학교 등 교육 시설과 마트 등 각종 편의시설이 인접해서 좋다.

지하철역이 신설 예정이거나 재개발 예정 등 개발 호재가 있는 지역의 빌라를 투자하는 것 또한 좋다. 해당 지역을 파악하는 방법은 간단하다. 네이버 지도 사이트를 연 후 우측 상단에 지적편집도를 클릭한다. 관심 있는 지역들을 확대/축소해보면 다음과 같이 철도, 도로망이 건설 중이거나 예정인 지역들이 보인다. 해당 지역들을 더 자세히 파악한 후 투자에 임하면 된다.

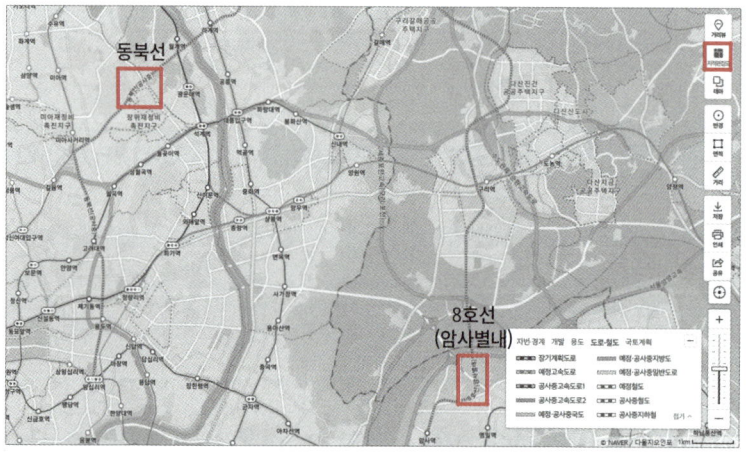

인터넷포털 지도 사이트 내 지적편집도on 예

✏️ <시세>

각종 사이트(네이버 부동산, KB 부동산, 국토교통부 실거래가 공개 시스템 등)를 참조하여 투자 물건 주변의 시세, 호가 및 실거래가 등을 파악/비교해 본다. 이때 평형, 연식, 주차장 유무, 엘리베이터 유무 등을 나눠 같이 검토해 봐야 한다.

1) 호가 : 매도자(소유주)가 팔고자 하는 가격 등 팔거나 사려는 물건의 값을 부름
2) 실거래가 : 실제 거래된 가격
3) 시세 : 실거래가가 모여 형성된 가격대
4) 공동주택 공시가격[공주가] : 정부가 조사/산정한 세금 등의 지표가 되는 가격

보통 실거래가는 호가에 뒤처져 따라온다. 하나의 실거래 가격이 생겨나면 매도자는 해당 금액보다 높게 받길 원하기에 그렇다. 허나 반대인 경우 또한 존재한다. 재개발이 해제된 지역이 그렇다. 재개발이 진행될 때는 시세가 높게 형성되다가, 해제되면서 실망매물들로 호가가 내려갈 수 있다. 내가 참고하는 금액들이 재개발 해제 전 금액이라면 시세 파악의 오류를 범할 수 있어 주의해야 한다.

일반적으로 호가 및 실거래가가 우상향하는 지역이 투자하기에 좋다.

더불어 임장 간 해당 지역의 여러 부동산 중개사 사무소를 다니며 시세를 파악해야 한다. 먼저 빌라가 속한 지역이 인기 지역인지 기피 지역인지 등을 확인해야 한다. 매도자 입장, 매수인 입장 나아가 임차인 입장 등 다방면으로 파악해 보는 게 좋다.

또한 꼭 급매 물건이 있는지 파악해 봐야 한다. 어떤 때는 입찰하려는 금액보다 급매 물건이 싼 경우가 있다.

✎ <임장>

첫 번째는 거주자에 대한 정보를 현장 답사 중에 알아봐야 한다.

1) 우편함 확인
2) 전기/가스/수도 계량기 작동 여부 등 확인
3) 관리사무소, 경비실을 방문하여 거주자에 대한 정보 문의
4) 주민센터 방문 및 전입세대 열람 내역 확인 등

더불어 관리사무소를 방문하여 미납 관리비를 체크한다. 전기, 가스비 등 미납분이 있다면 낙찰자는 보통 공용분에 대한 비용만 부담하면 된다.

두 번째는 투자 대상으로 적합한지 파악한다. 주변을 둘러보며 층, 향, 조망권, 단지 규모, 학교 인접 여부, 유해 시설 유무 등을 살펴본다.

세 번째로는 앞서 설명한 바와 같이 부동산 중개사 사무소를 들러 시세 등을 파악한다.

마지막으로 부동산 자체를 둘러보며 수리할 부분이 있는지 파악한다. 내부를 볼 수 있으면 좋으나 일반적으로는 쉽지 않다. 보통 창호 교체, 화장실 전면 수리 포함 인테리어 비용은 전용면적 당 약 백만 원가량 소요된다.

구분	금액	비고
창호	270만 원	
화장실	230만 원	위생 도기 교체, 타일/방수/수도 공사 등 포함
도배, 장판	120만 원	
씽크대, 신발장	100만 원	
도어, 목공사	70만 원	도어 등 보수, 몰딩/걸레받이 설치 포함
보일러 교체	60만 원	
도장, 타일 공사	70만 원	현관문 칠, 베란다/싱크대 벽/현관 바닥 등 타일 공사 포함
단열 공사	50만 원	
전기, 조명 공사	30만 원	등기구, 콘센트 교체 등 포함
합계	1,000만 원	철거, 폐기물 처리 포함

전용10평 빌라 인테리어 비용 예

이왕 수리한다면 단열에 신경을 써야 한다. 단열 공사가 제대로 되어있지 않으면 결로가 생겨 그 부위에 물방울이 맺히고 끝에는 곰팡이가 피는 등 지속적인 하자가 발생할 수 있다.

나아가 관심 있는 부동산이 지어진 지 오래되었으며, 반지하 혹은 최상층일 경우 누수를 조심해야 한다. 오래되었는지 쉽게 아는 방법은 빨간 벽돌집 여부이다. 1980년대 이후 지어진 빌라 대부분의 외장이 빨간 벽돌이다. 위층 누수 등 내부의 문제는 그나마 조치가 쉽다. 허나 지하, 외벽 및 지붕을 통해 실내로 물이 흘러 들어오는 경우 경로를 찾기 어려울뿐더러 수리 비용 또한 만만치 않다. 나아가 최상층은 결로에도 취약하다. 더불어 엘리베이터가 없는 경우 또한 많아 오르내리기도 불편하다.

빨간 벽돌 빌라 예

그러므로 반지하 혹은 최상층은 투자 시에 많은 고민이 필요하다.

✎ <기타>

기타 사항의 첫 번째로 명도이다. 낙찰받은 부동산을 전 소유주 혹은 임차인으로부터 온전히 받아오는 것이다.

먼저 사례 18에서 다룬 적 있듯이 입찰 시부터 명도 난이도를 유추 가능하다. 공매재산명세서상 임차인이 배분요구한 경우 협조적일 거라 예상할 수 있다. 본인의 보증금을 돌려받기 위해 낙찰자의 협조가 필요하기 때문이다.

반대의 경우에는 일부 이사비(보통 평당 3~10만 원)를 지급하는 등 명도 관련 합의를 이끌어 내야 한다. 최종 결렬되면 명도소송을 진행해야 하나, 시간과 비용이 소요된다. 그렇기에 이사비를 일부 더 지급할 것을 약속하며 추가 협의를 해보는 것이 나을 수 있다.

여러 차례 찾아가도 거주자를 만나기 힘든 경우 다음과 같이 안내문을 현관문에 붙여 두고 오는 것 또한 효율적이다.

안내문

안녕하세요.
국세징수법에 의해 공매로 낙찰받은 OOO 입니다.

이사 관계 및 사용에 관해 협의하고자 합니다.
연락 부탁드리겠습니다.

감사합니다.

OOO
010-XXXX-XXXX

이때 명도용으로 기존 핸드폰 번호를 사용하는 게 꺼려질 수 있다. 이때 투자용으로 별도 번호를 만드는 것도 괜찮다.

1) 핸드폰 내 070 번호 개설　　　: 예: 아톡 월 2,200원 (수신 전용)
2) 핸드폰 내 듀얼넘버 서비스　　: 예: LG U+ 듀얼넘버 월 3,300원
3) 알뜰요금제 추가 핸드폰 개통　: 예: A모바일 월 5,500원 (음성 100분, 문자 50개, 데이터 1GB)

A모바일 예

두 번째로 잔금대출 관련 사항이다. 경공매 투자 시 경락[낙찰]잔금대출은 정말 중요하다. 1억 원짜리 부동산을 본인 돈 1억 원을 주고 사는 사람은 거의 없다. 대부분 레버리지[대출]를 일으켜 투자를 진행한다.

허나 대출받을 수 있는 루트를 몰라 헤매는 게 대부분이다. 잔금대출을 받지 못해 잔금을 내지 못하여 입찰보증금을 포기하는 경우가 허다하다.

이런 대출상담사를 모아둔 사이트(예: 경매를위하여)가 있다. 대출 가능 여부, 대출 조건 등을 미리 여러 상담사에게 문의해 본 후 경공매 입찰에 참여하면 된다.

마지막으로 사례 07, 사례 08에서 다뤘던 위반건축물 여부이다. 건축물대장 혹은 현장 확인을 통해 위반건축물 여부를 확인한 후 입찰에 참여해야 한다.

위반건축물 예
1) 베란다 확장
2) 근린생활시설을 주거 용도로 불법 용도 변경
3) 고시원 호실 내에 취사 도구 설치 등

위반건축물 시정 비용이 얼마 들지 않는데, 위반건축물이라는 이유로 가격이 많이 떨어진 경우도 있다. 이때 싸게 사 와서 시정 후 위반건축물 딱지를 떼는 방법 또한 고려해 볼 수 있다.

물론 모든 조건에 부합하는 투자 물건은 흔치 않다. 해당 물건이 있다 한들 분명 비쌀 것이다. 마지막으로 가장 중요한 투자의 판단 기준은 시세 대비 얼마나 싸게 살 수 있는 지이다. 안전 마진을 충분히 확보한 경우, 실수나 시세 하락 등 리스크에도 손실 가능성을 최소화할 수 있다.

빌라 투자 체크리스트		
빌라	실사용 면적이 큰 빌라 (=전용면적+발코니 면적)	
	1룸보다는 2룸 이상 빌라	
	대지권 비율이 높은 빌라 (보통 전용면적 10평 내외 빌라 대지권 비율 3~5평)	
입지	역세권 빌라 (역으로부터 300m 이내 혹은 도보로 5분 거리 이내)	
	초등학교 등 교육시설과 마트 등 각종 편의시설 인접	
	재개발 등 개발 호재가 있는 지역	
시세	호가 및 실거래가가 우상향하는 지역 내 빌라	
	재개발이 해제된 지역은 주의	
	전세가 ≥ 입찰가 + 인테리어 비용 + 명도 비용 + 취득세 등 기타 비용	
	부동산 중개사 사무소를 통해 인기 지역, 기피 지역 여부 확인	
	급매물건과 입찰물건 가격 비교	

임장	거주자 정보 확인
	  1) 우편함 확인
	  2) 전기/가스/수도 계량기 작동 여부 등 확인
	  3) 관리사무소, 경비실을 방문하여 거주자에 대한 정보 문의
	  4) 주민센터 방문 및 전입세대 열람 내역을 확인
	  5) 미납 관리비 체크 등	

	투자 대상으로 적합한지 여부
	  1) 층, 향, 조망권, 단지 규모
	  2) 지하철, 학교 등 인접 여부
	  3) 유해 시설 유무 등	

	부동산 중개사 사무소를 통해 시세 등 파악	
	수리 필요 여부 확인	

기타	명도 난이도 파악
	  1) 임차인이 배분요구 시 협조적일 것으로 예상
	  2) 반대의 경우 일정 이사비 감안	

	입찰 전 잔금대출 가능 여부 파악	
	위반건축물 여부 확인	

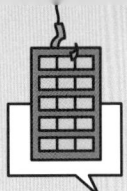

사례 23

토지이자 지분 첫 입찰 물건, 파주 영태리 공장 용지

- 지분 물건 투자 포인트

사연 물건(상기 물건은 다음 사연과 정확히 일치하지 않을 수 있습니다)

현 사연은 공매 공부를 시작하고 첫 토지 낙찰 사례로 파주 지역 내 도로에 인접한 토지이다. 공장이 이 토지 위에 있는데, 공장은 제외하고 토지만 공매에 나왔다. 더불어 전체 300평 중 40평의 토지를 낙찰받았다.

앞선 사연과 같이 권리분석상 큰 특이 사항은 없다.

1) 말소기준권리 파악 : 말소기준권리 이후는 소멸, 전은 인수
 - 선순위 압류(말소기준권리) 외 별도 등기사항 없음
2) 임차인 분석 : 선순위, 배분요구 및 소액임차인 여부
 - 별도 없음
3) 배분요구 및 채권신고 현황 분석 / 배분 순서 파악
 - 말소기준권리보다 앞선 권리가 없기에 특이 사항 없음
4) 기타 권리(유치권, 법정지상권, 분묘기지권 등) 파악
 - 별도 없음

다음으로 사례 09에서 언급한 바와 같이 토지의 가치를 평가해 보자.

1) 지목[토지의 현재 쓰임새] : 공장 용지
2) 용도지역[토지의 미래 용도] : 계획관리지역
3) 용도지구[용도지역 제한사항 강화 or 완화] : -
4) 용도구역[용도지역/지구 제한사항 강화 or 완화] : -
5) 기타 : 가축사육제한구역, 제한보호구역

지목(사례 09 참조)은 공장 용지로, 대지와 더불어 건물을 지을 수 있는 지목이다. 참고로 대지와 공장 용지 외 지목의 토지 위에 건물을 짓기 위해서는 지목 변경이 필요하다. 당연히 해당 지목 대비 대지와 공장 용지가 쓸모가 많고 그만큼 비싸다.

용도지역은 계획관리지역이다. 제한적으로 이용/개발이 가능하며 향후 도시지역으로 편입이 예상된다. 그만큼 쓸모가 많은 토지이다.

토지이용계획확인서의 조건들이 우수하며 나아가 2차선 도로에 인접하여 토지의 가치를 극대화해준다. 일반적으로 토지는 도로에 인접하지 않으면 건물을 지을 수 없다. 이를 맹지라 부른다. 당연히 도로에 붙은 땅이 비싸다.

인근 실거래가를 감안할 시 현 사연의 토지는 평당 180만 원 전후가 적정 금액이다. 운 좋게 최종 최저입찰가 대비 50%대[90만 원대]에 낙찰받았다. 이후 공유물분할을 위한 형식적 경매를 통해 매각되어 단기간에 이익을 실현하였다.

빌라, 아파트 등 주거시설 대비 토지는 투자 대상으로 더욱 부담스럽다. 이에 그간 토지를 투자하며 경험한 노하우를 다뤄보고자 한다.

토지 투자 노하우

1) 토지이용계획

2) 시세

3) 임장

4) 기타 : 지분물건/공유물분할

✏️ <토지이용계획>

등기부등본, 공매재산명세 등을 바탕으로 한 권리분석이 끝나면 토지이용계획확인서 등을 두고 분석이 필요하다. 토지이음 사이트에서 열람 가능한 토지이용계획확인서 예시는 다음과 같다.

토지이용계획확인서 예

토지이용계획 확인사항

1) 지목[토지의 현재 쓰임새]

2) 용도지역[토지의 미래 용도]

3) 용도지구[용도지역 제한사항 강화 or 완화]

4) 용도구역[용도지역/지구 제한사항 강화 or 완화]

5) 기타 : 비오톱, 역사문화환경보존지역 여부

지목은 바로 건물을 지을 수 있는 대지[대], 공장 용지[공] 등이 좋으나, 다른 지목 또한 일정 인허가 과정을 거쳐 대지 등으로 변경 가능하기에 크게 신경 쓸 필요는 없다. 이보다는 땅의 계급인 용도지역/지구/구역이 중요하다. 당연히 넓고[건폐율] 크게[용적률] 지을 수 있는 용도지역이 좋으며, 제한사항을 강화하기보다는 완화해주는 용도지구/구역 내 위치한 토지가 좋다. 기타 사항으로 비오톱, 역사문화환경보존지역 등이 토지이용계획확인서에 보이면 개발 관련 제한 사항이 많을 수 있어 조심해야 한다.

더불어 해당 토지가 농지 또는 산지일 때 다음과 같은 경우가 투자 대상으로 가치가 있다. 그 외의 경우는 본래의 목적[농업, 임업] 외로 쓰일 경우 제한 사항이 많다.

1) 농지 : 농업진흥지역 외
2) 산지 : 준보전산지(보전산지 외)

구분	농지	산지
지목	전(밭), 답(논), 과수원	임야
관련법	농지법	산지관리법

세분화	1) 농업진흥지역 내
	  - 농업진흥구역
	  - 농업보호구역
	2) 농업진흥지역 외
		1) 보전산지
		  - 임업용 산지
		  - 공익용 산지
		2) 준보전산지(보전산지 외)

농지와 산지 비교

관련하여 앞서 설명한 사례 09를 참조하여 토지 투자 리스크를 최소화하자.

✏️ <시세>

투자 물건은 당연히 싸게 사야 하는데, 기준이 있어야 높고 낮음을 판단할 수 있다. 해당 금액 기준은 웹 서칭 등 손품과 부동산 중개사 사무소 방문 등 발품을 통해 파악할 수 있다. 허나 토지의 경우 시세 파악이 만만치 않다. 이때 참고할 만한 사이트가 있어 소개한다.

감정평가법인에서 개발한 '밸류쇼핑[29]'이란 사이트가 있다. 주소로 부동산을 검색하면 인근 실거래가 등을 기초로 하여 참고용 시장 가격을 산출해 준다. 일정 건수까지는 무료이나 초과 건에 대해서는 유료이다. 특히 토지의 적정 가격을 도출해 내는 게 쉽지 않기에, 경공매 투자 및 토지 투자를 꾸준히 하는 경우 돈을 지불하고 쓸 만하다 생각된다.

29   밸류쇼핑 : https://valueshopping.land

밸류쇼핑 사이트 물건 검색 예

✏️ <임장>

현장 답사나 인터넷 검색으로 파악하기 힘든 부분들을 확인하여 투자 대상으로 적합한지 체크해야 한다.

---

1) 급경사지가 아닐 것 (20도 이상인 경우 개발이 난해)
2) 도시, 고속도로 톨게이트, 철도 등으로부터 가까운지 여부
3) 도로 인접 여부 (도로가 붙어있지 않으면 해당 토지 자체만으로 개발이 난해)
4) 묘지, 축사, 송전탑 등 혐오시설 유무
5) 토지 경계 확인 (토지 위 타인 건물이 위치하는지 등)

✏️ <기타>

현 사연의 토지는 전체 300평 중 40평의 토지가 공매에 나왔다. 다시 말해 지분물건이다. 지분물건에 대해서는 사례 03에서 설명한 바 있다. 추가적으로 설명해 보면 다음과 같다.

부동산을 소유한 누군가가 사망한 경우 해당 부동산은 가족들에게 상속된다. 이때 상속자 중 한 명이 세금을 납부하지 않거나 누군가에게 돈을 빌리고 갚지 않은 경우, 경공매를 통해 해당 부동산이 매각되어 세금 또는 빚을 갚는다. 이때 매각 대상이 지분물건이다.

예시 이미지는 다음과 같다. 세금을 체납한 장남(상속자)이 소유한 부동산 지분 20%가 공매에 나온 경우 이를 지분물건이라 부른다.

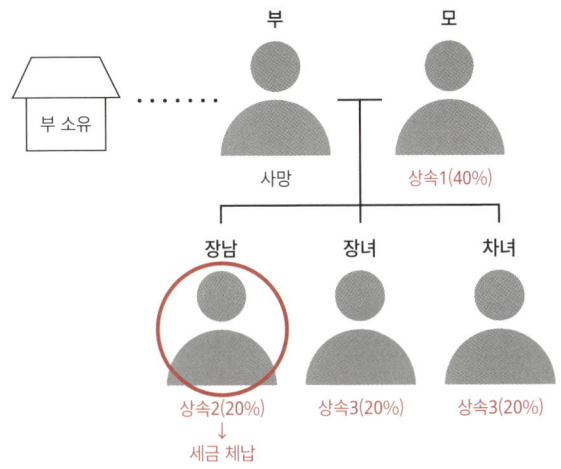

지분물건이 나오게 된 배경 예

이러한 지분물건의 투자 대상은 통째로는 비싸서 사기 힘든 주요 지역의 꼬마빌딩, 오션뷰 토지 등 부동산의 일부이다. 당연 일부 지분이니 소액으로 투자가 가능하다.

다만 다음과 같은 단점이 있을 수 있다.

1) 공유자 우선매수(사례 03 참조)가 항상 있을 수 있음
2) 지분이라 대출이 어려움
3) 투자금을 회수하기까지 시간 소요 등

투자금을 회수하기까지 시간이 걸리는 이유는 낙찰받은 지분에 대해 다른 공유자들[지분권자]과 협의를 해야 하기에 그렇다. 협의 방식은 다음과 같다.

1) 내 땅을 타 공유자에게 팔거나 = 가격배상
2) 힘들다면 해당 땅을 지분만큼 나누거나 = 현물분할
3) 그 또한 의견 일치가 되지 않는 경우 공개매각 후 돈을 나눔 = 대금분할

1)번의 경우 타 공유자가 남에게 팔린 지분 때문에 불편함을 겪게 된다면 해당 지분을 다시 사 올 수밖에 없을 것이다. 허나 그렇지 않은 경우 2)번으로 넘어가야 하는데, 당연 모두는 뷰가 좋 거나 도로와 인접하거나 등 좋은 위치를 갖고 싶어 할 것이다. 공유자 간 의견 일치가 힘들어 결 국 3)번과 같이 전체를 경매에 넘겨 낙찰대금을 지분만큼 나눠 갖게 된다.

3)번의 절차 예시는 다음과 같으며, 이를 공유물분할을 위한 형식적 경매라 부른다.

1) 지분물건 낙찰 > 공유자들에게 지분매각 관련 내용증명 송부 > 협의 추진
2) (협의 가결 시) 매각[가격배상]
3) (협의 부결 시) 처분금지가처분&공유물분할청구의 소 > 판결 > 공유물분할을 위한 형식적 경매 > 낙찰 > 낙찰대금을 소유지분만큼 배당받음[대금분할]

판결을 받아 해당 경매 절차가 진행되는 경우 등기부등본에 다음과 같이 명기된다.

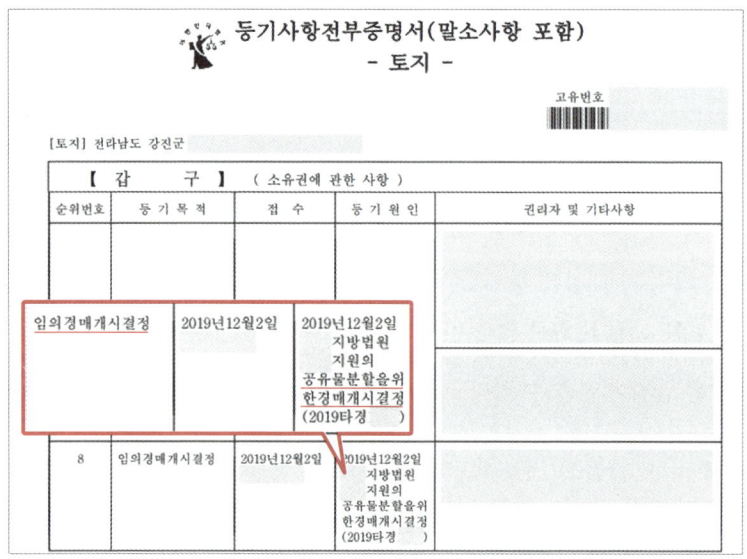

공유물분할을 위한 형식적 경매 예

지분물건 투자 관련 하나 주의할 사항이 있다. 경공매 포함 일반 매매로 주택의 지분을 취득한 경우 주택 수에 포함될 수 있다. 타 주택이 있는데 해당 지분까지 주택으로 인정되면 다주택자가 될 수 있어 잘 따져보고 경공매 입찰에 임해야 한다.

토지 투자 체크리스트	
토지	넓고[건폐율] 크게[용적률] 지을 수 있는 용도지역 내 위치한 토지가 좋음
	제한사항을 강화하기보다 완화시켜주는 용도지구/구역 내 위치한 토지가 좋음
	토지이용계획확인서상 비오톱, 역사문화환경보존지역 등이 있을 시 주의

	농지, 산지의 경우 다음의 사항 외 지역은 주의
	   1) 농지 : 농업진흥지역 외
	   2) 산지 : 준보전산지(보전산지 외)

시세	손품(밸류쇼핑 등) 및 발품(부동산 중개사 사무소 방문 등)을 통해 시세 파악
	급매 물건과 입찰 물건 가격 비교
임장	급경사지가 아닐 것 (20도 이상인 경우 개발이 난해)
	도시, 고속도로 톨게이트, 철도 등으로부터 가까운지 여부
	도로 인접 여부 (도로가 붙어있지 않으면 해당 토지 자체만으로 개발이 난해)
	묘지, 축사, 송전탑 등 혐오시설 유무
	토지 경계 확인 (토지 위 타인 건물이 위치하는지 등)
기타	지분물건은 소액으로 우량물건에 투자 가능

	지분물건은 다음과 같은 단점이 존재
	   1) 공유자 우선매수(사례 03 참조)가 항상 있을 수 있음
	   2) 지분이라 대출이 어려움
	   3) 투자금을 회수하기까지 시간 소요
	   4) 주택 지분물건의 경우 주택 수로 산정 등

	지분물건 투자비 회수 방안
	   1) 가격배상
	   2) 현물분할
	   3) 대금분할

| Action Plan | 손품으로 하는 빌라 등 시세 파악하기 |

경공매 입찰 또는 재개발(예정) 지역 내 투자 시 빌라는 1순위 관심 대상이다. 허나 토지와 더불어 시세 파악이 쉽지 않은 게 단점이다. 이에 대응하기 위한 괜찮은 사이트가 있어 소개하고자 한다.

1) 하우스머치[30]

주변 거래 사례들을 취합하여 다각도로 분석 후 해당 부동산에 대한 시세를 추정

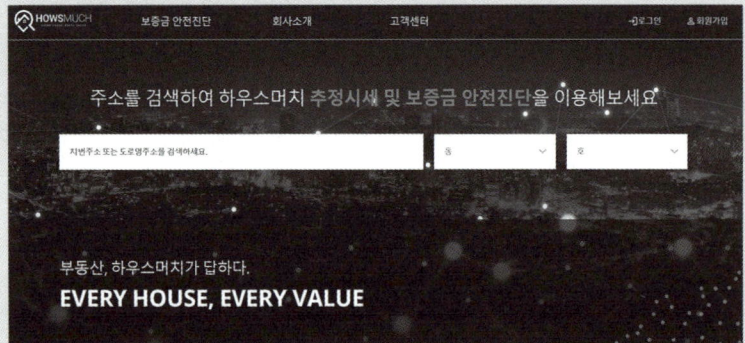

하우스머치 사이트 메인 화면

평형, 연식, 주차장 유무, 엘리베이터 유무 등 또한 감안하여 가격을 도출

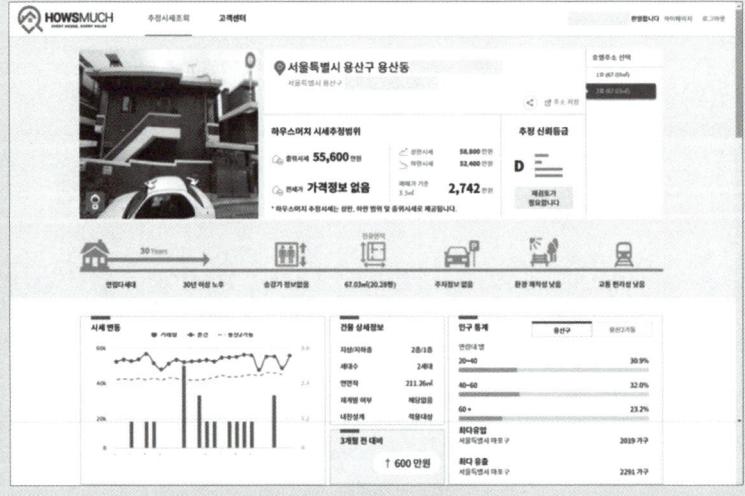

하우스머치 가격 산출 예

---

30 하우스머치 : www.howsmuch.com

2) 랜드바이저[31]

정제된 실거래가 및 공공 데이터를 활용하여 전국 모든 부동산의 균형 잡힌 시세 추정

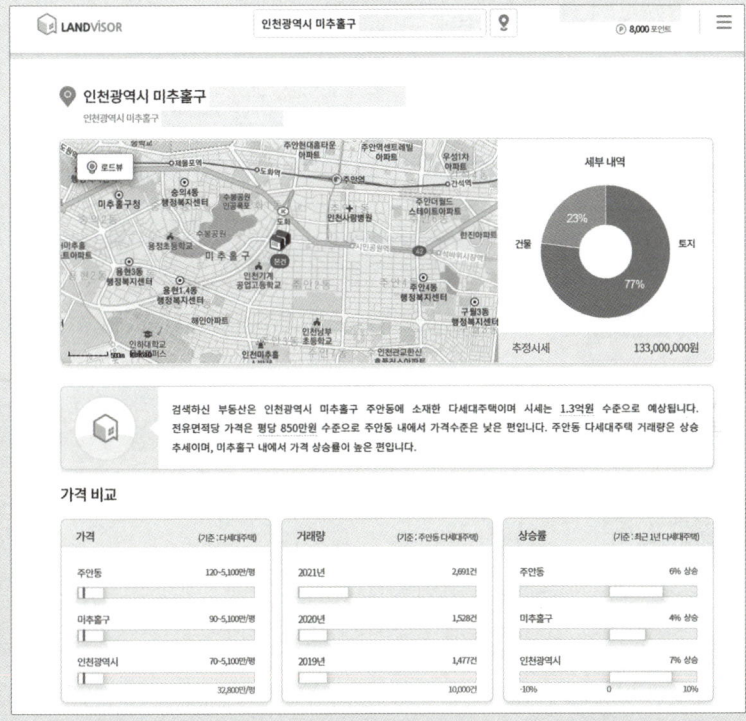

랜드바이저 사이트 가격 산출 예

3) 빌라시세닷컴[32]

정부3.0 공개 정보와 신한은행의 담보 대출 이력 정보를 수집/저장한 후 인공지능 기술로 부동산 가치를 산정

3개 사이트 모두 부동산(Property)에 기술(Technology)을 접목한 프롭테크 서비스로, 다양한 공개 데이터를 가공하여 시세 등 원하는 정보를 추정해낸다. 앞서 설명한 밸류쇼핑 또한 유사하다.

빌라 외 부동산의 시세 정보 또한 제공하고, 나아가 중개/금융/등기/세무/감정평가 등과 연계하여 부동산 종합 서비스를 받아볼 수 있어 투자 간 유용하게 활용할 수 있다. 물론 손품과 더불어 발품 또한 중요하기에 관심물건이 있을 시 해당 지역에 꾸준히 임장을 한 후 투자로서 적합한지 판단해 봐야 한다.

---

31 랜드바이저 : www.landvisor.net
32 빌라시세닷컴 : www.villasise.com

투자편 마무리
낙찰받은 물건의 소유권이전등기 서류 챙기기

공매물건을 낙찰받은 후 해당 부동산을 온전히 취득하기 위해 소유권이전등기 절차를 진행해야 한다. 관련 절차와 서류는 온비드 사이트에 상세히 나와 있다.

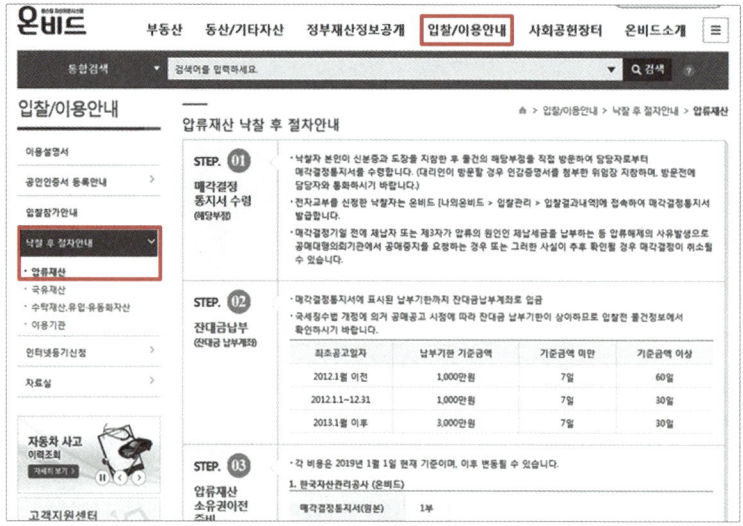

압류재산 낙찰 후 절차 안내 (온비드 사이트)

해당 절차를 요약하면 다음과 같다.

1) 매각결정통지서 수령
2) 잔금 납부
3) 소유권이전등기 서류 준비
4) 한국자산관리공사에 서류 제출
5) 등기필증[33] 수령

여기서 소유권이전등기 서류는 다음과 같이 총 18가지를 준비해야 한다. 대부분은 우편과 온라인상에서 처리 가능하다. 소유권이전을 위해 법원을 방문해야 하는 경매 대비 공매의 장점이기도 하다.

---

33 등기필증 : 등기를 완료한 때 등기공무원이 등기권리자에게 교부하는 등기완료의 증명서 (=집문서)

구분	발급/납부/제출처 (온라인)	비고
1. 매각결정통지서	한국자산관리공사 (온비드 사이트)	
2. 보증금 납입영수증		
3. 잔대금 납입영수증		
4. 등기청구서		
5. 등기필증수령요청서		
6. 부동산 등기부등본	등기소 (인터넷등기소)	
7. 법인 등기부등본		법인이 매수 시
8. 토지(임야)대장	주민센터 (정부24)	
9. 건축물대장		건물 매수 시
10. 매수자 주민등록등(초)본		
11. 농지취득자격증명	물건소재지 관할 주민센터 (정부24)	농지 매수 시
12. 농지원부		농민이 농지 매수 시
13. 취득세 납부 영수증	물건소재지 관할 세무과 (이택스 또는 위택스)	
14. 말소 등록면허세 납부 영수증	이택스 또는 위택스	
15. 국민주택채권 매입 영수증	우리, 기업, 신한, 국민, 농협은행	
16. 등기신청수수료 납부 영수증	우리, 신한, 농협, SC, 경남, 대구은행 등	
17. 등기소 → 캠코 회송용우표	우체국	빠른등기 기준금액
18. 캠코 → 매수자 송부용우표		배달증명 기준금액

소유권이전등기 서류

✎ <매각결정통지서, 보증금 및 잔대금 납입영수증>

이는 온비드 사이트의 '나의온비드 > 입찰결과내역' 에서 다운로드할 수 있다.

✏️ <등기청구서 및 등기필증수령요청서>

등기청구서는 공매로 매수한 경우 한국자산관리공사에 소유권이전등기 촉탁[대신하여 맡김]을 청구하기 위해 제출하는 서류이다. 해당 청구서를 작성하기 위해 체납자 정보는 매각결정통지서에서 확인이 가능하다. 취등록세 금액은 고지서를 발급받아서 적어야 한다.

등기필증수령요청서는 소유권이전등기 완료 후 등기필증을 직접 수령할지 또는 우편으로 받을지를 결정하는 것이다. 당연 우편으로 받아보는 게 편하다.

해당 서식은 온비드 사이트에 '입찰/이용안내 > 서식자료실' 에서 다운로드할 수 있다.

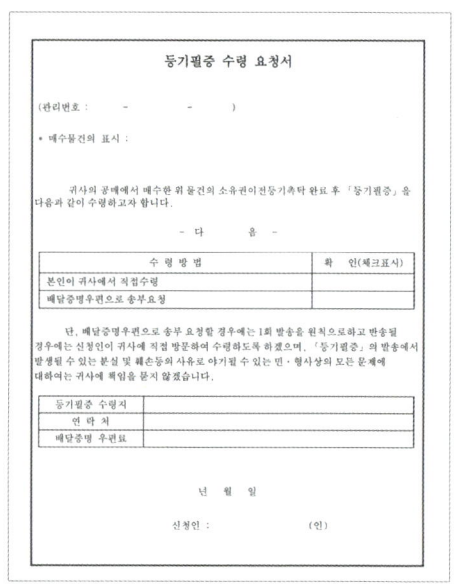

등기청구서 및 등기필증수령요청서 양식

✏️ <부동산 및 법인 등기부등본>

둘 다 인터넷등기소에서 발급 가능하다.

등기부등본 발급 종류

여기서 열람과 발급이 있다. 열람은 제출하기 위한 법정 효력이 없기에 발급을 선택 후 제출하면 된다. 단, 발급이라고 해서 등기부가 공신력[34]이 있다는 걸 의미하지는 않는다.

이어서 법인 등기부등본은 법인으로 낙찰받은 경우만 제출하면 된다. 상호 또는 등기번호 등으로 법인을 검색할 수 있다.

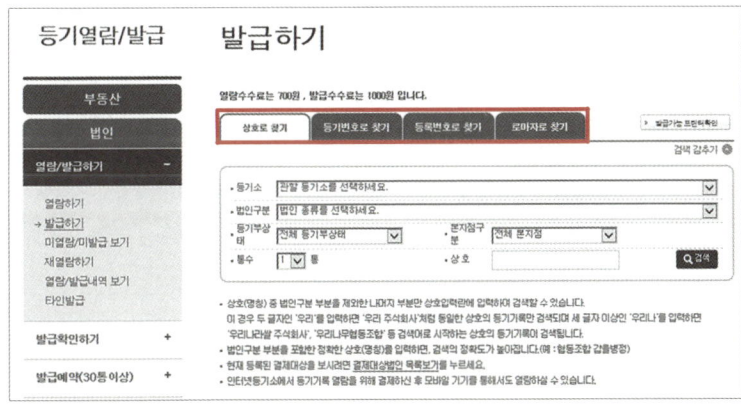

법인 등기부등본 발급 방법

참고로 등기부등본은 프린터로 출력할 수도 있지만 PDF로 저장 또한 가능하다. 이를 에버노트, 원노트, 노션 등 노트 앱에 저장해두고 필요할 때마다 꺼내 보면 된다.

---

34   공신력 : 어떤 권리관계가 있을 때 이것이 설령 진실한 권리관계와 맞지 않더라도 이러한 외형을 신뢰하고 거래하는 자에게 진실한 권리관계가 있는 것처럼 법률효과를 인정하는 것

<토지(임야)대장, 건축물대장, 매수자 주민등록등(초)본>

토지(임야)대장, 건축물대장은 토지와 건물의 현황을 명확하게 하는 장부이다. 주소, 면적, 구조 등이 명시되어 있다.

주민등록등본은 세대에 전입되어 있는 세대원 총원을 기록하는 문서이다.

위 서류 모두 정부24 사이트에서 뗄 수 있다. 오프라인의 경우 주민센터 혹은 무인발급기에서 발급받을 수 있다.

아래는 동일한 부동산에 대한 토지대장과 건축물대장 예이다.

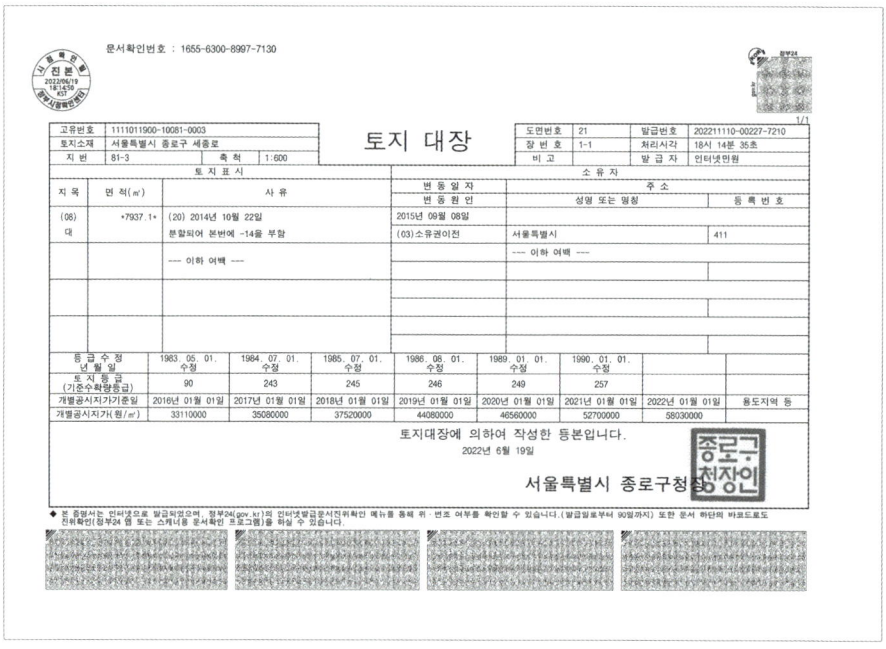

토지대장 예

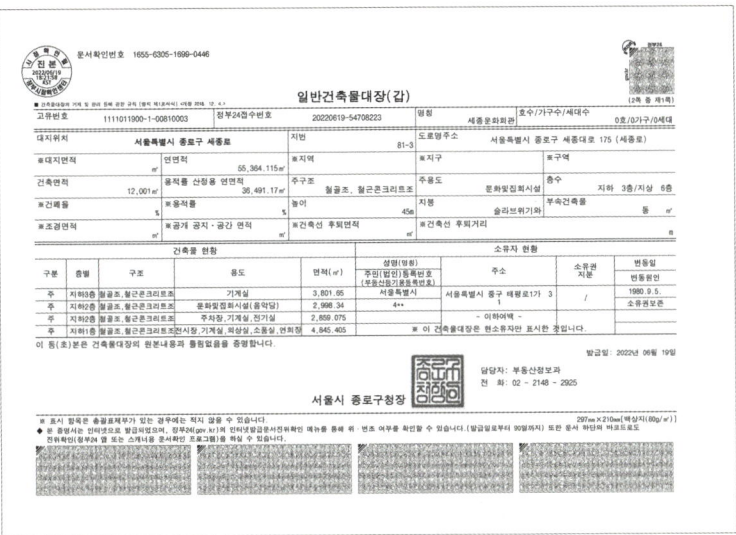

건축물대장 예

건축물대장 발급과 관련하여 자세히 알아보면 다음과 같다.

정부24 사이트를 접속 후 건축물대장을 클릭한다. 주소를 검색 후 선택해야 할 사항 다음의 밑줄 친 부분을 선택하여 출력, 제출해야 한다.

1) 대장구분(일반) : 소유주가 개인 혹은 대표자 (단독주택 등)
2) 총괄 : 지번상 모든 건물 표시
3) 일반 : 본인 건물만 선택

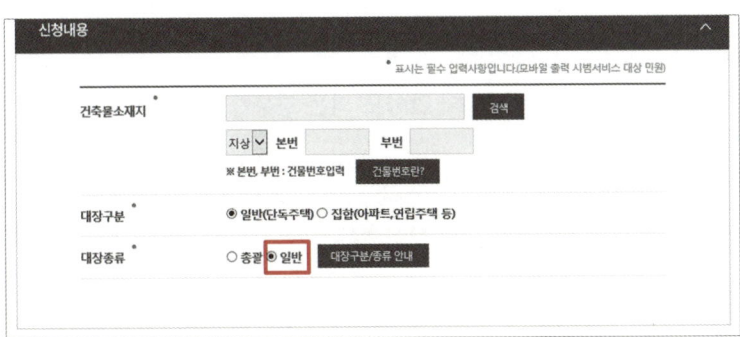

대장구분(일반)

1) 대장구분(집합) : 소유주가 여러 명 (아파트, 연립, 다세대 등)
2) 총괄 : 지번상 모든 건물 표시   ex) a, b동
3) 표제부 : 지번상 동 선택   ex) b동만
4) 전유부 : 지번상 호수 선택   ex) b동에 301호

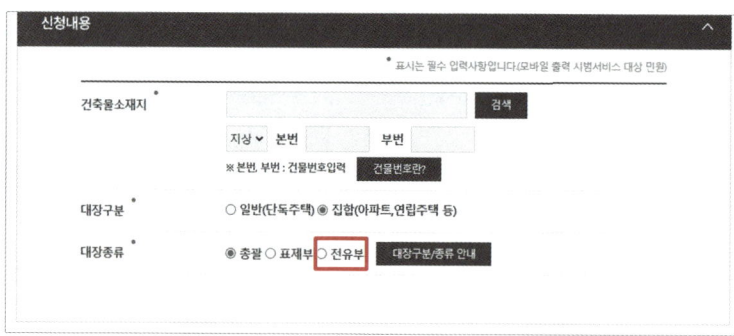

대장구분(집합)

<농지취득자격증명 및 농지원부>

농지취득자격증명(이하 '농취증')은 농지(전[밭], 답[논], 과수원)를 공매로 낙찰받은 경우 제출해야 한다. 앞서 잔금 미납 사례에서 언급한 바와 같이 농지를 받고 농취증을 발급받지 못하면 최종 소유권이전이 되지 않는다. 이에 사전 충분히 검토한 후 입찰에 임해야 한다.

농지를 투기 목적으로 활용치 못하도록 소유 자격과 소유할 수 있는 상한을 확인하는 절차인 농취증은 온라인과 오프라인으로 모두 신청 가능하다. 온라인은 정부24 사이트에서, 오프라인은 물건소재지 관할 주민센터에서 신청하면 된다.

반면 특이하게 농지이나 농취증을 제출치 않아도 되는 경우가 있다.

용도지역상 도시지역 내 주거지역, 상업지역, 공업지역에 위치하는 경우이다.

구분		세분	건축 허용
도시지역	주거지역	제1종 전용주거	단독주택 중심의 양호한 주거환경 보호
		제2종 전용주거	공동주택 중심의 양호한 주거환경 보호
		제1종 일반주거	저층주택 중심의 편리한 주거환경 보호
		제2종 일반주거	중층주택 중심의 편리한 주거환경 보호
		제3종 일반주거	중고층주택 중심의 편리한 주거환경 보호
		준 주거지역	주거 위주와 일부 상업/업무기능 보완
	상업지역	중심 상업지역	도심, 부도심 상업/업무기능 확충
		일반 상업지역	일반적인 상업/업무기능 담당
		근린 상업지역	근린지역 상업/업무기능 공급
		유통 상업지역	도시 내 지역 간 유통기능 증진
	공업지역	전용 공업지역	중화학 공업 등 수용
		일반 공업지역	환경을 저해하지 아니하는 공업 배치
		준 공업지역	경공업, 기타 공업 수용
	녹지지역	보전 녹지지역	녹지공간 보전
		생산 녹지지역	농업 생산을 위해 개발 유보
		자연 녹지지역	장래 도시의 용지 공급 (제한적 개발 허용)
관리지역 생산 관리지역 계획 관리지역		보전 관리지역	자연환경보전지역에 준하게 관리
		농업, 임업, 어업 생산 목적 (주변 용도지역 고려 시 농림지역 관리 곤란)	
		도시지역 편입 예상 (제한적 이용, 개발)	
농림지역			농림업 진흥 및 산림 보전
자연환경보전지역			자연환경 등 보전 및 수산자원 보호/육성

용도지역

이 경우는 농지가 도시에 위치하여 본래의 기능을 상실하였다고 보는 것이다. 이때는 토지이용계획확인서를 제출하면 된다.

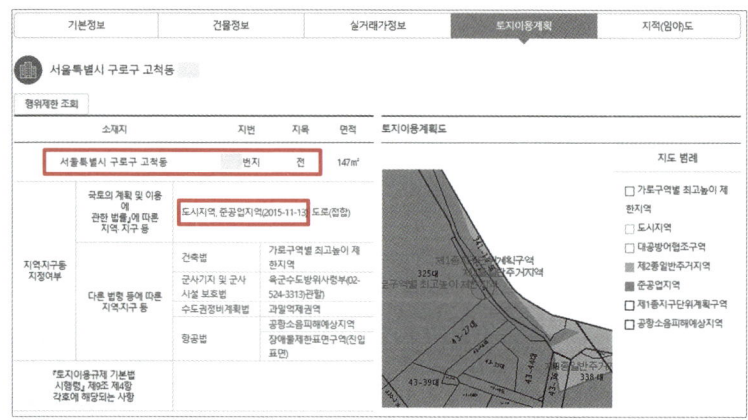

도시지역 토지이용계획확인서 예

더불어 농지원부는 농지를 낙찰받은 매수자가 농민일 시 제출해야 하는 서류이다.

참고로 농취증, 농지원부 관련 내용은 한국농어촌공사에서 운영하는 농지공간포털[35] 사이트에서 자세히 알 수 있다.

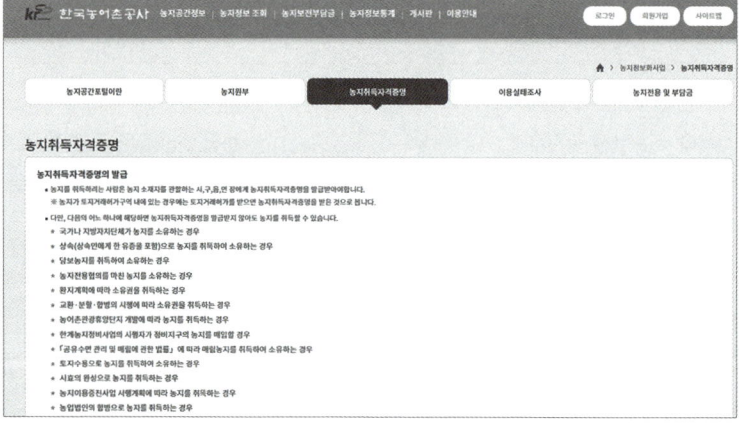

농지공간포털 사이트

참고로 농민이 농지를 매수한 경우 농지원부 제출 시 국민주택채권 매입이 면제된다.

---

35 농지공간포털 : https://njy.mafra.go.kr

✏️ <취득세 납부 영수증>

취득세를 오프라인으로 진행하는 경우, 신고서를 이택스/위택스[36] 사이트에서에서 다운로드해 작성하여 물건소재지 관할 세무과에 직접 제출, 혹은 우편/팩스로 발송하여 고지서를 받으면 된다. 온라인(이택스 또는 위택스)상에서 직접 작성하여 납부 또한 가능하다.

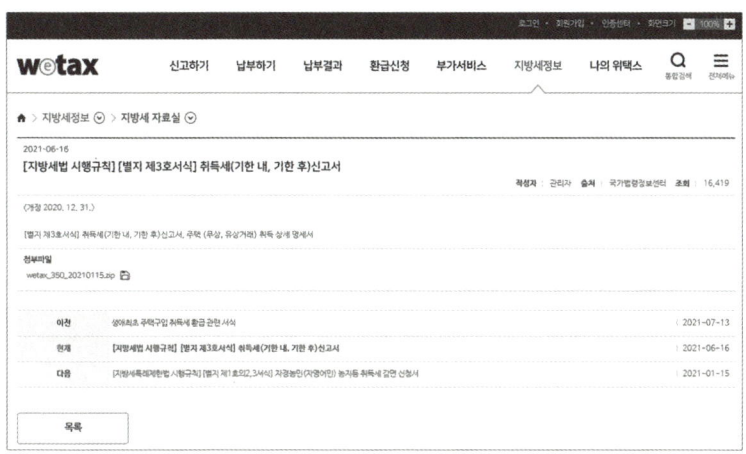

위택스 내 신고서 양식

이때 물건소재지가 서울이면 이택스 사이트, 그 외 지역은 위택스 사이트에 자동적으로 취득세가 등록된다. 이후 해당 사이트를 접속하여 납부하면 된다. 물론 고지서가 있으면 은행 또는 ARS 등으로도 납부가 가능하다.

오프라인으로 진행 시 신고서 작성 예는 다음과 같다.

---

36 이택스 : https://etax.seoul.go.kr
    위택스 : www.wetax.go.kr

취득세 신고서 작성 예

📝 <말소 등록면허세 납부 영수증>

말소 등록면허세는 낙찰받은 등기부등본상 존재하는 압류, 근저당 등을 소멸시켜야 하는 경우에 내야 하는 지방세이다.

납부하는 방법은 이택스 혹은 위택스에 로그인한 후 '신고하기 > 등록면허세(등록분)'을 클릭한다. 이후 인적 사항과 물건 정보를 입력하고 등록 원인은 '말소등기'를 체크한다.

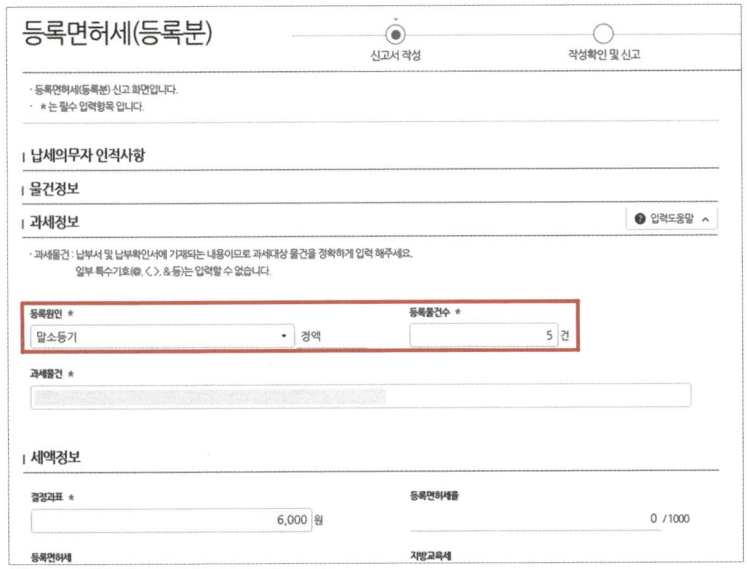

말소 등록면허세 입력 화면

처리 금액은 '말소를 요하는 등록 물건수' × 7,200원이다. 등록 물건수는 등기부등본상 말소시켜야 하는 등기의 수이다. 다음의 예를 보면 5건이 말소를 해야 하는 등기 건이다.

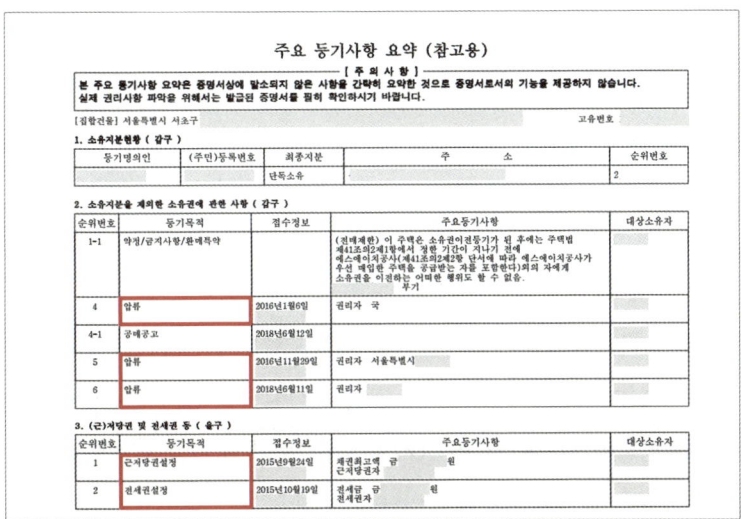

말소되는 등기사항

✏️ <국민주택채권 매입 영수증>

국민주택사업에 필요한 자금을 조달하기 위하여 발행하는 채권이다. 소유권이전등기 등 각종 등기행위를 할 경우 매입하는데, 주택시가표준액 2,000만 원 이상 등 기준 시가 표준액 이상일 경우만 매입한다. 매입한 채권을 5년 보유하거나 즉시 매도 또한 할 수 있는데 보통 즉시 매도를 한다. 즉시 매도는 매입 즉시 일정 부담금만 납부하고 바로 매도하는 것이다.

참고로 시가 표준액은 취득세 고지서에 표기되어 있다.

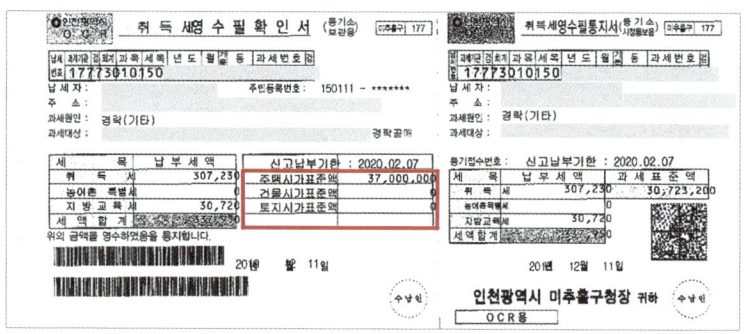

취득세 고지서 예

이러한 시가 표준액을 주택도시기금[37] 사이트의 매입대상 금액 조회 페이지에 입력하면 채권 매입 금액을 알 수 있다. 이후 즉시 매도 시 부담금은 우리, 신한, 농협, 국민, 기업은행에서 확인 가능하다. 결제까지 완료한 후 해당 영수증을 출력하여 제출하면 된다.

물론 오프라인에서도 매입이 가능하다. 동일한 은행을 직접 방문하여 신청서를 작성한 후 부담금을 납부하면 된다.

✏️ <등기신청수수료 납부 영수증>

소유권이전등기 등 등기신청인[낙찰자]이 법원 등기소에 납부해야 하는 수수료이다. 인터넷등기소 사이트를 접속하여 부동산 등기신청수수료 전자납부를 클릭한다.

수수료는 '소유권이전등기 물건수' × 15,000원 포함 '등기 말소건수' × 3,000원이다. 말소할 건수는 앞서 설명한 말소 등록면허세 납부 시와 동일하다.

> 예: 토지등기부 2통, 건물등기부 1통, 말소대상건수 총 5건인 경우
> = (3통×15,000 원) + (5건×3,000 원) = 60,000 원

[37] 주택도시기금 : http://nhuf.molit.go.kr

등 기 의 목 적		수수료	비 고
1. 소유권보존등기		15,000원	
2. 소유권이전등기		15,000원	
3. 소유권 이외의 권리설정 및 이전등기		15,000원	
4. 가등기 및 가등기의 이전등기		15,000원	
5. 변경 및 경정등기 (다만, 착오 또는 유루발견을 원인으로 하는 경정등기신청의 경우는 수수료 없음)	가. 등기명의인 표시	3,000원	행정구역·지번의 변경, 주민등록번호(또는 부동산등기용등록번호) 정정의 경우에는 신청수수료 없음
	나. 각종권리	3,000원	
	다. 부동산표시	없 음	
6. 분할·구분·합병등기		없 음	대지권에 관한 등기는 제외 (각 구분건물별 3,000원)
7. 멸실등기		없 음	
8. 말소등기		3,000원	예고등기의 말소등기 경우에는 신청수수료 없음
9. 말소회복등기		3,000원	
10. 멸실회복등기		없 음	

등기신청수수료액

오프라인으로도 매입이 가능하다. 우리은행 등을 직접 방문하여 다음의 신청서를 작성 후 납부하면 된다.

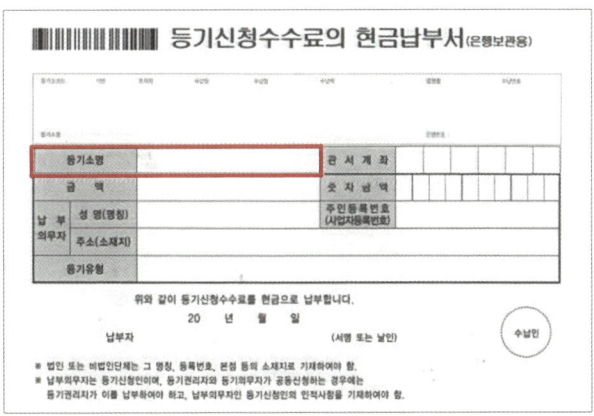

신청서 예

✏️ <우표 2장>

준비물의 마지막은 우표이다. 두 장의 우표를 준비해야 하는 이유는 낙찰자가 부담해야 하는 발송 비용이 있기에 그렇다. 나머지 발송 비용은 한국자산관리공사가 부담한다.

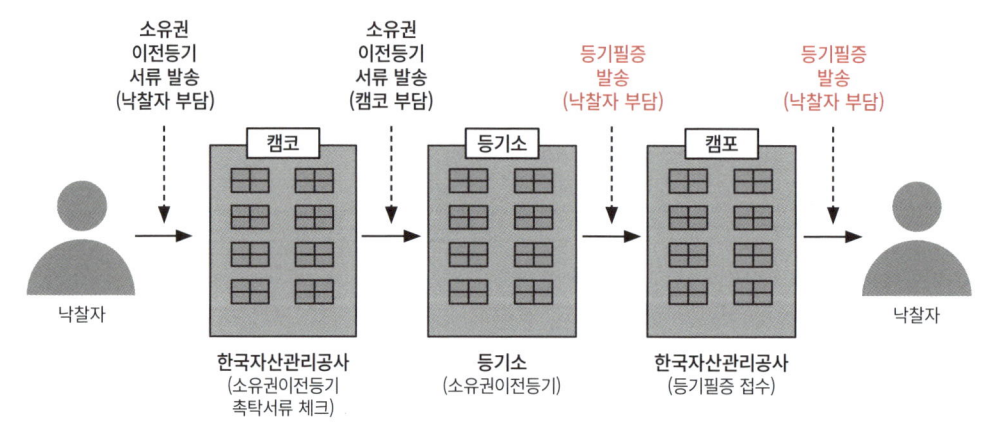

소유권이전등기 서류 발송 절차

이렇게 하면 18가지의 서류를 모두 준비할 수 있다. 발급 서류는 1개월 안에 발급받은 원본 서류로 준비해야 한다. 사본, 팩스본, 양면 인쇄본 접수 불가하다.

모두 준비가 되면 잔대금 납입영수증 하단에 명기된 한국자산관리공사 해당 물건 담당자에게 보내면 된다. 보낸 후 제대로 접수되었는지 꼭 확인을 해야 한다.

몇 번 진행해 보면 온라인으로 반나절 정도면 다 발급받을 수 있다. 허나 처음에는 많이 번거로울 수 있다. 이때 활용할 수 있는 게 소유권이전등기 대행 서비스이다. 온비드 사이트에 다음과 같은 서비스가 공지되어 있다. 시간이 없을 때 이용하면 유용할 듯하다.

인터넷 등기대행서비스

마지막으로 소유권이전등기 접수에서 등기필증을 받기까지 넉넉히 3주 정도 소요된다. 혹시나 낙찰받은 후 바로 매도할 경우 등기필증 발급 기간을 고려해야 한다.

더불어 잔금을 납부하고 60일 이내에는 꼭 소유권이전등기를 진행해야 한다. 60일을 넘어가면 가산세까지 내야 하기 때문이다.

맺음말

책, 수업 등 경공매 공부를 10명이 한다면, 실제 투자까지 이어지는 경우는 1~2명 정도밖에 안된다고 한다. 그만큼 경공매를 통한 부동산 투자는 부담스러운 게 사실이다. 필자 또한 낙찰받은 빌라의 점유자와 첫 통화를 할 때의 그 부담은 이루 말할 수 없었다. 지금 돌이켜 생각해 보면 그때의 대화는 협상이 아니라, 일방적으로 해당 임차인에게 끌려갔던 것 같다. 물론 낙찰받기 전에도 권리분석 간 실수는 없는 건지, 임장 간 특이 사항은 없는지 여러 차례 나 자신에게 되물었던 기억이 있다.

새로운 걸 시작할 때 부담을 갖는 건 당연하다. 그리고 경공매는 더욱 익숙하지 않기에 첫발을 디디기가 만만치 않다. 허나 필자는 경공매를 꼭 투자 대상으로 바라볼 필요는 없다고 생각한다.

책의 첫 챕터를 다음과 같은 제목으로 시작하였다.

| 기초편 | 부동산 교양을 모르면 눈물 흘릴 일이 생긴다

집은 인간 생활의 3대 요소인 의식주 중 하나이기에 그렇다. 삶을 사는 데 가장 필요한 것 중 하나이기에 우리는 집과 관련하여 어쩔 수 없이 무언가를 할 수밖에 없다. 그것이 남의 집을 빌리기 위한 행위일 수도 있고, 거주할 집을 사는 행위일 수도 있고, 나아가 부의 증식을 목적으로 해서 집을 매입하는 행위일 수도 있다. 어떠한 경우는 본의 아니게 진행되기도 한다. 부동산을 상속받은 경우가 그러하다.

일단 사고팔고 더불어 빌리고 빌려주는 다른 대상 대비 집은 거래 단위가 크다. 적게는 수천만 원에서 많게는 수억 원~수십억 원에 이른다. 어쩔 수 없이 집과 관련하여 무언가를 해야 하는데 거래 단위가 크니 집 관련 거래 행위는 개인들에게 리스크일 수밖에 없다.

<리스크 예상>
1) 어쩔 수 없이 집과 관련하여 무언가를 할 수밖에 없다.
 - 지식의 편차가 큰 사람들간 거래하며 사건사고가 다양하게 발생함
2) 거래 단위가 크다.
 - 실수를 할 경우 잃을 수 있는 금액이 큼

심지어 위와 같은 배경을 진작에 인지하고 부동산 지식이 많지 않은 사람을 대상으로 해서 함정을 파고 실수를 유도하는 경우 또한 존재한다. 그렇기에 무언가 대비가 필요하다.

여기서 경매, 공매는 부동산을 사는 방법의 하나지 꼭 경공매를 통해 살 필요는 없다. 살 수 있는 방법은 아래와 같이 다양하다.

1) 직접 거래
2) 중개사를 통해 거래
3) 경매, 공매
4) 분양 당첨 등

허나 경공매 투자를 해보니 부동산이 경매/공매까지 나오게 된 연유를 알게 되었고, 그게 전부 부동산 거래 간 혹은 인생을 살면서 주의해야 할 사항들이었다.

책의 머리말에서 다음과 같은 이야기를 하였다. 밑줄 친 내용들은 삶에 정말 필요한 지식이지만 누구도 알려주지 않는다.

> 이 책은 공매 전반에 대해 다룬다. 동시에 살아가며 간과하기 쉽지만 꼭 알아야 할 부동산 지식과 팁 역시 다룬다. 예를 들어 내가 투자자의 입장일 수도 있지만, 어느 때는 돈을 빌려준 사람, 어느 때는 세입자 입장이 될 수도 있다. <u>집이 공매에 넘어갔는데 절차를 몰라 보증금을 날리는 경우도 있고, 전셋집을 계약한 후 전입신고와 확정일자의 차이를 몰라 어쩔 줄 몰라 하는 분도 있다.</u> 이 책에서는 미처 알지 못했던, 그러나 살아가며 꼭 필요한 지식을 얻을 수 있을 것이다.

관심이 있거나 우연한 기회로 사전에 지식을 습득한 경우가 아니라면 대부분은 경험을 통해 해당 지식을 얻을 수밖에 없다. 허나 해당 경험을 값싸게 체득할 수도 있지만, 보증금을 날리는 등 비싼 수험료를 지불하고 겪을 수도 있다.

그렇기에 삶과 밀접하게 연관되어 있는 경공매 공부를 통해 해당 지식들을 습득하면 어떨까 싶다. 공부를 하며 어느 정도 용어와 절차 등에 익숙해지면 경공매 투자 또한 가능하다. 교양 공부도 할 수 있으면서 부의 증식도 바랄 수 있는 경공매 공부를 추천하며, 단기가 아닌 길게 바라보며 공부를 했으면 한다. 어차피 교양 공부도 투자도 단기간이 아닌 평생 해야 할 숙제이기에 그렇다.

참고자료 |

✎ 많이 하는 질문 모음[FAQ]

1. 소액을 가지고 투자가 가능한가요?
당연히 가능하다. 온비드에는 토지부터 아파트까지 다양한 금액 대 공매물건이 존재한다. 더불어 앞서 설명한 지분물건은 소액 투자가 가능한 대표 물건이다.

2. 1주택자 혹은 무주택을 유지해야 하는 사유로 주택 외 투자처는 없나요?
투자 대상으로 주택 외 부동산의 종류가 다양하다. 토지도 있고 상가, 오피스텔, 생활형 숙박시설, 지식산업센터 등 투자처는 다양하고, 해당 부동산 모두 공매에서 다뤄지고 있다. 허나 내가 아는 만큼 보이기에 그만큼 공부가 수반되어야 한다.

3. 토지에 투자하려는데 꼭 임장을 가봐야 하나요?
지도 앱, 로드뷰 등 손품으로 많은 정보를 얻어낼 수 있으나, 세부적으로 들여다보는 데 한계가 분명히 있다. 나아가 해당 이미지가 최신이 아닐 수도 있다.

그렇기에 여러 차례 임장을 통해 장단점을 파악해야 한다. 임장에서 파악해 볼 사항은 사례 23에서 다룬 바와 같으나 추가적으로 다음과 같은 내용이 있다.

첫 번째는 누구에게 팔지를 고민해 봐야 한다. 옆 땅에서 내 땅이 필요할지 등 꼭 임장을 통해 파악해 봐야 할 부분이다.

두 번째로 도로와 붙어있는지, 향후 개설 계획이 있는지 혹은 도로를 개설할 방법은 없는지 파악해 봐야 한다. 도로가 없다면 건물을 지을 수가 없다. 그만큼 가치가 떨어질 수밖에 없다. 반대로 현재는 도로가 인접하지 않았는데 향후 인접할 수 있다면 그만큼 가치가 올라갈 여지가 크다. 그러한 고민을 해보는 것이다.

추가로 폐기물은 없는지 혹은 전기/수도 등 기반 시설이 있는지 등 입찰 전 현장을 가보고 확인해 봐야 한다.

4. 경공매 관련 이 책 외에 또 추천할 만한 책이 있나요?
새로운 걸 시작할 때 첫 단계는 용어와 절차에 익숙해지는 것이다. 추천하는 방법으로는 서점에

가서 관련 책자들을 둘러보고 가장 읽기 쉬운 책을 하나 사서 읽어보는 것이다. 어느 정도 익숙해지면 점차 넓고 깊게 파악해 가는 식으로 접근하길 추천한다.

5. 공매와 더불어 같이 공부할 건 무엇이 있나요?
어느 정도 투자에 익숙해지면 다음으로 세금에 대한 공부가 필수적이다. 결국 최종 수익은 세금을 낸 후 남는 돈이기 때문이다.

6. 미성년자 온비드 가입 서류는 어떤 것이 필요한가요?
미성년자(예: 자녀 등) 명의로 온비드에 회원 가입한 후 입찰을 진행할 수 있지만, 가입이나 입찰 시 추가로 내야 하는 서류가 있다. 이를 사전에 알아보고 준비하여 입찰에 임해야 한다.

> 1) 회원 가입 : 미성년자(만 14세 미만) 회원 가입 동의서, 주민등록등본 또는 건강보험증
> 2) 입찰 참가
>   - 미성년자 입찰 참가 동의서
>   - 법정대리인인감증명서(날인한 경우) 또는 본인서명사실확인서(서명한 경우)
>   - 주민등록등본 또는 가족관계증명서

7. 2인 미만 유찰 적용 물건에 1명만 입찰한 경우는 어떻게 될까요?
당연히 유찰 처리가 된다.

8. 농취증을 발급받지 못하여 소유권이전 불가 시 입찰보증금은 어떻게 될까요?
낙찰 받고 농취증을 발급받지 못한다 해도 입찰보증금은 반환되지 않는다.

9. 공매 압류재산은 낙찰 후 타인 명의로 등기가 가능한가요?
압류재산은 오직 낙찰자 명의로 등기가 가능하다.

10. 낙찰자가 배분내역 열람이 가능할까요?
낙찰자는 배분 관련 서류 열람 또는 복사 신청이 불가하다.

11. 공매 관련 문의 사항이 있을 때 어떻게 하면 되나요?

온비드 고객지원센터(1588-5321)를 활용하길 추천한다. 평일 낮 시간대에 온비드 이용, 물건 상담 및 기타 사항에 대해 문의 가능하다.

또한 수시로 한국자산관리공사에서 모의입찰[38] 또는 아카데미를 진행하니 참가해 보는 것도 추천한다.

---

[38] 모의입찰시스템 : https://edu.onbid.co.kr (https://edu.onbid.co.kr/op/dsa/main/main.do 모의입찰시스템(온비드))

✏️ 참조할 만한 사이트

구분(이름순)	내용	사이트	앱
1.경공매			
대한민국 법원경매정보	경매정보 제공	https://www.courtauction.go.kr	-
옥션원(구. 굿옥션)	사설경매사이트	https://www.auction1.co.kr	O
온비드	한국자산관리공사[캠코] 운영. 공매 입찰	https://www.onbid.co.kr	O
지지옥션	사설경매사이트	https://www.ggi.co.kr	O
탱크옥션	사설경매사이트	https://www.tankauction.com	O
2.부동산			
KB부동산 Liiv ON	아파트 시세, 분양, 청약 등 부동산 종합정보 제공	https://onland.kbstar.com	O
경매를 위하여	경락자금 등 대출 문의	http://www.wkyungmae.com	O
네이버부동산	부동산 전월세, 매매, 실거래가 등 부동산 종합정보 제공	https://land.naver.com	O
네이버지도	공간 검색	https://map.naver.com	O
다윈중개	재건축 사업성, 대지지분 정보 등	https://dawin.xyz	
대출모집인 포탈사이트	대출상담사 조회	https://www.loanconsultant.or.kr	-
디스코	부동산 종합정보 제공	https://www.disco.re	O
랜드바이져	빌라 등 추정시세 조회	https://www.landvisor.net	
랜드북	빅데이터/인공지능 기술 기반 토지개발 사업 타당성 분석 플랫폼	https://www.landbook.net	O
마이집사-무료 임대관리 솔루션	임대물건 관리	https://zipsa.net	O
미래철도DB	신설 예정 철도, 지하철, 광역전철, 경전철 노선 정보 사이트	http://www.frdb.wo.to	-
밸류맵	전국 토지, 건물시세 조회	https://www.valueupmap.com	O
밸류쇼핑	전국 토지, 건물 추정시세 조회	https://valueshopping.land	O
법무통	각종 등기 등 법무비용 비교	www.bmtong.co.kr	O
부동산계산기	부동산 세금, 중개수수료 등 계산 어플	-	O

부동산지인	아파트 등 빅데이터 제공	https://www.aptgin.com	O
부동산통계정보	한국부동산원(구. 한국감정원) 운영. 부동산 종합정보 제공	https://www.r-one.co.kr	O
빌라시세닷컴	빌라 등 추정 시세 조회	https://www.villasise.com	
아실	아파트 등 빅데이터 제공	https://asil.kr	O
엑스레이맵	유동인구, 상권 분석	http://www.biz-gis.com/XRayMap	
오피스픽	사무실 임대	https://www.opick.co.kr	-
은행연합회	대출금리, 수수료 등 비교	https://www.kfb.or.kr	
집닥	인테리어 수리 시세 비교	https://zipdoc.co.kr	O
카카오맵	공간 검색	https://map.kakao.com	O
피터팬의 좋은방 구하기	부동산 임대 등 직거래	https://www.peterpanz.com	O
하우스머치	빌라 등 추정 시세 조회	https://www.howsmuch.com	-
호갱노노	아파트 등 빅데이터 제공	https://hogangnono.com	O
3.법			
국가법령정보	법률, 조례, 규칙, 대법원 판례 등 다양한 법령정보 제공	https://www.law.go.kr	O
대한민국 법원 전자소송	대법원 전자소송 사이트	https://ecfs.scourt.go.kr	-
대한민국 법원종합법률정보	대법원 판례, 법령, 법률 문헌 등 검색	https://glaw.scourt.go.kr	
대한법률구조공단	법률구조안내, 상담 등	https://www.klac.or.kr	
자치법규정보시스템	지자체 자치법규 검색	https://www.elis.go.kr	-
찾기쉬운 생활법령정보	생활과 밀접한 법령을 쉽게 풀이	www.easylaw.go.kr	O
4.세금			
국세청홈텍스	세법해석, 각종세금신고 등	https://www.hometax.go.kr	O
모바일지로	금융결제원 운영. 지방세, 국세, 공과금 등 납부	https://www.giro.or.kr	O
세무통	세무비용 비교 사이트	www.semutong.com	O
위택스	서울시 외 지방세 납부	https://www.wetax.go.kr	O
이택스	서울시 지방세 납부	https://etax.seoul.go.kr	O

5.생산성			
ILovePDF	JPG 변환 등 PDF 관련 각종 작업을 온라인에서 수행	https://www.ilovepdf.com	O
구글Keep(구글에서 접속)	단기 메모(To do)	http://www.google.co.kr	O
구글드라이브(구글에서 접속)	파일 저장	http://www.google.co.kr	O
구글주소록(구글에서 접속)	연락처 저장	http://www.google.co.kr	O
구글캘린더(구글에서 접속)	일정 관리	http://www.google.co.kr	O
구글포토(구글에서 접속)	사진 저장	http://www.google.co.kr	O
드랍박스	파일 저장	https://dropbox.sckcloud.co.kr	
리멤버	명함 저장 어플	-	O
모바일팩스	휴대폰별 고유 팩스번호 부여, 모바일 팩스 접수/발송	-	O
아톡	070 투넘버 서비스 어플	-	O
에버노트	장기 메모	https://evernote.com	O
원노트	수기 메모(수첩 대용)	-	O
캠스캐너	모바일 문서 스캔 어플	-	O
6.참고			
건축데이터개방	건축인허가, 건축물대장 등 현황정보 제공	https://open.eais.go.kr/	
공간정보 오픈플랫폼지도	국토교통부 운영. 3D 지도 서비스	http://map.vworld.kr	-
교육환경정보시스템	교육환경보호구역 정보 제공	https://cuz.schoolkeepa.or.kr	-
국민신문고	국민권익위원회 운영. 민원신청, 국민제안 및 각종 질의	https://www.epeople.go.kr	O
국토교통부	국토도시, 주택토지 관련 정책 확인	http://www.molit.go.kr	O
국토정보플랫폼	항공사진 등 제공	http://map.ngii.go.kr	-
농지은행 통합포털	농지연금 등 농지관련 정보 제공	https://www.fbo.or.kr	-
렌트홈	국토교통부&LH 운영. 임대료 인상률 계산, 임대사업자 관련 정보	https://www.renthome.go.kr	
문화재공간정보 서비스	문화재 지도, 위치 등 유적 정보 제공	http://gis-heritage.go.kr	-

상권정보	인구, 직업, 학교, 교통 등 업종별 상권 분석 정보 제공	http://www.sbiz.or.kr	O
서울고교홍보사이트 하이인포	서울시 일반계 고등학교 정보 제공	https://hinfo.sen.go.kr	-
서울부동산정보광장	서울특별시 부동산 정보 제공	https://land.seoul.go.kr	-
세움터	건축행정시스템, 건축 인허가 관련 정보 제공	https://cloud.eais.go.kr	O
실거래가 공개시스템	국토교통부 운영. 부동산 실거래가 등 각종 정보 제공	http://rt.molit.go.kr	-
씨리얼	LH 운영. 부동산 포털사이트	https://seereal.lh.or.kr	O
온라인 법인설립시스템	1인 법인 등 법인 설립 관련 지원	https://www.startbiz.go.kr	-
우체국	내용증명 등 발송	https://www.epost.go.kr	O
인터넷등기소	등기부등본 열람/발급, 등기신청수수료 납부, 소액임차인의 범위 안내	http://www.iros.go.kr	O
일사편리 부동산통합민원	부동산종합증명서 서비스, 민원신청, 증명서 열람, 발급 등	https://kras.go.kr:444	-
임업정보 다드림	임야 관련 정보 제공	http://gis.kofpi.or.kr	-
전자수입인지	기획재정부 운영. 전자수입인지 발급	https://www.e-revenuestamp.or.kr	-
정부24	등본, 대장, 지적도 등 열람	https://www.gov.kr	O
주택도시기금	국민주택채권 관련 정보 제공	http://nhuf.molit.go.kr	-
토지이음	토지이용규제, 행위제한정보 등 조회	https://www.eum.go.kr	-
학교알리미	학교별 공시정보 공개	https://www.schoolinfo.go.kr	O
한국감정평가사협회	각종 감정평가 관련 자료 안내	https://www.kapanet.or.kr	-
환경영향평가정보지원시스템	각종 환경영향평가 자료 열람	https://www.eiass.go.kr	-

부동산 공매가 답이다
23가지 실제 사례로 마스터하는 공매 투자 비법

출간일　　2022년 9월 30일 | 1판 1쇄

지은이　　문현
펴낸이　　김범준
기획　　김수민
책임편집　　이동원
교정교열　　김현진
편집디자인　　김민정
표지디자인　　유어텍스트

발행처　　비제이퍼블릭
출판신고　　2009년 05월 01일 제300-2009-38호
주　소　　서울시 중구 청계천로 100 시그니쳐타워 서관 10층 1060호
주문/문의　　02-739-0739　　　　**팩스**　　02-6442-0739
홈페이지　　http://bjpublic.co.kr　　**이메일**　　bjpublic@bjpublic.co.kr

가　격　　21,000원
ISBN　　979-11-6592-174-3
한국어판 © 2022 비제이퍼블릭

이 책은 저작권법에 따라 보호받는 저작물이므로 무단 전재와 무단 복제를 금지하며,
내용의 전부 또는 일부를 이용하려면 반드시 저작권자와 비제이퍼블릭의 서면 동의를 받아야 합니다.
잘못된 책은 구입하신 서점에서 교환해드립니다.